外国问题研究论丛(第4辑)

北京国际交往中心建设研究专题(2)

刘波 ◎ 主编

知识产权出版社
全国百佳图书出版单位

图书在版编目（CIP）数据

北京国际交往中心建设研究专题.2/刘波主编.— 北京：知识产权出版社，2016.7
ISBN 978-7-5130-4309-0

Ⅰ.①北… Ⅱ.①刘… Ⅲ.①对外经济关系－北京市－文集 Ⅳ.①F125-53

中国版本图书馆CIP数据核字（2016）第155442号

内容提要

首都北京是我国中国特色大国主场外交的核心承载地，随着国家外交战略的实施，将有越来越多的重大国际活动在北京举办。本丛书围绕北京国际交往中心建设研究专题，共设有6个专栏。《友好城市》专栏主要探讨城市与城市之间在维护和平、增进友谊、促进发展等方面的交流合作情况。《国际组织》专栏主要探讨国际组织的内涵特征、对城市经济服务功能以及对城市软实力的影响。《跨国公司》专栏主要探讨跨国公司的行为特点、经营方式及与城市经济的关系。《组织管理》专栏主要探讨北京国际交往功能的统筹协调机制。《国际会展》专栏主要探讨城市会展的发展目标、发展思路、空间布局、品牌建构以及世界城市国际会展比较等。《服务设施》专栏主要探讨北京国际交往中心建设过程中的硬件和软件，以及世界城市国际交往中心建设经验。

责任编辑：安耀东

北京国际交往中心建设研究专题（2）
BEIJING GUOJI JIAOWANG ZHONGXIN JIANSHE YANJIU ZHUANTI（2）
刘波 主编

出版发行：知识产权出版社 有限责任公司	网　　址：http://www.ipph.cn
电　　话：010-82004826	http://www.laichushu.com
社　　址：北京市海淀区西外太平庄55号	邮　　编：100081
责编电话：010-82000860转8534	责编邮箱：an569@qq.com
发行电话：010-82000860转8101/8029	发行传真：010-82000893/82003279
印　　刷：北京中献拓方科技发展有限公司	经　　销：各大网上书店、新华书店及相关专业书店
开　　本：720mm×1000mm　1/16	印　　张：18
版　　次：2016年7月第1版	印　　次：2016年7月第1次印刷
字　　数：265千字	定　　价：63.00元

ISBN 978-7-5130-4309-0

出版权专有　侵权必究
如有印装质量问题，本社负责调换。

本书编委会

主　　编　刘　波

副主编　张　暄　　齐福全

委　　员　张　丽　　张　力　　赵苏阳
　　　　　戚　凯　　古　佳　　姜　枫

前　言

作为国家首都,北京近年来参与国际交往不断深入,城市国际化发展水平快速提升,日益受到社会各界的广泛关注。《外国问题研究论丛》是北京市社会科学院主办的系列学术论丛之一,由外国问题研究所负责编撰出版。《外国问题研究论丛》基于全球化和城市国际化的大背景,聚焦特定专题内容,约请相关领域专家、学者,突出学术视野,重点研究国外一些国家和城市在政治、经济、社会、文化和生态等方面的发展经验,以期为我国和首都北京在这些方面的改革、发展提供参考、借鉴。

本辑是在前3辑编撰经验基础上,结合当前首都北京"四个中心"建设的现实要求,以"北京国际交往中心建设"为研究专题。首都北京是我国中国特色大国主场外交的核心承载地,随着国家外交战略的实施,将有越来越多的重大国际活动在北京举办,如何进一步加强国际交往中心建设,已成为具有重大历史使命、任务艰巨的课题。相对于其他城市而言,北京作为首都,建设国际交往中心有着不同于其他城市的独特内涵。北京国际交往中心的发展目标,是要把北京建设成为对外交往的枢纽、国际资源集聚的平台、展示国家形象的窗口。本辑正是围绕以上内容开展编撰工作。

《外国问题研究论丛(第4辑)》立足首都北京国际交往中心建设,运用多学科知识和方法,多层次、多角度探讨北京国际交往中心建设路径、面临的重要理论和现实问题等。本辑共设有6个专栏,即《友好城市》《国际组织》《跨国公司》《组织管理》《国际会展》《服务设施》,每个专栏有4篇文章组成。

世界需要一个东方国际交往中心。北京国际交往中心建设是中国开展对外交流、参与国际事务的必然要求,对于首都北京城市功能战略调整、推进京津冀协同发展、提升北京国际知名度、服务中央开展全方位外交活动、向世界展示中国深化改革开放的国家形象等,都具有重要的意义。

希望《外国问题研究论丛(第4辑)》的出版,能为解决当前我国北京、上海等城市对外国际交往交流问题,提供一种新的宏观思考维度;能够使广大读者特别是关心首都北京国际交往中心建设的朋友,全面、深刻地了解国内外在国际交往中心建设方面的发展状况和先进经验,并从中发现更多更好的可以"攻玉"的"他山之石"。

刘 波

2016年6月于北京

目 录

专栏一：友好城市 ···(001)

城市外交与城市软实力建设
——基于北京市对外交往实践的分析 ·········林心怡　房乐宪(003)
城市外交的发展与北京市的实践 ·························查　雯(017)
国际友好城市的历史演变与当下新发展
——以北京市为例 ·····························杜晓娜　王宏禹(028)
城市外交助力北京建成国际交往中心 ·········王重斌　戴维来(040)

专栏二：国际组织 ···(053)

北京市借助民间职介组织进行全球引才的可行性探究
——基于CIETT报告的分析 ························谢　鹏(055)
世界城市纽约吸聚国际组织的经验及对北京的启示 ·······刘　波(065)
创意城市：国际组织的目标理念与实践反思 ············王林生(073)
国际组织集聚对北京建设国际交往中心的现实意义 ·······张　力(089)

专栏三：跨国公司 ···(097)

经济新常态下北京地区跨国公司发展现状
及未来趋势 ································郑嘉伟　董艳玲(099)
跨国公司投资与区域经济发展问题研究 ···········郭　威　王立峰(108)
基于企业跨文化管理视角对国际交往中心建设的思考 ······张　艳(122)
跨国公司行为与城市功能分析 ·························张　丽(127)

专栏四：组织管理 ……………………………………………………（141）

北京如何为增加中国的国际规则话语权做出更大贡献 ……王逸舟（143）

浅析北京市对外交往现状及发展趋势 ……………………朱生志（152）

北京在展现中国软实力中的独特地位
　——以"北京论坛"为例 ……………………………贾红果（167）

城市基础设施建设视角下的北京市
　"国资平台"研究 ………………………………王疆婷　李　晗（180）

专栏五：国际会展 ……………………………………………………（191）

消费者法律在会展活动中的法律适用研究 ………………张万春（193）

北京会展经济面临的问题与对策 …………………………施昌奎（206）

国际大都市东京会展业浅析 ………………………………张　暄（218）

中国会展业"十三五"时期要体现五大发展理念 …………陈泽炎（226）

专栏六：服务设施 ……………………………………………………（235）

北京国际交往中心的城市软环境建设——大型国际会议
　开展公共文明引导行动的经验与启示 ……………孙　平　李建国（237）

建设首都国际交往中心的国际会议产业经济研究 ………闫苗苗（244）

北京国际交往中心服务设施建设研究 ……………………袁　蕾（254）

建设国际交往中心视域中北京地铁系统复杂性研究 ……李　茂（264）

专栏一：友好城市

城市外交与城市软实力建设

——基于北京市对外交往实践的分析

林心怡　房乐宪

摘要：城市在国际舞台中扮演越来越重要的角色，出于服务本城以及所属国家利益的需要，城市外交日益重要。相应地，城市软实力的地位越来越重要。城市软实力的提升与城市外交实践之间存在紧密的联系。本文通过分析北京市城市外交实践的相关案例，探讨了城市外交与城市软实力的关系，并在此基础上提出通过城市外交提升城市软实力的建议。

关键词：城市外交；城市软实力；北京市；奥运会

城市在人类历史中一直扮演重要的角色。在古希腊时期、14世纪和15世纪的意大利，以及1250~1600年的北欧，城市曾是最重要的政治单位。❶17世纪，威斯特伐利亚体系的建立确立了民族国家在国际体系中的主体地位，国家成为人类政治生活的核心。❷第二次世界大战之后，全球化的发展刺激了错综复杂的跨国流动和全球参与浪潮。❸在此背景下，民族国家的

作者简介：林心怡，中国人民大学国际关系学院2014级研究生。房乐宪，中国人民大学国际关系学院教授。

❶SEGBERS K.Global cities in the new global landscape[J].AICGS Issue Brief,2015(1).
❷俞可平.论全球化与国家主权[J].马克思主义与现实,2004(1):4-5.
❸赵可金,陈维.城市外交:探寻全球都市的外交角色[J].外交评论,2013(6):61.

边界受到冲击,主权受到挑战,而次国家行为体和非国家行为体的力量则相对加强。[1]城市作为次国家行为体中的重要一员,汇聚了国家间交往的资本、服务、人员等方方面面的资源流动,成为全球网络的主要节点。[2]因此,在新的全球政治图景(global landscape)中,城市成为国际政治中重要的行为体之一。[3]

在全球化浪潮的推动下,城市的对外联系愈来愈广泛,也越来越多地参与到对外事务当中。城市通过承担中央政府给予的外交使命以及自主地开展对外活动,来参与国际事务、开拓对外发展空间,从而追求本城以及国家的利益。[4]在城市以及国家追求的利益当中,城市软实力的地位越来越重要。[5]提升城市软实力则与开展城市外交息息相关,联系紧密。

本文以城市外交与城市软实力的关系为主要研究对象,重点对如何通过城市外交提升城市软实力进行思考。为此,本文通过简要考察北京市城市外交的有关实践,特别是以北京成功举办2008年夏季奥运会为例,探讨城市外交与城市软实力的互动关系。北京市作为中国的政治文化中心,不仅需要完成中央赋予的外交任务,自身也在积极拓展对外发展空间,承担着比其他城市更重要、更广泛的外事交往使命。另外,北京市作为已举办过夏季奥运会并即将举办冬奥会的国际大都市,该特殊身份意味着其对外交往更具挑战性和现实性。相比其他中国城市,北京市拥有更加丰富和成熟的城市外交实践。因此,深入探讨北京市的城市外交实践具有重要的现实意义。

---

[1] ŌMAE K.The end of the nation state, the rise of regional economies[M].New York:Simon and Schuster,1995:7-8.
[2] 罗红波.城市:全球化网络的节点[M].北京:社会科学文献出版社,2010:4.
[3] SEGBERS K.Global cities in the new global landscape[J].AICGS Issue Brief,2015(1).
[4] 赵可金,陈维.城市外交:探寻全球都市的外交角色[J].外交评论,2013(6):63.
[5] JIA Q G.Continuity and change:China's attitude toward hard power and soft power[EB/OL]. (2010-12-05)[2015-12-10].http://www.brookings.edu/research/opinions/2010/12/china-soft-power-jia.

一、城市外交与城市软实力的概念分析

1. 城市外交

"城市外交"与"外交"有紧密的内在联系,因此分析城市外交的概念首先需要厘清"外交"的意涵。一般来讲,外交是指主权国家为推进国家利益而对外交往、与其他行为体建立联系的过程(process)和制度(institution)。[1] 根据这一定义,推进国家利益以及对外交往是外交的两个重要属性。因此,在界定城市外交的概念时,也应该包含外交的这两个重要属性。[2] 基于此,城市外交可以被界定为城市为推进所属国家或者本城市的利益而开展的对外交往,并与国外城市或其他外部行为体(比如国际组织等)建立联系的过程和制度。

总体而言,城市外交主要可以分为两个部分:第一类是指城市作为中央政府的代理人进行对外交往活动,例如地方的外事办公室受外交部的委托,根据中央政府的指示承办对外活动;第二类是指城市相对独立、自主地展开对外活动,与其他行为体建立联系。[3] 具体来说,根据有关学者的分析,城市外交的内容可以分为六个维度(dimensions),分别是:经济、文化、安全、发展、联系网络(network)及代表(representation)。[4] "经济"与"文化"意指对外发展经济与文化方面的交流和合作;"安全"主要是指城市通过自身独立行动或者国际组织的行动参与到预防冲突、解决冲突和战后和平建设(peace-building)的过程当中;"发展"是指城市提供发展援助,例如提供长期的人道主义发展援助或者短期的危机发展援助;"联系网络"是指城市与其他城市或者组织联结、建立网状关系;城市的"代表"职能则主要是指城

---

[1] MELLISEN J,SHARP P.Editorial[J].The Hague Journal of Diplomacy,2006(1):1-2.

[2] VAN DER PLUIJM R,MELISSEN J.City diplomacy:the expanding role of cities in international politics[J].The Hague Clingendael Diplomacy Paper,2007(10):11.

[3] 陈志敏,苏长和,等.中国外交研究的新领域、新进程、新机遇[J].国际观察,2010(6):18.

[4] VAN DER PLUIJM R,MELISSEN J.City diplomacy:the expanding role of cities in international politics[J].The Hague Clingendael Diplomacy Paper,2007(10):19.

市派遣代表团参与国际会议或者国际组织。[1]

2. 城市软实力

软实力的概念最早由美国著名国际关系学者约瑟夫·奈于20世纪90年代初提出,此后日益为学术界所关注。一般而言,软实力是指通过吸引别人而不是强迫他人来达到自身目的的实力。[2]一个国家的软实力有三个来源,分别是文化(如果它令他人愉悦)、价值(如果它具有吸引力并且始终如一地得到遵循)和政策(如果它被认为具有包容性和合法性)。[3]软实力的核心特征是非强迫性,也就是说要通过文化、政治理念以及外交政策而非强制性的手段来吸引他人。城市软实力则是将软实力置于"城市"这一单位来分析。据此,城市软实力可理解为一个城市通过吸引而不是强迫他人来达到自身目的的实力。一个城市的软实力建立在城市自身以及所属国家所拥有的特有文化、价值和政策的基础上。

每个城市都具有不同的资源禀赋,而城市的资源禀赋与城市应该通过何种方式增强软实力有着密切的联系。有分析指出,城市软实力的资源禀赋可以分为有形的物质性资源,例如水资源、土地资源、能源资源等,以及无形的非物质性资源,例如知识资源、文化资源、首都资源等。[4]一方面,城市应该在自身资源禀赋的基础上,扬长避短,建立合理的城市外交策略。但另一方面,城市也应该要重视自己资源禀赋不足之处,针对短板进行内部建设,从而丰富软实力资源,为城市外交的顺利展开奠定基础。

---

[1] SIZOO A, MUSCH A. City diplomacy: the role of local government in conflict, prevention, peace-building, post-conflict resolution[J]. The Hagure: VNG International, 2008(2):2.

[2] NYE J. Public diplomacy and soft power[J]. The Annals of the American Academy of Political and Social Science, 2008(1):94.

[3] NYE J. Soft power and the means to success in the world politics[J]. 2008(1):52.

[4] 张勇.北京市建设世界城市的资源禀赋特点论析——基于软实力理论框架的思考[R]//世界城市北京市发展新目标——2010年首都论坛文集.北京:北京市社会科学联合会,2010:30.

二、城市外交与城市软实力的关系

1. 城市外交是提升城市软实力的途径

软实力强弱的主要影响因素是文化、价值观念和外交政策。具体而言,文化资源的吸引力,价值观念受到的认同以及外交政策的合法性和道德权威(moral authority)是决定软实力强弱的主要因素。[1]推及城市软实力层面,一个城市的文化是否能够吸引他人,发展理念是否能够得到认同,以及对外交往活动是否有效,这些因素都会影响城市软实力的发展。每个城市都拥有独特的文化、价值理念等软实力资源,但是拥有资源本身并不代表拥有软实力。文化、价值观念等资源需要得到认同才能够具有吸引力,从而转化成城市软实力。[2]而获取认同的第一步是对外推广和宣传城市的文化、价值。城市外交则是宣传、推广城市软实力资源的途径。

城市外交能够在城市软实力资源的基础上讲述城市的故事,宣传城市的历史文化、价值观念,塑造城市的形象。由此,城市的软实力资源能够得到外界认知,进而才有可能得到认同,从而将沉寂的资源转化为充满活力的软实力。但是已有研究显示,城市外交在提升城市软实力的作用主要集中在文化领域,在提升城市的政治形象方面则差强人意。[3]这主要是因为城市的综合形象与所属国家的体制、治理等方面紧密联系在一起,仅通过宣示城市的文化维度难以改变其综合形象。另外,城市外交本身的性质、方式也可能成为城市软实力的组成部分。能够将社会力量融入官方活动中的对外交往,很大程度上可以为城市增加吸引力。因为很多情况下民间诉说相对于官方宣传更能够打动人心。就此而言,通过城市

---

[1] NYE J.Public diplomacy and soft power[J].The Annals of the American Academy of Political and Social Science,2008(1):97.

[2] 章一平.软实力的内涵与外延[J].现代国际关系,2006(11):5.

[3] ACUTO M.World politics by other means?London, city diplomacy and the Olympics[J].The Hague Journal of Diplomacy,2013(4):288.

外交而开展的不同国家民众间直接交流互动,在全球信息时代越发具有独特优势。

2. 城市软实力资源是开展城市外交的基础

如前所述,城市外交是提升城市软实力的途径之一,但是这只是一种策略性的提升。的确,通过合理的城市外交实践,能够宣传、推广城市的形象,从而使其增强吸引力。但对外宣传本身并不能凭空捏造,而是需要依赖于本城所拥有的资源。举例而言,若城市本身的物质性资源,如水资源、空气资源的质量不佳,不论如何精心设计城市外交策略,也难以在生存环境方面为城市增加吸引力。若本城拥有悠久的历史和丰富的文化资源,城市则可以在此基础上设计合理的对外交往从而将资源转化为实力。城市外交的根基建立在本城所拥有的资源之上。城市外交的功能主要在于对外讲述本城的故事,这些故事可来自城市的历史、文学、艺术、民俗、建筑等资源。脱离了这些内涵丰富的历史文化因素,城市外交就失去了可以对外讲述、推广、宣传的源泉和根本。

3. 小结

城市外交与城市软实力互为依托:一方面,城市外交能够为城市赢得认同和支持,提升城市的形象,从而有助于增加城市的影响力、话语权,乃至社会经济效益;另一方面,城市软实力是开展城市外交的资源,能够为城市外交提供支持。二者相互依托,相互促进。务实灵活、形式多样的城市外交有助于提升城市软实力,同时城市软实力又能够反哺城市外交,为开展城市外交提供有力支撑。值得注意的是,虽然城市外交是发挥城市软实力的途径,但并不是所有的城市外交策略皆有助于城市软实力的提升。因此,下文将结合北京市的相关实践,进一步探寻何种城市外交策略有助于提升城市软实力。

三、案例分析:对北京市相关实践的考察

1. 北京市城市外交实践

(1)北京市城市外交的历史回顾。

北京市对外交往的进程与中国的社会发展尤其是改革开放进程紧密联系在一起。将北京市对外交往历史置于中国发展的政治、经济背景来看,至少可分为三个阶段:第一阶段是从1949年至1978年,第二阶段是从1978年至2000年,第三阶段是从2000年至今。总体而言,第一阶段,北京市的对外交往水平十分有限;第二阶段,北京市对外交往活动逐渐增多;第三阶段,北京市则实现了从"办外事"向"管外事"的转变。[1]

第一阶段,受新中国成立之初所经历的曲折历程和冷战的影响,北京市对外交往极为有限。1949年,新中国成立,北京市为了响应中央肃清帝国主义残余实力的方针,采取了一系列措施废除帝国主义在华特权。[2]受美苏冷战的影响,在20世纪50年代,北京市主要与社会主义国家及相关城市建立联系。但这一时期,北京市与日本的都道府县和城市也存在友好往来。1955年至1964年,时任市长彭真先后邀请了8批日本城市代表团访华。[3]1966年"文化大革命"开始之后,由于极"左"思想的发展,北京市的对外交往受到很大影响。1967年甚至发生了火烧英国代办处事件。[4]20世纪70年代,随着中美关系正常化,中国恢复在联合国的合法权利,中国同西方国家关系取得重大进展,北京市同日本、西欧国家城市的交往开始发展。[5]

第二阶段,随着中国在1978年改革开放和社会主义现代化建设,北京

---

[1] 北京市外事办.北京市外事工作六十年[EB/OL].(2009-08-26)[2015-10-12].http://www.bjdfz.gov.cn/ShowNewsLevel3.jsp?NewsID=1548.

[2] 北京市地方志编纂委员会.北京市志政务卷外事志[M].北京:北京出版社,2012:5.

[3] 北京市地方志编纂委员会.北京市志政务卷外事志[M].北京:北京出版社,2012:7-8.

[4] 周红.试论新中国成立初期对英交际工作——以中英国庆招待会为例[J].当代中国史研究,2013(5):56.

[5] 北京市地方志编纂委员会.北京市志政务卷外事志[M].北京:北京出版社,2012:8-9.

市积极扩大对外交往服务,开展国际友好城市工作。1979年3月14日,北京市与日本东京都签署友好城市协议,东京都成为北京市第一个国际友好城市。❶20世纪80年代,中共十一届三中全会召开之后,中国进入了社会主义现代化建设的新阶段,北京市的对外交往也呈现出了多层次、多渠道、多形式、全方位发展的新格局,积极建立国际友城关系,与外国首都和城市在经济、科技、文化、城市建设和管理等各个领域的交往日益扩大。总体而言,在此阶段北京市对外交往规模、水平呈逐渐扩大、上升趋势。

进入21世纪,随着中国加入世界贸易组织和筹办第29届夏季奥运会,北京市加快了提升国际交往能力的步伐,对外交往工作开始从"办外事"向"管外事"转变。❷北京市对外交往工作从主要承担、完成中央赋予的对外任务转变成为积极、主动、独立地探索对外交往空间。北京市利用2008年奥运会的契机,积极推广城市文化、构建城市形象,提出了"绿色奥运、科技奥运、人文奥运"的理念与"同一个世界,同一个梦想"的主题口号,以此表达中国人民建设和谐世界、实现和谐发展的诉求。❸奥运会举办前后,北京抓住重要发展机遇,积极发展国际友好城市关系。迄今为止,北京市已经与52个城市建立了国际友好城市关系,友好城市网络遍布五大洲。自2001年北京成功申请第29届夏季奥运会举办权之后,北京市已经与26个城市建立了国际友好城市关系,占总数的一半。❹

(2)北京市城市外交的主要内容与方式。

如前所述,城市外交的主要内容包括安全、发展、经济、文化、联系网络、代表六个方面。北京市城市外交的内容也大体涵盖这些,但是活动的规模存在显著差异。总体而言,北京市对外活动主要集中在经济、文化、联系网络以及代表这四个方面,但在安全与发展方面的活动规模较小。这是

---

❶北京市地方志编纂委员会.北京市志政务卷外事志[M].北京:北京出版社,2012:8-9.

❷北京市外事办.北京市外事工作六十年[EB/OL].(2009-08-26)[2015-10-12].http://www.bjdfz.gov.cn/ShowNewsLevel3.jsp?NewsID=1548.

❸MANZENREITER W.The Beijing Games in the western imagination of China—the weak power and soft power[J].Journal of Sport and Social Issue,l34(2010):29.

❹中国国际友好城市联合会:友城统计[EB/OL]. (2015-08-10)[2015-10-29].http://www.cifca.org.cn/Web/SearchByCity.aspx?HYCity=% b1% b1% be%a9&WFCity=.

因为安全等领域的内容仍属于传统意义上的高政治范畴,中央政府是主要行为主体,虽然地方政府也发挥一定的作用,但所起的角色主要是执行中央政府所下达的外交使命。

近年来,北京市的对外交往方式更加丰富、多样。主要包括承办国际会议、参加国际组织相关活动、访问考察、接待代表团、签订合作协议、建立国际友好城市关系等多种方式。针对不同的对外交往内容,北京市通过不同的具体方式来完成。在"安全"和"发展"领域,北京市城市外交的主要方式是配合国家总体外交,承办国际会议、对外派遣援助团队等。在"代表"职责方面,北京市则通过派遣代表团参加国际会议来履行相应职责。在"联系网络"方面,北京市主要通过建立国际友好城市关系、参加国际会议的方式建立网络关系。相对而言,在"经济"和"文化"方面,北京市采取了多元的活动方式,访问考察、接待代表团、签订合作协议、举办论坛、开展文化活动等诸多方式,皆可用于推进"经济"和"文化"发展。表1以2014年北京市城市外交的部分实践为例,展现北京市城市外交具体内涵和方式。

表1 2014年北京市城市外交代表性实践活动

内容	代表性实践	方式
安全	成立中英危机防治合作小组,召开研讨会	承办国际会议
发展	北京市派遣驻阿尔及利亚援外医疗队	外派援助团队
经济	出访美国和巴哈马,推动北京市与美国地方政府、金融机构、科技、文化企业及巴哈马开展合作	访问考察,签订合作协议
文化	市友协友好代表团访问美国,举办"多彩北京市"影展;举办北京市国际民间友好论坛	推动市民交往,举办民间论坛
联系网络	推进友城人文交流,开展罗马"欢乐春节""北京市首尔友好交流年开幕式暨首尔周"和北京市"曼谷节"等活动	友城交流,开展文化活动

续表

内容	代表性实践	方式
代表	参加世界城市和地方政府联盟会议（UCLG）	参加国际会议

资料来源：Safer world, conflict prevention in the 21st century[EB/OL].(2014-12-10)[2015-09-10].http://www.saferworld.org.uk/china/conflict-prevention-in-the-21stcentury-china-and-the-uk.

2. 北京市城市外交与城市软实力的关系

从北京市的案例中可发现，对外推广人文文化是北京市城市外交的重点。以2014年为例，北京通过举办"罗马春节"活动、"颐和园世界文化遗产"图片展、"璀璨中华"展演等活动展现北京的特色文化。[1]而这些活动均依赖于本城所特有的文化资源。首都北京作为历史悠久的古都、充满朝气并日益国际化的大都市，对外交往有其得天独厚的非物质资源优势。因此，北京在其对外交流中要充分发挥这些资源优势，就需要善于抓住机遇。2008年北京奥运会就是一个颇具重大意义的战略机遇。

虽然北京市一直都拥有丰富的非物质性资源，但是在2008年北京奥运会之前，某种意义上讲，北京市并未被世界充分认知。2008年夏季奥运会很大程度上将北京市推向了国际舞台的中心。借此契机，北京市积极推广赛事，通过大量丰富多彩的宣传片、论坛、文化交流等方式，有效推广了城市品牌。在奥运会结束之后，北京市抓住会后的重要发展机遇期，积极参与国际交流活动，建立国际友好城市网络。[2]就此而言，北京市正是抓住了成功举办奥运会为代表的大型赛事等对外交流机会，通过实施更加积极主动的对外交往活动，使得北京市的人文文化、城市形象得到外部世界的更广泛认知，进而产生吸引力，并由此转变为北京市的软实力。

---

[1] 北京市外事办.2014年对外交往[EB/OL].(2015-09-01)[2015-10-19]. http://www.bjfao.gov.cn/zwgk/wsnj/2014n/82647.htm.

[2] 赵会民.关于北京市国际友好城市工作情况的报告[EB/OL].(2014-05-22)[2015-10-19].http://fuwu.bjrd.gov.cn/rdzw/information/exchange/bulletinwords.do?method=showIn-foWeb&Id=2014975.

四、如何通过城市外交提升城市软实力

1. 提升信息可信度,发展长期互动关系

随着信息技术的发展,私人领域与公共领域的界限变得越来越模糊,个人以及组织皆可以通过网络发布消息、表达意见从而参与到公共事务当中。❶通过电话、短信、邮件、电视、网络等媒介,信息在世界范围内快速传播。其传播的速度和规模都超出了国家的控制范围。国家发出的声音不再享有绝对垄断地位,很多情况下需要在网络平台上与其他组织甚至个人发出的信息展开竞争。传达信息并非难事,困难的是如何让他人在信息爆炸的时代注意到信息并且相信信息的真实性。正如约瑟夫·奈所说,在信息化时代,可信度成为最稀缺的资源。❷因此,城市在向外传达信息的过程中,需要格外关注如何让自身的信息具有关注度和可信度,从而才能有效地传达信息,树立良好的外部形象。

城市外交是以次国家政府为中心的,但是,政治色彩相对较低的外事活动却更有可能收获成效。由于西方社会对中国的意识形态偏见,不少情况下由政府主导的外事活动容易被视为是政府的宣传,从而难以获得外界认同。因此,城市需要通过多元的渠道传达信息,而不仅仅是依赖官方媒体来发声。民间交往,特别是不同社会的人文交流是补充官方信息表达的有效形式。政府也可以通过鼓励电影、电视节目等大众娱乐产业发展的方式来间接地塑造城市的形象。❸此外,发展长期的互动关系也是提高信息可信度的有效方式。城市可以通过建立国际友好城市关系来建立长期、稳

---

❶ KIM H J.Cultural diplomacy as the means of soft power in an information age[J].Institute for Cultural Diplomacy,2011(2):10.

❷ NYE J.The new public diplomacy[EB/OL].(2010-02-10)[2015-10-13].http://www.project-syndicate.org/commentary/the-new-public-diplomacy.

❸ 根据罗伯特·基欧汉和约瑟夫·奈的观点,电影、电视节目中蕴含的文化内涵对于软实力有着重要的影响。因此,政府可以通过推广蕴含本城文化特点地电影、电视节目来传达城市的声音,并且在这一过程中淡化政府的支持作用来提高信息可信度。——KEOHANE R O,NYE J.Power and interdependence in the information age[J].Foreign Affairs,1998(5):87.

定的交流机制。国际友好城市关系的建立能够促进城市之间在政治、经济、文化、教育、环境保护等多个方面的合作与交流,从而扩大信息传播的规模、加快信息传播的速度、加长信息传播的时间,从而提高信息传播的可信度。

2. 把握时机,通过大型赛事积极提升城市形象

大型国际赛事能够将城市推向国际关系舞台的中心[1],将全球的注意力集中在城市以及所属国家的身上。2008年北京奥运会的举行,使得北京市获得了全球的关注。通过奥运会,北京市成功提升了其软实力,这不仅体现在中国队所获得金牌数量上,还体现在北京市奥运会的推广,以及中国传统文化的传播方面。[2]中国有充满魅力的传统文化资源,但是传统文化资源本身并不能够直接转化为软实力,而是需要通过机动灵活的对外交流进行推广。奥运会则是向外推广北京市以及中国文化、增加与其他城市和国家联系的良好时机。

大型国际赛事除了为城市宣传提供良好契机之外,还能够推动城市的内部建设,并提升城市的软实力资源。2008年北京奥运会的举行促使北京市在空气质量、能源结构、公共交通运营等方面至少在一段时期内做出了改善。奥运会结束之后,北京市进一步推广环境治理经验,提升空气质量监测水平,提高空气污染数据公布的透明度。[3]遗憾的是,此后不久,由于北京及周边地区产业结构转型滞后等因素,空气污染问题目前再次成为一个非常严峻的挑战。2015年7月,北京市再次申奥成功,获得2022年冬季奥运会的举办权。对北京而言,这又将为北京市推广自身的文化,构建城市品牌,增强城市软实力带来绝佳的机遇,并将促使北京市在空气质量、能源结构、水资源利用等方面做出改善,以达到《申办报告》中承诺的目标。

---

[1] ACUTO M.World politics by other means?London,city diplomacy and the olympics[J].The Hague Journal of Diplomacy,2010(4):288.

[2] NYE J.Soft power and Beijing Olympics,2008[EB/OL].(2014-12-10)[2015-10-10].http://www.realclear world.com/articles/2008/08/soft_power_and_beijing_olympic.html.

[3] 陈阳.迎接绿色冬奥:还欠哪些东风?[J].中国经济导报,2015-08-21.

再次举办奥运会既是机遇也是挑战。北京应当继续通过更加务实有效的对外交流实践,全面提升北京作为国际大都市的正面形象。

3. 加强对内建设,丰富软实力资源

城市外交虽然能够策略性地提升城市软实力,但城市外交的根基建立在城市所拥有的软实力资源之上。要提升城市软实力,对外交往的质量和效率固然重要,但如果一个城市自身没有良好的生态环境、负责高效的政府、富有吸引力的文化,即使其在对外交往方面耗费巨大的精力和资源也难以取得回报。城市软实力作为一种依靠吸引力来获得认同和承认的实力,其难以买到,而必须赢得。因此,若城市需要提高软实力,除了提高城市外交的水平之外,还需要发展对内建设,丰富自身的软实力资源。

每个城市的资源禀赋不同,开展对外交往活动应该扬长避短,而发展对内建设,则需要从弱处着手。以北京市为例,北京市拥有丰富的非物质性资源,其有独特的首都资源,以及占有优势的文化资源、人才资源等。但是北京市在物质性资源,例如环境资源、水资源、土地资源等方面存在短板。今后尤其需要统筹规划,通过积极参与和推动京津冀一体化协同发展,真正提高城市的环境质量和社会综合治理水平。通过积极主动地推进自身可持续发展,有效改善城市环境、减轻空气污染,从而为北京市民以及来访宾客提供更加美好、更加友善的生态环境和社会环境。这也将大大有助于北京市开发其蕴藏丰厚而尚未充分挖掘的软实力资源,继而通过城市外交将软实力资源真正转化成为名副其实的软实力。

五、结语

今天,城市在对外交往中正扮演越来越重要的角色。出于服务城市以及所属国家利益的需要,城市外交有其发展的空间。本文以北京市城市外交的相关实践,特别是结合其举办奥运会的实践,讨论了城市外交与城市软实力之间的关系。一方面,城市外交的开展需要依赖城市本身拥有的软实力资源;另一方面,有效的城市外交是提升城市软实力的途径之一,实施

合理的城市外交理念和策略所产生的积极效应有可能化为城市软实力的来源之一。在此基础上，本文就如何提升城市软实力进行了尝试性思考：一是通过发展城市之间的长期互动关系，提升信息可信度；二是充分把握举办大型赛事带来的机遇，推广城市品牌；三是不仅要注重对外发声，也需要加强对内建设，通过丰富城市的软实力资源来赢得认同。

  城市通过建立国际友好城市关系、签订合作交流协议、在国外设立代表或办事机构等外事活动，一定意义上讲，是对国家整体对外关系发展的一种有益的补充，并扮演日益重要的角色。有分析指出，相对于传统的以国家为中心的外交而言，城市外交显得更为稳定和灵活。[1]城市交往可以避免触及存在较多分歧的高政治领域的议题，推进文化、教育、环境保护等方面的交流。但由于城市外交需要为国家的整体利益服务，国家之间的利益分歧以及不同的社会政治制度还是会对城市外交的目标、内容产生影响。因此，城市外交不能完全独立于国家外交而存在，城市外交的发展与国家利益以及国际大环境的变化紧密联系在一起。因此，城市外交当然也需要与时俱进，根据国家、本城市的需要以及国际环境的变化而不断创新、发展。这对首都北京这个日益国际化的大都市而言，更具有现实紧迫性。

---

[1] ZHAO K J, LI X Y, HOYT B.City to city diplomacy and Sino-U.S. relationship, Carnegie-TSINGHUA Center for global policy.(2014-06-19)[2015-10-20].http://carnegietsinghua.org/2014/06/19/city-to-city-diplomacy-and-sino-u.s.-relationship/hd3q.

城市外交的发展与北京市的实践

查 雯

摘要：在整个世界范围内，城市外交已经进入了蓬勃发展的阶段。本文回顾城市外交的兴起和发展，并结合中国现实讨论城市外交与中央政府整体外交之间的关系。在此基础上，本文进一步考察北京城市外交的发展现状，对北京缔结"友好城市"关系、参与跨国城市网络等方面的情况进行全面梳理，并在中国推行"一带一路"大战略的背景下，探寻北京城市外交的发展方向。

关键词：友好城市；跨国城市网络；城市外交；整体外交

2005年1月12日，国务院总理温家宝主持召开国务院常务会议，讨论并原则通过了《北京城市总体规划（2004~2020年）》，规划首次提出了北京将于2020年左右确立"具有鲜明特色的现代国际城市的地位"，以及于2050年左右"进入世界城市行列"的战略目标，这也为北京的城市外交工作指明了方向。同年8月，市委、市政府印发《北京市外事工作发展规划(2004~2008年)》，要求全市认真贯彻执行规划，更好地为中央外交全局服务，为首都经济和社会协调发展服务，为日益增长的国际交往服务。

北京市对于城市外交工作的重视适应了世界潮流。在世界范围内，随着全球化进程的推进，世界外交舞台上的行为体也日趋多元化，超国家组

基金项目：北京社科基金研究基地项目（14JDKDB002）。
作者简介：查雯，外交学院国际关系研究所讲师。

织、非政府组织的出现与活跃证明外交活动并非主权国家(即一国中央政府)的专属权利。与此同时,越来越多的城市和地方政府也积极参与到国际事务中来,通过与其他国家各级政府建立联系、与国际组织互动等方式,影响其他国家及超国家组织的政策制定,谋求地方利益和本国利益的最大化。

本文共分为四个部分:第一部分回顾城市外交的兴起,并对城市外交在世界范围内的发展进行概述;第二部分讨论城市外交与中央政府整体外交之间的关系,并将理论研究与中国现实相结合;第三部分考察北京城市外交的发展现状,对北京缔结"友好城市"关系、参与"跨国城市网络(transnational city network,TCN)"等方面的情况进行梳理;第四部分探讨在中国推行"一带一路"大战略的背景下,北京城市外交工作的发展方向。

一、城市外交的兴起与发展

城市外交的实践有着悠久的历史。有学者将城市外交的起源追溯到古希腊时期的城邦外交,认为在威斯特伐利亚体系兴起之后,主权国家才逐渐取代了城市,占据了外交舞台上的主导地位。[1]另一些学者则认为,城市外交起源于第一次世界大战之后的西欧——为了弥合战争创伤、推动国家间关系的和睦,英国约克郡的凯里市和法国普瓦市结成了世界上第一对友好城市。[2]尽管学界对城市外交的起源还存在诸多争议,但毋庸置疑的是,在第二次世界大战结束后的几十年中,世界范围内的城市外交已经取得了突飞猛进的发展,这主要体现在以下三个方面。

第一,友好城市的数量极大增加。据不完全统计,目前已有165个主要国家的12596座城市结成了16487对友好城市关系。[3]我国的友城活动始于1973年。这一年天津市和上海市分别与日本的神户市和横滨市结为友好

---

[1] VAN DER PLUIJM R, MELISSEN J. City diplomacy: the expanding role of cities in international politics[J]. The Hague: Netherlands Institute of International Relations, 2007(10):5.

[2] 赵可金,陈维.城市外交:探寻全球都市的外交角色[J].外交评论,2013(6):63.

[3] Sister cities of the world[EB/OL].(2014-01-25)[2014-07-24].http://en.sistercity.info/.

城市,此后我国的友好城市呈加速增长态势。截至2015年,我国城市与世界各国城市结成的友好城市关系已达到2209对。❶

第二,城市外交多边化、网络化的趋势日益明显,跨国城市网络不断涌现。第一个跨国城市网络是1913年在荷兰成立的地方政府国际联盟(The International Union of Local Authorities,IULA)。二战结束后,一批城市网络组织涌现出来,其中包括1946年成立的双城组织(Town-twinning),1951年成立的欧洲市政和地区理事会(The Council of European Municipalities and Regions,CEMR),1956年成立的国际姐妹城市(Sister Cities International,SCI),和1957年成立的联合城镇组织(United Town Organization,UTO)等。进入20世纪80年代后,跨国城市网络的数量大幅攀升、规模不断扩大,仅就可持续发展一个议题而言,跨国城市网络就从1982年的8个增加到了2004年的49个。❷2004年成立的世界城市和地方政府联合组织(United Cities and Local Governments,UCLG)是其中最具影响力的一个,目前,已有136个国家的城市加入了UCLG。跨国城市网络极大地拓宽了城市与城市之间的交往面。联合国人居署2001年的数据显示,全世界70%的城市都展开了与其他国家城市的国际合作,而其中68%的联系是通过城市网络联盟建立的。❸另一个值得注意的动向是,各国的地方政府也积极组成联盟,以集体身份在海外进行自我推广,参加甚或是主持运转跨国城市网络,实现了国内城市网络与国际城市网络的对接。

面对城市外交的新形式,我国城市和地方政府也采取了积极适应的姿态,并取得了显著成绩。以UCLG为例,目前我国大陆共有21个会员省市,分别是北京市、上海市、天津市、广州市、重庆市、沈阳市、武汉市、杭州市、海口市、长春市、大连市、哈尔滨市、吉林市、成都市、郑州市、南宁市、深圳市、西安市、昆明市、福州市和湖南省。2007年,UCLG主席团改选,

---

❶ 中国人民对外友好协会.全国历年对外结好一览表[EB/OL].(2015-02-23)[2015-08-15].http://www.cifca.org.cn/Web/JieHaoBiao.aspx.

❷ KEINER M,KIM A.Transnational city networks for sustainability[J].European Planning Studies,2007,15(10):1327.

❸ 联合国人居署.全球化世界中的城市:全球人类住区报告2001[M].北京:中国建筑工业出版社,2004:11.

广州市成功取得UCLG的联合主席席位，并在2010年打破该组织惯例取得了连任。❶

第三，城市外交的内涵得到极大延展，城市外交不再仅停留在促进文化交流和经济合作等"低级政治"议题上，更向政治、安全等"高级政治"议题拓展，一些国家的城市甚至在他国冲突解决、和平构建的过程中发挥了极大作用。2005年，城市网络组织UCLG还专门成立了"城市外交，和平构建与人权委员会"。该委员会为城市外交做出了如下定义："城市外交是地方政府及其联盟通过确实和实际的城市与城市合作，帮助冲突及战争中的地方政府的工具，其目的在于创造稳定的环境，使市民可以在和平、民主和繁荣中生活。"❷

根据荷兰国际关系研究所学者罗吉尔·范·德·普拉伊吉姆（Rogier van der Pluijm）与简·梅利森（Jan Melissen）的定义，城市外交涉及以下六个方面的内容：①安全，指冲突解决，冲突预防，调解及和平构建。②发展，指由一国城市为其他国家的城市提供发展援助。③经济，指城市通过外交活动扩大经济利益，为城市吸引外资、游客、国际组织、国际会议，并扩大城市的商品、服务及知识的对外输出。④文化，指城市通过外交活动向其他国家公民推广城市文化及意识形态等。⑤网络，指城市通过外交互动形成地区、洲际及全球范围内的组织，并成为组织成员。⑥代表，指城市通过外交活动，在国际政治舞台上代表自身利益，影响超国家层面的决策制定。❸应该说，我国的城市外交主要集中在"发展""经济""文化""网络"四个方面，而在"安全"与"代表"这两个方面，我国城市的外交活动则较为有限。

---

❶ 熊炜,权家运.广州的"地方政府联合国"之旅——广州竞选UCLG联合主席案例分析[M]//韩方明.城市外交:中国实践与外国经验.北京:新华出版社,2014:3-13.

❷ UCLG.A working conference of united cities and local governments[EB/OL].(2006-02-12)[2006-10-07].http://www.cities-localgovernments.org/uclg/upload/newTempDoc/EN_251_city_diplomacy_circular_4_eng.pdf.

❸ VAN DER PLUIJM R,MELISSEN J.City diplomacy:the expanding role of cities in international politics[J].The Hague Clingendael Diplomacy Paper,2007(10):19-32.

二、城市外交与整体外交

城市外交与一国中央政府的整体外交有着怎样的关系？随着城市外交的不断发展，这一问题也变得更加突出。一方面，出于自身利益的考虑，一些城市开始寻求不同于中央政府的外交政策目标，与中央政府的外交形成了竞争关系，这一现象在联邦制国家中体现得尤为明显。例如，20世纪80年代中后期开始，美国200个城市通过决议对全面核禁试表示支持，这就与美国政府只禁止在大气中进行核实验的立场相左。[1]另一方面，一些国家的中央政府无力应对日益复杂的政策环境，开始向地方政府下放权力，这使得地方政府在处理跨国事务时获得了更大的自主空间。从这个意义上说，城市外交又与中央政府的整体外交形成了互补。

对于城市外交与中央政府整体外交之间的关系，学界也存在一定争议。一些学者认为，城市外交的出现打破了中央政府对外交的垄断，与中央政府的整体外交并驾齐驱，导致了外交政策的分散化。詹姆斯·罗西瑙（James Rosenau）于1990年提出的"两枝世界"理论就认为，世界政治已经发生了根本变化，两枝世界的其中一枝仍然是由主权国家主导的世界，另一枝则是由不受主权约束的行为体主导的多中心世界，城市就是多中心世界中重要的一类行为体。[2]伊夫·杜恰切克（Ivo Duchacek）提出了"被穿透的主权"以及"平行外交"的概念，认为地方政府参与外交事务可能导致外交政策的割裂，破坏外交政策的一致性，并影响中央政府的权威与效率。[3]

与之相反，另一些学者则更加强调城市外交的从属性、合作性。比如，龚铁鹰就指出，城市外交是国家总体外交的一个组成部分，属于半官方外

---

[1] 陈志敏.次国家政府与对外事务[M].北京:长征出版社,2000:93.

[2] ROSENAU J.Turbulence in world politics:a theory of change and continuity [M].Princeton: Princeton University Press,1990:3-96.

[3] DUCHACEK I D.Perforated sovereignties:towards a typology of new actors in international relations[M]//MICHELMANN H J,SOLDATOS P.Federalism and interna tional relations:the role of subnational units.Oxford:Clarendon Press,1990:28-30.

交,其主要作用首先体现在配合国家总体外交上。[1]赵可金和陈维则为城市外交做出如下定义,"城市外交是在中央政府的授权和指导下,某一具有合法身份和代表能力的城市当局及其附属机构,为执行一国对外政策和谋求城市安全、繁荣和价值等利益,与其他国家的官方和非官方机构围绕非主权事务所开展的制度化的沟通活动。"[2]

中国城市外交的从属性和合作性大于其对中央政府整体外交构成的竞争性。事实上,在中国城市外交的发展过程中,来自中央政府层面的推动起到了关键的作用。改革开放以来,中央权力的多轮下放使得地方政府成为中国外交事务中的重要参与者,这尤其体现在吸引外资、扩大外贸、促进本地经济发展方面。[3]同时,中国特色的行政管理体系在一定程度上保证了地方政府的外交行为不至于损害中央政府的对外政策目标。比如,国务院、外交部等对地方政府的外事管理部门和对外经贸机构进行经常性的业务指导;地方政府的国际活动多由编制内的政府职员执行,而不是依靠与私营部门的合作。[4]

总体上看,中国的城市外交带来了中央和地方的共赢局面,但这并不意味着,协调中央与地方政府外交行为的制度已经达到完善的水平。第一,中国各地区城市外交的发展水平仍具有较大差距。一些城市的外交工作搞得好,在很大程度上得益于与中央的沟通较为有效。如何加强制度建设,使中国其他城市,尤其是边远地区的城市外交水平得以提升,是亟待解决的问题。第二,一些地方政府的行为与中央政府的外交政策不符,并产生了"外溢"效应,影响了国家间关系。比如,在南海问题上,一些地方政府在追求地方经济利益的时候,其行为与外交部的表态存在一定差异,这也激发了外界对于中国南海政策的疑虑。[5]第三,在完善"从上至下"的约束

---

[1] 龚铁鹰.国际关系视野中的城市——地位、功能及政治走向[J].世界经济与政治,2004(8):39,42.

[2] 赵可金,陈维.城市外交:探寻全球都市的外交角色[J].外交评论,2013(6):69.

[3] 赵可金.嵌入式外交:对中国城市外交的一种理论解释[J].世界经济与政治,2014(11):146.

[4] 陈志敏.次国家政府与对外事务[M].北京:长征出版社,2000:322-325.

[5] 国际危机组织.南海翻波I[R].布鲁塞尔:国际危机组织,2012:9.

机制的同时,也应进一步改进"从下至上"的反馈机制。地方政府的态度直接影响一国外交政策的执行❶,这也要求中央政府在制定整体外交政策的过程中充分考虑地方利益,从而从根源上减少地方政府"阳奉阴违"情况的发生。

三、北京市的实践

北京市的友城活动始于1979年,东京于当年3月同北京结为友好城市。此后,北京的友城工作加速发展:1980~1989年,北京结成友好城市关系仅8对,而1990~1999年,北京新增友好城市数量翻了一番,达到17对。2000年以后,北京的友城工作取得的成绩一度十分有限,2000~2004年,仅缔结友好城市关系1对。但随着2008年北京奥运会筹备工作的展开,北京市的友城工作取得了突飞猛进的进展,2005~2008年,北京结成的友城关系多达16对,成功实现了《北京市外事工作发展规划(2004~2008)》确定的任务和目标。到2015年4月为止,北京已与47个国家的52个城市建立了友好城市关系,其中欧洲国家城市21个,亚洲15个,美洲10个,非洲和大洋洲各3个,友城关系的布局更趋合理。❷

除了在数量上有所增加以外,北京市的友城工作还向"多层次""宽领域"的方向发展。"多层次"体现在北京市下辖各区县也积极展开了友城工作,截至2014年5月,区县友城已经达到97个(其中在全国人民友好协会备案的有11个)。"宽领域"则指友城合作涉及的议题更加多样化:在"发展"方面,在2009~2014年,根据外交部、中联部的要求以及驻外使领馆建议,北京市分别向哈萨克斯坦阿斯塔纳市、阿尔巴尼亚地拉那市、哥斯达黎加圣何塞市等16个友城开展了18项捐赠活动;在"经济"方面,友城也成为促进北京对外经贸合作的重要渠道,2010年和2012年,北京先后举办了两届以友城为参与主体的"城市可持续发展论坛",期间共促成30个合作项目的签

---

❶ HOCKING B.Localizing foreign policy:non-central governments and multilayered diplomacy[M].New York:St. Martin's Press,1993:49.

❷ 中国人民对外友好协会.全国各省、自治区、直辖市建立友好城市统计[EB/OL].(2015-02-12)[2015-08-15].http://www.cifca.org.cn/Web/JieHaoBiao.aspx.

约；在"文化"方面，在2009~2014年，北京共与42个友城开展了69项文化交流项目。❶

就参与城市网络组织、开展多边外交方面，北京市也取得了一定成绩。2005年，北京市正式向城市网络组织UCLG提出申请，并于2006年成为该组织会员。2007年10月28日，在韩国济州举行的UCLG第二届世界大会上，北京市被推选为该组织世界理事会和执行局成员，并于2010年成功竞选连任。2008年，北京又加入世界奥运城市联盟等多边组织，并参加了第五届国际水都会议、第九届世界大都市会议等一系列城市多边外交活动。多边城市网络日益成为北京市获取技术支持、破解城市发展难题的重要渠道。比如，北京就根据自身发展的需要，加入了UCLG的城市交通委员会和数字知识城市委员会。❷与此同时，北京市也开始在多边城市外交舞台上发挥主导作用。2012年，北京发起成立了世界旅游城市联合会（World Tourism Cities Federation，WTCF），邀请世界各国城市加强合作、共享旅游发展经验。至今，WTCF已经从成立之初的58个城市和机构增加到了135个会员单位，其中城市会员88个，机构会员47个。❸

在与国家整体外交进行协调方面，服务于整体外交一直是北京城市外交的首要原则。首先，在维护国家主权和核心利益方面，北京利用友城渠道开展涉外斗争。1980年、1984年，北京市先后与美国纽约、华盛顿结为友好城市，但因政治原因，北京中断了与这两个城市的友好关系达15年，直到2004年才得以恢复。❹1997年，北京市与巴黎市结为友好城市。2008年，法国巴黎市长向巴黎市议会提议授予达赖"巴黎荣誉市民"称号，提议获得巴黎市议会通过，北京市为此发表公开反对声明，并通过相关市属媒体发表

---

❶ 赵会民.关于北京市国际友好城市工作情况的报告——2014年5月22日在北京市第十四届人民代表大会常务委员会第十一次会议上[EB/OL].(2014-05-22)[2015-09-10].http://fuwu.bjrd.gov.cn/rdzw/information/exchange/bulletinwords.do?method=showInfoWeb&Id=2014975.

❷ 北京市人民政府外事办公室.外事年鉴[EB/OL].(2015-05-14)[2015-09-30].http://www.bjfao.gov.cn/zwgk/wsnj/index.htm.

❸ 世界旅游城市联合会[EB/OL].(2015-05-22)[2015-09-10].http://cn.wtcf.travel/.

❹ 高龙.友好城市因何"死亡"或"冬眠"？[N/OL].南方都市报，2012-05-16[2015-09-30]. http://news.sina.com.cn/c/2012-05-16/051924423026.shtml.

了《北京市坚决反对巴黎市授予达赖"荣誉市民"称号的公开声明》。[1]其次,在落实国家领导人出访方面,北京城市外交也起到了十分积极的作用。2010年,时任国家副主席的习近平访问白俄罗斯,北京市推动住总集团和首旅集团等企业在明斯克市投资建设明斯克"北京饭店";2013年,李克强总理出访印度,此后北京与印度德里邦缔结了友好城市关系[2],这些举措都为国家间关系的发展添加了更为切实的内容。最后,城市外交还起到了国家整体外交无法起到的作用。在中日两国关系的艰难时期,北京市和区两级人大与东京都各级议会的友好交往,在培育知华友好力量方面就发挥了重要作用。[3]

四、建设"一带一路"大背景下的北京城市外交

2013年9月7日,中国国家主席习近平在哈萨克斯坦纳扎尔巴耶夫大学作重要演讲,提出共同建设"丝绸之路经济带"的设想。同年10月3日,习近平在印度尼西亚国会发表题为《携手建设中国－东盟命运共同体》的重要演讲,指出中国愿同东盟国家加强海上合作,共同建设21世纪"海上丝绸之路"。"一带一路"大战略的提出为中国今后的整体外交明确了工作重点,同时也为中国城市的城市外交工作指出了新的方向。自古以来,城市就是人类政治、经济、文化交流通道上的重要节点,是人类文明的集大成者,历史上丝绸之路的出现对诸多节点城市的繁荣、发展起到了决定性的作用。当下,大力发展与"一带一路"沿线城市的城市外交,将是对国家大战略的有益补充,同时也将为城市促进自身发展提供难得的机会。

---

[1] 高龙.友好城市因何"死亡"或"冬眠"？[N/OL].南方都市报,2012-05-16[2015-09-30]. http://news.sina.com.cn/c/2012-05-16/051924423026.shtml.

[2] 赵会民.关于北京市国际友好城市工作情况的报告——2014年5月22日在北京市第十四届人民代表大会常务委员会第十一次会议上[EB/OL].(2014-5-22)[2015-09-10].http://fuwu.bjrd.gov.cn/rdzw/information/exchange/bulletinwords.do?method=showInfoWeb&Id=2014975.

[3] 赵会民.关于北京市国际友好城市工作情况的报告——2014年5月22日在北京市第十四届人民代表大会常务委员会第十一次会议上[EB/OL].(2014-5-22)[2015-09-10].http://fuwu.bjrd.gov.cn/rdzw/information/exchange/bulletinwords.do?method=showInfoWeb&Id=2014975.

就国家利益而言，开展城市外交可以有效缓解周边国家对"中国威胁"的担忧。近年来，随着中国经济的快速发展和国力的迅速提升，中国与周边国家间的力量结构急剧变化，这引发了不少国家的担忧。一些国家的政策制定者对中国的"一带一路"战略存有疑虑，担心在经济上对中国的过度依赖，将使其在领土主权等政治安全议题上处于劣势，这样的担忧在一定程度上阻碍了中国"一带一路"大战略的推进。而相较主权国家的外交活动而言，以城市为行为主体的外交活动政治意味较弱，经济、文化意味较强，以城市为主体开展的外交工作有助于缓解"中国威胁论"，加强中国与"一带一路"沿线国家间的相互了解。

就北京市的地方利益而言，在"一带一路"沿线开展城市外交，有助于北京与沿线城市互通有无，推进"引进"与"输出"的双向流通。就"引进"而言，与发达国家相比，北京在促进城市的可持续发展方面相对落后。在多边合作中，北京更多的是一个学习者，而非传授者。很多发展中国家的城市在发展中遇到的问题（如空气污染、交通堵塞等），也是北京亟待解决的问题。通过参与跨国城市网络，北京市不仅可以从发达国家城市引进先进技术，也可以吸取其他发展中国家城市的经验教训，为解决自身问题寻求出路。而在"输出"方面，北京是一个充满活力的经济体，具有一定资本优势。"一带一路"沿线城市在推进可持续发展的过程中，面临着基础设施升级的问题，这也涉及大量的资金投入。而目前的城市网络组织可以提供的支持往往仅局限在技术、信息方面，融资方面的支持则略显不足。因此，我们有理由相信，"一带一路"沿线城市的市政改造可以成为北京企业海外投资的一个新方向。北京市政府可以在引领海外投资的过程中起到牵头作用，以私人领域的投资促进城市外交的开展。

此外，北京还应在构建中国城市网络的过程中发挥领导作用。如前所述，很多国家的地方政府积极组成城市联盟，以集体身份在海外进行自我推广。一个典型的案例就是日本国自治体国际化协会（Council of Local Authorities for International Relations，CLAIR）。该协会成立于1988年，旨在支援日本地方政府的国际交流活动，主要职责包括协助缔结友好城市，向海外介绍日本地方行政、财政制度等，并在纽约、伦敦、巴黎、新加坡、首尔、悉尼,以及北京都设有海外事务所。这种机构的设立有效提高了城市外交的专业水平,同时有利于各城市整合外交资源,降低外交成本。鉴于此,中国城市也应尽快改变"单打独斗"的局面。作为首都,北京具有更为丰富的城市外交经验,有更为专业的外事工作人员,因此,北京理应带头搭建中国城市网络,实现中国城市网络与跨国城市网络的对接,这也有助于弥合中国不同地区城市外交水平的巨大差异。

综上所述,在整个世界范围内,城市外交已经进入了蓬勃发展的阶段,出现了多边化、网络化的趋势,城市外交的内涵也不断扩展。北京市对城市外交的重视,适应了这一世界潮流。近年来,北京的城市外交工作呈现出"全方位""多层次""宽领域"的发展态势,而能否在"一带一路"战略的大框架下,实现城市外交工作的新飞跃将是对北京市的又一考验。

国际友好城市的历史演变与当下新发展

——以北京市为例

杜晓娜　王宏禹

摘要：国际友好城市,是国际城市政府之间建立的一种友好交往的官方关系,是国际民间友好交往的重要提升和补充,也是促进民间友好交往的重要基础和重要保障,同时还是友城间开展实质性经贸文化等交流与合作的重要桥梁。本文从中国的友好城市工作发展历程及其指导思想、友好城市外交的工作任务以及开展友好城市工作的原则等方面来审视当今友好城市的发展,重点分析了首都北京友好城市发展的这一具体实例并提出相关建议,以便更好地开展21世纪的友城工作,从而为我国的政治、经济、文化的对外发展提供更为有利的平台。

关键词：友好城市;城市外交;对外交往

一、国际友好城市工作发展历程及其指导思想

国际友好城市,又被称为"姐妹城市",是国际城市政府之间建立的一种友好交往的官方关系,是国际民间友好交往的重要提升和补充,也是促

作者简介：杜晓娜,对外经济贸易大学国际关系学院研究助理。王宏禹,对外经济贸易大学国际关系学院副教授。

专栏一：友好城市

进民间友好交往的重要基础和重要保障，同时还是友城间开展实质性经贸文化等交流与合作的重要桥梁。国际友好城市是一个地区开展对外友好交往、实施"走出去""请进来"发展战略的稳定而可靠的有效载体。国际友城工作是民间外交的重要组成部分，是国家总体外交的主要推动力量，为创造"和平、发展、合作"的国际环境发挥了积极作用。地方政府国际友城工作的顺利开展是否扎实有效，直接影响着本地区的国际化进程，也关系着本地区经济和社会发展的方方面面。

友好城市活动可以追溯到第一次世界大战后的欧洲，一般认为，英国的凯里市和法国的普瓦市是世界上第一对国际友好城市。第二次世界大战后，国际友城活动在欧洲蓬勃展开，并传播到北美和其他一些发展中国家。二战使人们深受战争的创伤，人们开始对战争与和平进行反思。友好城市最初是基于消除文化隔阂、促进双方文化交流与发展，维护世界和平的美好愿望而建立的。

我国的友好城市工作共经历了三个阶段，第一个阶段是从1973年到1993年，共计21年，友好城市从第一对发展到第520对。其中前6年属于起步时期，发展较慢。1978年之后，国家进入改革开放的时代，友城工作发展速度显著加快，对外结好的规模不断扩大。我国相继出台了一系列友城工作的政策法规。1983年召开了第一次全国友好城市工作会议。特别是1993年中国人民对外友好协会颁布下发了《友好城市工作管理规定》和同年成立的中国国际友好城市联合会，为全国友城工作的健康有序发展提供了政策上和组织上的保证。第二阶段从1994年到2000年，在这7年的时间里，我国友城数量在第一阶段的基础上翻了一番，达到1019对。全国绝大多数省区和大中城市普遍开展了这项工作。2000年中国人民对外友好协会在北京召开了友好城市国际大会，扩大了我国国际友城工作在国内和国际上的影响，为走向新世纪的国际友好城市活动提供了新的推动力。第三阶段是从2001年至今，2014年，中国国际友好城市大会暨广州国际城市创新大会在广州隆重开幕，全国人大常委会副委员长陈昌智在2014年中国国际友好城市大会开幕式上致辞，目前友城数量已增至2154对。城市之间的国际合作也由双边向多边发展，合作领域从人员交流逐渐涵盖政治、经济、文化、社会等诸多方面,进一步促进了中外的友好交往和互利合作。同时,国际友好城市使世界进一步了解中国,拓展了中国对外开放的广度和深度,提高了中国对外开放水平。可以说,中国的国际友好城市活动得益于改革开放,并积极推动了中国改革开放。全国友协作为中国地方政府开展国际友好城市活动的协调管理机构,在这一过程中发挥着重要的桥梁作用。中国人民正在致力于实现"两个一百年"的奋斗目标,努力到2020年全面建成小康社会,到21世纪中叶建成富强民主文明和谐的社会主义现代化国家,实现中华民族伟大复兴的中国梦。世界各国人民也有自己的国际梦,也都致力于经济社会发展和国家繁荣稳定。"中国梦"不仅是中国人民追求幸福生活的梦,也同世界人民的梦想息息相通。本届大会以"我的城市,我的梦"为主题,强烈表达了中国人民在实现中国梦的过程中,愿同世界各国人民一道,促进城市间国际交流,推动其更好实现各自国家梦的美好愿望。❶

建立友好城市是一项涉及面广,具有很高实践价值的活动。开展这项工作要以邓小平理论、"三个代表"重要思想为指导,正确认识其自身的发展规律,采取各种措施保障其全面、协调、可持续发展。要树立并落实科学发展观,努力创造出一个使国家整体利益和地方经济社会发展的局部利益和谐统一的环境,赋予友好城市工作为改革开放、国家外交、祖国和平统一大业以及地方经济社会发展服务的职能。友城工作不断持续加速发展的势头,对我们的工作提出了新的要求,我们要本着与时俱进、不断创新的精神,以高度负责的态度认真研究情况,领会工作方针,根据形势发展的需要,不断提出并解决问题,创造管理与服务的新水平。

二、北京市城市外交历史回顾

首先是建国初期至改革开放(1949~1979),这一时期,北京市的对外交往以同临近友好国家的首都和大城市开展友好互访为起点;我国恢复在联

---

❶ 陈昌智.共同开创国际友好城市发展新未来——全国人大常委会副委员长陈昌智在2014年中国国际友好城市大会开幕式上的致辞[J].友声,2015(1).

专栏一：友好城市

合国的合法席位后,首都北京的对外交往也伴随着国家总体外交打开了新局面;1979年北京缔结了第一个友好城市后,其对外交往进入了活跃期,虽未形成真正意义上的城市外交,但亦出现城市外交的萌芽与雏形。

20世纪50年代中期,北京市与外国城市的交往开始逐步发展。当时国家外交遵循的是和平共处五项原则,北京便以睦邻友好的和平外交政策为指导展开了同苏联、东欧、南亚及邻近友好国家的首都和大城市以及日本一些自治体的交往,接待的第一个外国城市代表团是1954年来访的印度加尔各答市长慕克一行。

20世纪60年代初至70年代末,以中国外交"破冰期"为背景❶,北京同日本和西欧国家城市的交往开始起步,同坚持独立自主政策的社会主义国家及亚洲、非洲、拉丁美洲争取与维护民族独立国家的首都、大城市之间的交往与合作得到进一步加强。在"文化大革命"十年时间里,北京市对外交往受到严重干扰,"文革"结束后才逐步恢复。1979年3月,北京市缔结了第一个友好城市——日本东京都。当年,北京市配合中央有关部门接待国宾16批,安排外宾参观访问22150批22.8万人次,安排外国记者采访25批140人次,接待境外旅游者达到25万人次。❷北京对外交往开始进入活跃期。这一时期北京市外办机构进行了几次改革:1949年1月,北京外事机构称为"北京市人民政府外侨,务处";1958年7月,改称"北京市人民政府外事处";1967年4月,市委设立市委外事小组,市人民委员会设立外事办公室;1966年5月,"文化大革命"开始后,市委、市人委以及市外办受到严重冲击和破坏;1967年4月,北京市革命委员会设外事组;1976年7月,外事组改称外事办公室。❸

十一届三中全会召开后,我国进入了社会主义现代化建设的新时期,

---

❶ "破冰期"即指在这一时期中国外交取得重大历史性突破和胜利,中国与第三世界国家的团结合作进入了一个新的阶段,并打开了中美关系新局面,恢复了在联合国的合法席位,与西方国家关系取得重大进展,中国的国际交往迅速扩大。

❷ 田勇.北京市外事工作六十年[EB/OL]. (2009-08-26)[2015-05-02]. http://www.bjdfz.gov.cn/ShowNewsLevel3.jsp?NewsID=1548.

❸ 充分发挥外事工作优势全力服务首都发展大局[EB/OL].北京日报,2009-02-26[2015-05-02].http://zhengwu.beijing.gov.cn/gzdt/bmdt/t1024928.htm.

对外开放逐步扩大。北京城市外交以完善外事工作体系为内生动力,以迅速发展友好城市为外在依托,进入了充满生机和活力、空前发展的新时期。1981年12月,北京市召开全市外事工作会议,会议决定用业务归口管理外事工作,市委外事工作领导小组于1982年2月正式成立,其办事机构是市外办。到80年代末,北京市的外事工作按照"统一领导、归口管理、分级负责、协调配合"的原则形成了较为完善的工作体系。❶

20世纪90年代,北京市常住境外人员由1983年的3921人发展到1999年的49993人,外商投资企业已由建国饭店1家发展到15000家。北京市进一步明确了外事工作要为首都经济建设和社会发展服务的指导思想,提出了为首都的现代化建设创造更加有利的国际环境的目标。在出入境管理工作方面,也适时调整了派出、请进审批权限,为经贸、科技团组走出去、请进来提供便利。增强了借助境外媒体的力量扩大对外宣传的意识,由最初的被动接受境外媒体采访向主动邀请转化,从小批量邀请向大批量、高频次邀请转化。这一时期,北京市共缔结了26个友好城市,包括纽约市、贝尔格莱德市、利马市、华盛顿特区、马德里市、里约热内卢市、巴黎大区、科隆市、安卡拉市、开罗省、雅加达特区、伊斯兰堡市、曼谷市、布宜诺斯艾利斯市、首尔特别市、基辅市、柏林市、布鲁塞尔大区、河内市、阿姆斯特丹市、莫斯科市、巴黎市、罗马市、豪登省、渥太华市、堪培拉市。❷城市外交服务于经济建设的作用日益凸显。

进入21世纪,北京市对外关系迅速发展、交流领域不断拓展、涉外环境持续改善、国际影响日益扩大、外事管理规范有序。北京城市外交直接服务于国家的总体外交,体现了北京作为政治文化中心和国际交往中心的城市功能要求;促进了经济结构的调整,推动了科教文卫体等社会事业的发展;积极参与国际合作与竞争,推进了现代化国际大都市的建设进程。北京城市外交呈现出全方位开放、多层次交流、宽领域合作、布局合理、形式多样、蓬勃发展的良好局面。

---

❶ 田勇.北京市外事工作六十年[EB/OL]. (2009-08-26)[2015-05-02]. http://www.bjdfz.gov.cn/ShowNewsLevel3.jsp?NewsID=1548.

❷ 田勇.北京市外事工作六十年[EB/OL]. (2009-08-26)[2015-05-02]. http://www.bjdfz.gov.cn/ShowNewsLevel3.jsp?NewsID=1548.

三、加强城市外交战略研究,发展友好城市关系,服务国家总体外交

城市外交是全球化时代外交领域的一个新现象,从早期的国际姐妹城市到当下日益兴起的多边城市组织,城市外交呈现出蓬勃发展的势头。尤其是随着中国快速崛起和城市化的深入,中国有越来越多的城市确立了世界城市战略或国际化大城市战略,城市外交成为支撑这一战略的重要载体。迄今为止,世界体系理论、自由主义以及现实主义等主流理论都对城市外交的兴起进行了一定的分析,但相对比较片面。事实上,城市外交是城市化在现代外交体系中的功能嵌入式过程,在城市化过程中,城市通过嵌入主权国家外交、国际组织和国际制度外交以及社会网络外交体系,逐步构建起一个嵌入式外交体系,以满足全球化和城市化对城市功能的要求。❶

2000年5月,北京市设置北京市人民政府外事办公室(简称"市政府外办"),挂北京市人民政府港澳事务办公室牌子(简称"市政府港澳办")。❷同时,北京城市外交在发展战略研究方面取得突破性进展:2001年北京市政府出版发行市级重点课题《北京建设国际交往中心研究》一书,印发《北京市实施关于全国外事管理工作的若干规定细则》。2003年市委、市政府印发了北京第一部外事工作发展规划《北京市外事工作五年(2003~2007)发展规划研究》和《市民讲外语五年发展规划报告》《外事信息技术五年发展规划报告》。2006年9月北京市委市政府出台了《中共北京市委外事工作领导小组工作规则》,明确了外事工作领导小组对北京市外事工作的指导,制定了《关于进一步加强国际友好城市工作的若干意见》具体地指导国际友城工作。2009年,北京市发表《北京市外事工作发展规划(2009~2013年)》;在市委外事工作领导小组领导下成立了北京市国际化推进委员会;

---

❶ 赵可金.嵌入式外交:对中国城市外交的一种理论解释[J].世界经济与政治,2014(11):153.

❷ 充分发挥外事工作优势全力服务首都发展大局[EB/OL].北京日报,2009-02-26[2015-05-02].http://zhengwu.beijing.gov.cn/gzdt/bmdt/t1024928.htm.

2011年制定出台了《北京市"十二五"时期外事工作发展规划(2011~2015年)》等文件。

北京市还成立了对外交流与外事工作管理工作研究与培训的平台——北京对外交流与外事管理研究基地,该基地由北京市哲学社会科学规划办公室、北京市教育委员会依托外交学院建立,2005年12月获批,2008年11月通过验收。该基地从理论和实践两个方面研究北京市作为首都的对外交流战略与外事管理机制,探讨北京市在国家总体外交中的职能、任务、地位与作用,关注北京市如何在对外交往中更好地创造发展空间等问题。研究基地在四大领域形成了研究特色,分别是:城市外交与交流学理论研究;北京市对外交流与外事管理法律法规制度建设研究;北京市民国际意识和北京国际形象指标研究和数据库建设;北京市国际化与中国外交相互关系研究。[1]

进入新世纪后至奥运会前,北京接待国宾、党宾及副总理级以上重要团组共计1654批,相当于20世纪80年代与90年代接待量总和的1.5倍。[2] 从2000年至2010年,北京市协助外交部等中央有关单位接待副总理级以上党宾国宾团组的数量,呈总体上升趋势(见表1),这与国家日益融入经济全球化、扩大对外交往的背景是相吻合的。

表1　2000~2010年北京市接待国际团组的数量

年份	2000	2001	2002	2003	2004	2005	2006	2007	2008	2009	2010
团组数	144	146	127	132	42	179	204	210	444	285	223

数据来源:北京市外事办公室.外事年鉴[EB/OL](2012-05-12)[2015-05-02].http://www.bjdfz.gov.cn.

其中,2008年北京市接待国际团组的数量出现爆发性增长,而到了2009年则出现了一定的回落,这与2008年中国举办第29届奥运会有着密切的联系。盛大国际赛事的举办必然会带动国家的对外交往,北京

---

[1] 北京对外交流与外事管理研究基地.外交学院北京对外交流与外事管理研究基地管理办法(讨论稿)[R].北京:北京对外交流与外事管理研究基地,2006.

[2] 田勇.北京市外事工作六十年[EB/OL].(2009-08-26)[2015-05-02]. http://www.bjdfz.gov.cn/ShowNewsLevel3.jsp?NewsID=1548.

专栏一:友好城市

作为赛事举办地,其接待国际团组的数量出现大幅增长有力说明了北京城市外交是服务于总体外交的。2008年仅8月2日至9月18日北京奥运会、残奥会期间,北京市就完成了120批国家级国际贵宾团组的314场次3411人次的参观游览接待工作,活动涉及国家大剧院、首都博物馆等近70家市属重点对外参观单位。2009年北京市以服务新中国成立60周年庆典为重点,邀请30个代表团、65位贵宾来京参加庆祝活动,安排在京外国友好人士代表、外资企业高级管理人员代表等82人出席了国庆招待会,安排332位贵宾出席了国庆观礼和联欢晚会,组织181名外籍人士参加了首都国庆群众游行活动。召开北京国际友好城市市长会议,巴基斯坦伊斯兰堡市、芬兰赫尔辛基市等16个城市政府官员或代表围绕"和谐社会,魅力城市"的主题作了专题发言。同年,北京市委、市政府授予国际奥委会主席罗格等八位外国友人北京市"荣誉市民"称号。

2000年9月北京市与澳大利亚首都地区结为友好城市,至此北京市已与24个国家的27个城市结为友好城市。2003年北京市与纽约市重启了中断14年的联系。从2005年起,先后与马德里自治区、雅典市、布达佩斯市、布加勒斯特市、哈瓦那市、马尼拉市、伦敦市、亚的斯亚贝巴市、惠灵顿市、赫尔辛基市、阿斯塔纳市、特拉维夫-雅法市、智利首都大区、里斯本市、地拉那市、多哈市等16个区、市结为友好城市。截至2012年4月,北京市已与世界五大洲42个国家的46个城市建立了市级友城关系(见表2),形成了布局合理、规模适当的网络体系。对外交流的层次从市级扩大到市属局级单位、各区县和民间团体;对外交流的范围从以人员往来、物品互赠扩展为主发展为以信息交流、技术合作为主;对外交流的领域从传统的文化、体育、教育、经贸逐渐扩大到环境保护、市政管理、城市交通、社会福利等领域。[1]

---

[1] 关于北京市国际友好城市工作情况的报告[EB/OL].(2014-05-22)[2015-05-02].http://fu-wu.bjrd.gov.cn/rdzw/information/exchange/bulletinwords.do?method=showInfoWeb&Id=2014975#.

表2　北京市友好城市统计表

中方城市	外方城市	国别	结好时间
北京市	东京都	日本	1979-03-14
北京市	纽约市	美国	1980-02-25
北京市	贝尔格莱德市	塞尔维亚	1980-10-14
北京市	利马市	秘鲁	1983-10-14
北京市	华盛顿市	美国	1984-05-15
北京市	马德里市	西班牙	1985-09-16
北京市	里约热内卢	巴西	1986-11-24
北京市	巴黎大区	法国	1987-07-02
北京市	科隆市	德国	1987-09-14
北京市	安卡拉市	土耳其	1990-06-20
北京市	开罗市	埃及	1990-10-28
北京市	雅加达特区	印度尼西亚	1992-08-04
北京市	伊斯兰堡市	巴基斯坦	1992-10-08
北京市	曼谷市	泰国	1993-05-26
北京市	布宜诺斯艾利斯市	阿根廷	1993-07-13
北京市	首尔市	韩国	1993-10-23
北京市	基辅市	乌克兰	1993-12-13
北京市	柏林市	德国	1994-04-05
北京市	布鲁塞尔首都大区	比利时	1994-09-22
北京市	河内市	越南	1994-10-06
北京市	阿姆斯特丹市	荷兰	1994-10-27
北京市	莫斯科市	俄罗斯	1995-05-16
北京市	巴黎市	法国	1997-10-24
北京市	罗马市	意大利	1998-05-28
北京市	豪登省	南非	1998-12-06
北京市	渥太华市	加拿大	1999-10-18
北京市	堪培拉市	澳大利亚	2000-09-14
北京市	马德里自治区	西班牙	2005-01-17
北京市	雅典市	希腊	2005-05-10
北京市	布达佩斯市	匈牙利	2005-06-16

专栏一:友好城市

续表

中方城市	外方城市	国别	结好时间
北京市	布加勒斯特市	罗马尼亚	2005-06-21
北京市	哈瓦那市	古巴	2005-09-24
北京市	马尼拉市	菲律宾	2005-11-14
北京市	伦敦市	英国	2006-04-10
北京市	亚的斯亚贝巴市	埃塞俄比亚	2006-04-17
北京市	惠灵顿市	新西兰	2006-05-10
北京市	赫尔辛基市	芬兰	2006-07-14
北京市	阿斯塔纳市	哈萨克斯坦	2006-11-16
北京市	特拉维夫-雅法市	以色列	2006-11-21
北京市	首都大区	智利	2007-08-06
北京市	里斯本市	葡萄牙	2007-10-22
北京市	地拉那市	阿尔巴尼亚	2008-03-21
北京市	多哈市	卡塔尔	2008-06-23
北京市	圣何塞市	哥斯达黎加	2009-10-17
北京市	墨西哥城	墨西哥	2009-10-19
北京市	都柏林市	爱尔兰	2011-06-02

数据来源:中国国际友好城市联合会.北京市友城统计[EB/OL].(2012-12-01)[2015-12-20].www.cifca.org.cn/Web.YouChenTongJi.aspx.

近年来,友城外交直接推动了北京城市的对外交流与合作。2004年1月,王岐山代市长率团赴法国巴黎出席了"中法文化年北京文化周"活动;赴英国伦敦会见了英国副首相、贸工大臣、财政大臣、伦敦市长,实现了大伦敦市成立以来两市领导的第一次会晤。

随着全球化的深入进行,国际行为主体日益多元化,一些非国家行为体,尤其是以城市为代表的地方行为体在国际舞台上扮演越来越重要的角色。在中国,城市外交作为中央政府总体外交的重要组成部分,是随着中国城市与外国友好城市的建立而起步的,其萌生于地方政府的外事工作而又超越了外事工作的范畴。北京市政府工作报告提出把建设"世界城市"定为北京未来的发展方向,因而加大对北京城市外交的研究无疑有利于北京更好地"走向"世界,实现"世界城市"的发展目标。

2010年北京市政府工作报告中指出,建设"世界城市"是北京未来的发展方向。北京是中国的首都,它的定位和发展一直受到国内各界乃至国际社会的关注。国际金融危机导致全球经济政治重心东移,这样的时代背景对于北京建设世界城市而言既是挑战更是历史机遇;同时,北京通过申办、筹备、成功举办2008年奥运会,极大提升了城市综合竞争力和世界影响力;此外,2009年北京市人均GDP突破了一万美元,这标志北京进入了世界城市建设的门槛。❶因而提出建设世界城市的发展目标,是基于客观实力做出的精准定位。因此,通过加强对外交往,扩大对外开放,提高北京的国际化程度,改善投资环境,吸引国际机构,提高北京的城市影响力、辐射力和竞争力,成为北京市政府当前及今后一个时期的重要课题。

四、对友好城市建设的相关建议

(1)加强宏观指导,提高友城工作总体水平。要坚持把开展实质性交往、提高交流水平作为开展友城工作的主要内容。各市外办要对现有友城进行全面梳理,对友城交流内容、质量和互访实效等进行评估,并根据评估结果确定与各个友城开展交流的方向、目标和形势等,积极予以推进。要加强对现有各友城情况的跟踪调研,及时掌握新变化、新情况,及时调整工作。要加强对拟结友好城市的调研,为开拓新渠道奠定基础。

(2)整合共享资源,建立友城工作协调机制。充分调动全社会参与友城工作的积极性,积极开展经贸、科技、教育、文化、体育、卫生等各个领域的交流与合作,促进友城工作与各行各业的互动发展。适时成立"友城交流协调委员会",定期召开会议,制定年度友城交流和发展计划,协调解决工作中的重大问题,逐步构建一方结好、多方受益、渠道共享、协同配合的工作格局。

(3)规范运作制度,加大政策支持力度。各地、各部门要把加强友城工作摆上重要议事日程。要加快建立一支讲政治、懂经济、会外语、善管理的

---

❶ 连玉明.世界城市的本质与北京建设世界城市的战略走向[J].新华文摘,2010(16):25-28.

高素质友城工作队伍,以不断适应友城工作发展的新形势和新任务。要加强基层外事工作力量,健全机构,培育人才。要强化友城发展的政策措施,适当加大财政投入,对有重大影响力的交流项目,给予专项经费支持。

(4)首先,对于未来友好城市的建设,要厚植人民友谊。国之交在于民相亲,民相亲在于心相通。我们要相互尊重,增进了解,理性看待差异,真诚、包容、友善地与他国人民相处,努力拉近中外人民距离,增进彼此亲近感和认同感。其次,要努力开拓创新。国际友好城市的工作应该与时俱进,创新思维,不断发现和掌握友好城市工作的新动向,把握新规律,多领域、多渠道、多层次开展城市间友好交流,开拓友好城市工作的新模式。最后,着力推进合作。国际友好城市要顺应形势发展和实际需要,继续大力推进经贸、文化、教育、青年等领域的国际交流与合作,提升各领域务实合作水平,推动实现资源共享、合作共赢,切实使合作成果惠及各国人民。

当今世界,世界各国前所未有的相互依存,世界各国人民的生活前所未有的紧密相连,时代召唤我们将和平、发展、合作、共赢的发展道路走下去。中国将始终不渝走和平发展道路,始终不渝奉行互利共赢的开放战略,在国际和地区事务中发挥积极作用,将自身发展寓于世界发展之中,使各国发展相互促进、相得益彰。

城市外交助力北京建成国际交往中心

王重斌　戴维来

摘要:随着对外开放的不断深入,近年来城市外交开始兴起,逐渐成为城市对外交往的主要渠道乃至国家外交的重要补充,显示出难以取代的价值。在北京建设国际交往中心进程中,城市外交正扮演着特殊的角色,发挥着突出的作用。本文从全球化城市外交角色入手,分析城市外交的特定内涵和重要功能,阐述北京推进城市外交的做法和成绩,指出深入推进城市外交,有利于北京把握世界城市发展规律,拓展城市"友脉",扩大国际影响力,增强国际竞争力,提升国际化层次,打造现代化国际大都市,建设成为举世公认的国际交往中心。

关键词:北京;国际交往中心;城市外交;友好城市

建设国际交往中心,是习近平同志对北京城市发展做出的战略指示,是中央赋予北京的重要城市功能之一。国际交往中心建设的一个重要标志是城市对外关系的活跃程度,而城市对外关系的活跃,其推动力不仅来自于对外贸易等经济需求,还来自于城市外交开展的状况,后者正是北京着力提升城市活力、不断扩大对外开放、加速迈向国际交往中心的着眼

基金项目:本文是安徽省社科规划项目"'一路一带'建设背景下安徽推进中心城市国际化路径研究"(编号:AHSKY2015D21)的阶段性成果。

作者简介:王重斌,合肥学院外语系讲师,主要研究日本文化、友好城市建设。戴维来,安徽大学社会与政治学院讲师,主要研究中国外交、城市国际化。

点。2014年5月15日,习近平同志在出席中国国际友好大会暨中国人民对外友好协会成立60周年纪念活动时强调,要推进城市外交,大力开展国际友好城市工作,促进中外地方交流,推动实现资源共享、优势互补、合作共赢。❶城市外交对提升国际交往中心的地位具有特殊的作用和价值。因此,北京要建设国际交往中心,积极拓展城市层面的对外交往、着力推进城市外交是应有之义。

一、全球化背景下城市外交的角色

"当国家在滔滔不绝时,城市已经在行动"❷,前纽约市长迈克尔·布隆伯格一语道破现状。的确如此,21世纪最重要的特征是城市的崛起。不少国际观察家们也许在为"中国世纪"是否取代"美国世纪"而辩论不休。事实上,这个世纪不是属于国家而是它们的城市。❸特别是随着全球化纵深推进,各国之间多层次、广范围、各领域的合作日益加深,外交形式日趋表现出多样化的特点。作为国家总体外交的新组成部分,城市外交逐渐开始显示其重要的作用和价值。

理解城市外交的重要性,首先要认识城市外交的内涵。国外研究较有代表性的是来自荷兰国际关系研究所的学者普洛姆(Pluijm)和梅利森(Melissen)。他们认为,城市外交是城市或地方政府为了代表城市或地区的利益,在国际政治舞台上发展与其他行为体关系的制度和过程。❹他们指出,城市外交活动包括了安全、发展、经济、文化、网络和代表性等六个维度,认为各国政府越来越多地允许甚至鼓励地方政府参与外交政策,它也能体现

---

❶ 习近平.在中国国际友好大会暨中国人民对外友好协会成立60周年纪念活动上的讲话[N].人民日报,2014-05-16(1).

❷ C40 global networks to support sustainable policy and economic growth[EB/OL]. (2012-03-28)[2015-05-02].http://www.mikebloomberg.com/news/c40-global-networks-to-support-sustainable-policy-andeconomic-growth.

❸ DAALDE I.A new global order of cities[N/OL].(2015-05-26)[2015-05-30]. http://www.ft.com/cms/s/2/a5230756-0395-11e5-a70f-00144feabdc0.html#ixzz3yShIrhxm.

❹ VAN DER PLUIJM R,MELISSEN J.City diplomacy:the expanding role of cities in international politics[R].Hague:Netherlands institute of International Relations, 2007:12.

为一种公民行动。[1]陈志敏对次国家政府国际行为的动力机制、议程和渠道进行了深入分析,列举地方政府参与对外事务的实例。[2]赵可金、陈维认为,作为一种特殊的外交形态,城市外交是在中央政府的授权和指导下,某一具有合法身份和代表能力的城市当局及其附属机构,为执行一国对外政策和谋求城市安全、繁荣和价值等利益,与其他国家的官方和非官方机构围绕非主权事务所开展的制度化的沟通活动。[3]前对外友协会长陈昊苏认为,在总体外交的各个组成部分中,城市外交占有独特的位置。它是一种半官方外交,相对于纯民间外交而言,它带有官方色彩;而相对于由中央政府推行的官方外交而言,它又带有接近民间的非官方色彩。[4]他认为城市外交是国家总体外交的一部分,具有地方特色,属于半官方性质。

  城市作为一个区域的政治经济和文化中心,是国家发展的重要支撑点和基本载体。早在古希腊时期,城邦之间的外交关系即已相当活跃,如雅典和马其顿之间成立临时性使团,并任命大使代表城市进行谈判。文艺复兴时期,像威尼斯和米兰等强大意大利城邦,第一次在国外设立常驻外交使团和创建外交组织系统。威斯特伐利亚条约之后,主权国家体系建立,城市外交职能和地位逐步让位于国家。二战后特别是冷战后,世界经济、政治格局发生巨大的结构性变迁,国际舞台上的角色日益多元,国家不再是外交舞台上唯一的行为体,非政府组织、跨国公司和一些地方城市也加入进来,形式各异的跨国机制、跨境交流、人员交融,日趋模糊了国内国际事务的界线。尤其是在全球化、城镇化、工业化加快发展的历史进程中,城市人口大幅增加,城市的地位和角色日益重要。据经合组织报告估算,目前已经有超过半数以上的世界人口生活在城市,到2029年,城市人口将达到总人口的75%以上,作为全球化网络的节点,城市中聚集着复杂的全球组织指挥系统,日益成为全球政治、经济和社会生活命脉的主宰。[5]美、日、

---

[1] VAN DER PLUIJM R,MELISSEN J.City diplomacy:the expanding role of cities in international politics[R].Hague:Netherlands institute of International Relations, 2007:12.

[2] 陈志敏.次国家政府与对外事务[M].北京:长征出版社,2001.

[3] 赵可金,陈维.城市外交:探寻全球都市的外交角色[J].外交评论,2013(6).

[4] 陈昊苏.论城市外交[J].广州外事,2009(304).

[5] 赵可金,陈维.城市外交:探寻全球都市的外交角色[J].外交评论,2013(6).

专栏一:友好城市

欧等西方发达国家城市外交空前活跃,大大丰富了城市外交实践(特别是经济、人文和城市发展治理等方面),开拓了外交新领域,形成了对本国总体外交格局的有益补充。

中国城市外交起步较晚,但发展迅速,最突出的表现就是积极开展国际友好城市工作。中美关系解冻之后,发展国际友好城市在各地悄然兴起,1973年,天津与日本神户结成中国首对国际友好城市,此后十年伴随改革开放,国际友好城市建设步入正常发展期。特别是当前,中央在谋划外交布局时比以往更加重视民间外交、公共外交等新的外交形式,城市外交也迎来新机遇,对外结好工作取得不断进展。据统计,截至2016年1月底,不包括台湾、香港和澳门,我国有30个省、自治区、直辖市和455个城市,与五大洲133个国家的489个省(州、县、大区、道等)和1505个城市建立了2258对友好城市(省、州)关系。[1]

可以说,在全球化、信息化时代,城市的发展不是孤立进行的,离不开与外国城市在各个领域的交往合作。北京作为我国首都,是全国的政治、文化、交通、科技创新和国际交往中心,也是全球化时代中国与国际社会接轨的主要界面和展示中国形象的窗口,具有重要的国际影响力。城市外交作为开展国际交流、推进城市国际化的重要途径,对首都经济社会发展将起到难以替代的作用,将更加有力地推动提升首都国际交往中心建设。主要表现在:一是有利于提高对外开放的水平。国际友好城市数量的多寡,在一定程度上是当地的对外开放水平和国际化程度的重要指标。一个城市的发展潜力,更多地取决于该城市与全球其他城市的交流程度和协作水平。[2]二是有利于促进对外经贸合作。城市外交要服务于地区发展目标,开展城市外交要立足于地域特色,要发挥地方政府的引导作用,充分利用国际资源为城市获取最大利益。[3]通过国际友好城市的高层领导人互访等

---

[1] 中国国际友好城市统计[EB/OL]. (2015-04-11)[2015-05-22]. http://www.cifca.org.cn/Web/YouChengTongJi.aspx.

[2] 谢元.用民间友好交流架设城市合作发展的桥梁[EB/OL].(2015-11-12)[2015-11-26] http://big5.china.com.cn/news/txt/2015-11/12/content_37044246.htm.

[3] 赵汉青.地方政府开展城市外交的理论与实践——以北京市海淀区为例[J].职大学报,2010(3).

各个层次的交流,为两地之间的经贸合作奠定基础。能够引进资金、知识、技术、管理经验和人才。国际友好城市特别是经济发达的城市,经济实力和科技实力强、教育水平和人员素质高。无论是政府还是企业都积累了丰富的管理经验,聚集了大量优秀人才。三是有利于推动文化了解,发展民间交往。城市对外交往需要一个国际交流平台,国际友好城市就是这样一个平台,如果没有国际友好城市平台会缺失双方和多边交流合作的支点。通过国际友好城市、开展国际文化交流,推动文化走出去。推动友好城市市民尤其是青少年间文化交流,体验彼此城市文化和市民生活,风土人情,增进了青少年间的了解和友谊。四是有利于扩大宣传北京的国际形象。利用友城渠道开展对外宣传是友城工作的重要组成部分。借助友城媒体宣传北京城市经济社会发展取得的巨大成就和良好的营商环境,增进了国际友城人民对北京的了解,打造北京城市品牌。

同时,城市外交在国际关系舞台上所扮演的角色越来越重要,是一座城市参与国际关系"低级政治"议题有效途径之一,其全球治理舞台的角色与功能难以替代。它作为国家总体外交的重要组成和民间外交的重要载体,已经成为让世界了解中国、让中国走向世界的重要平台,为国家总体外交提供有益的补充。城市外交虽是以城市为单位发展对外关系,但也能承担一些国家层面不方便出面的外交行为:在两国关系欠佳时,拉拢对自己好的城市行政首长,维持双边关系发展的可能性。北京作为首善之区,突显首都对外交往的资源优势,积极推进城市外交,为服务中央对外交往大局起到更大的作用,这是北京城市外交区别国内其他城市的一个主要特点。

二、北京推进城市外交的功能作用

近年来,北京市积极推进城市外交,经由文化、科技、经济与贸易各方面,广泛开展与世界各国城市间的区域交流合作,强化与全球各重要城市进行交流与互动,首都发展的国际化程度迅速提升,国际交往联系一直走在全国的前列。

专栏一：友好城市

第一，大力推进国际友好城市建设，为提升国际交往中心涵养国际友好资源。北京按照"政府结好、多方受益"的原则，发挥国际友好城市作为首都对外交往合作的主渠道功能，不断提高友城交往质量和效应，积极构建上下联动、政经结合、官民并举、互利共赢的"大友城"工作格局。按照"布局合理、规模适当、重在实效"的友城发展原则，稳步扩大友城规模，不断优化友城布局，通过国际友好城市缔结及交流，增进了北京与其他城市间的交流与合作，塑造首都国际新形象，大力提升城市软实力，进一步健全了首都全方位、多层次、宽领域的对外交往格局。北京市自1979年与日本东京都缔结国际友好城市以来，截至2015年底共与世界48个国家建立了65对友好城市（区）关系，涵盖了世界各大洲重要城市（见图1）。其中，欧洲24个，约占36.90%；亚洲21个，约占32.40%；美洲14个，约占21.50%；非洲和大洋洲各3个，约占4.60%。北京国际友好城市数量上居全国各城市第2位、各省第17位。

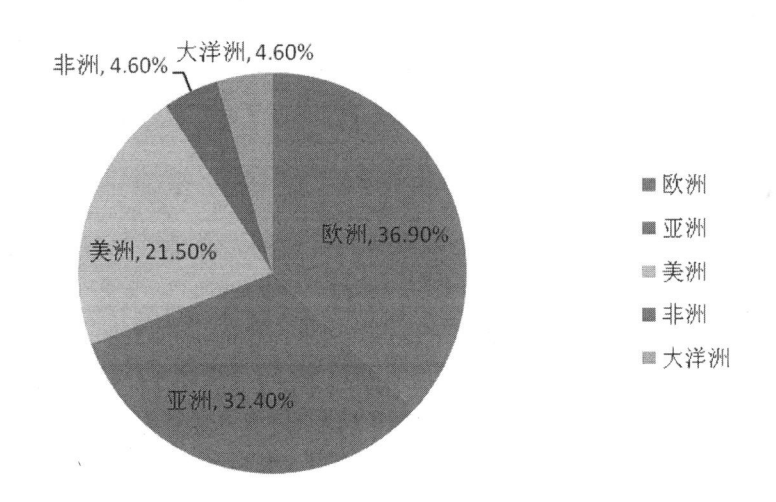

图1　北京国际友好城市地区分布图
资料来源：根据中国国际友好城市联合会官网统计资料整理。

为推动友好城市工作，服务国际交往中心建设，北京制定了《友城发展规划》，进一步加强了对全市友城工作的宏观指导。健全北京市国际友好城市工作协调委员会，完善项目计划管理、跟踪评估和成果推广的职能，进一步理顺对维护友城间关系的协同和协调机制。大力推动友城间经贸合作，为北京各类市场主体开拓国际市场搭建平台，在经贸、科教、文化、体育、旅游、农林、环保以及民间友好等展开多领域、多层次的交流合作，友城成为北京企业"走出去"和吸引国际资源的重要渠道。北京已经与多个友城开展了百余项务实合作。如阿姆斯特丹、里约热内卢等友城举办的企业洽谈会、京交会推介会等大型经贸活动，为企业开展国际合作创造条件。如与哥本哈根市签订协议，借助哥市在绿色发展、循环利用方面的先进经验，促进两市的绿色可持续发展等多个领域的合作。[1]与美国地方政府、金融机构以及科技企业深入开展互利合作。注重发挥友城的平台作用，不断加强对外文化交流，打造了一批品牌性文化"走出去"活动，如"魅力北京"图片展、"北京之夜"和"欢乐春节"等。通过友城渠道开展文化交流项目，自2012年发起，每年10月下旬在北京举办"国际青年组织论坛暨北京友好城市青年交流营"活动，这是以"北京友好城市"名义发起的青年国际多边交流活动，已经有30个国家、40个"友好城市"、47个青年组织、累计1000余名中外青年参与活动，密切了与各国青年间的友好交往，多角度、多层次地感受北京的城市魅力。推动了外国对中国文化的认识和理解，提升了中国文化的软实力和吸引力。开展友城间的议会交往，如中日关系困难时期，北京市、区两级人大亦未中断与东京都及东京都区、市、町、村议会延续三十多年的交往，友好城市间议会交流为增进相互理解，培育知华友华力量发挥了较强作用。此外，分别向哈萨克斯坦阿斯塔纳市、阿尔巴尼亚地拉那市、哥斯达黎加圣何塞市等友城开展了各类捐赠活动。友城工作在提升北京国际化发展水平、聚集国际高端要素、巩固提升北京城市外部友好度等方面发挥了不可替代的作用。

第二，积极参与国际组织和举办国际会议，为提升国际交往中心增强影响力。吸引和集聚一大批富有国际影响的国际组织与跨国机构是北京城市外交不可或缺的重要方面，对于增强和提升北京城市软实力、建设国

---

[1] 中丹友好城市绿色合作[EB/OL]. (2015-01-23)[2015-05-22]. http://stateofgreen.com/cn/pages/%E4%B8%AD%E4%B8%B9%E5%8F%8B%E5%A5%BD%E5%9F%8E%E5%B8%82%E7%BB%BF%E8%89%B2%E5%90%88%E4%BD%9C.

际交往中心具有重要作用。大量国际组织、机构的入驻以及各种大型多边会议与活动的举办,有利于北京树立良好的国际形象,提升了北京国际化水平和国际知名度,迈入世界城市行列。参与重要的国际性组织,加入世界城市和地方政府联合组织(United Cities and Local Governments,UCLG)。该组织于2004年5月在法国巴黎成立,由世界城市协会联合会、地方政府国际联盟和世界大都市协会合并组成,是目前最大的世界城市和地方政府国际组织[1],也是全球城市开展多边交往的重要舞台,世界各国城市加强合作的桥梁纽带。北京通过这一组织的平台与世界其他城市进行深入交流,构建广泛的联系网络,增进理解、促进合作。2013年北京市连任UCLG世界理事会和执行局成员。2014年参加在英国利物浦举办的城地组织世界执行局大会,交流关于区域经济协同发展、创新驱动发展等城市建设经验。派员出席在澳大利亚布里斯班举办的2015亚太城市高峰会。北京十分注重倡导举办一些高端国际会议,主动提供国际公共产品。比如,创办于2006年、截至目前已举办六次的香山论坛、倡导发起的世界旅游城市联合会等,都已成为促进中外交流的重要品牌。2014年北京作为APEC领导人非正式峰会承办地,展现了高水准的办会能力,留给世界崭新的新印象。还拓展了科博会、文博会、节能环保展、国际汽车展、国际机床展和服装服饰博览会等会展的国际影响。据国际大会与会议协会(ICCA)2015年5月发布的数据显示,在2014年接待国际会议数量的全球城市排名中,北京以总数104次排名第14位,位居中国首位,亚洲第2(新加坡142次,为亚洲第1)。[2]北京也是中国举办国际会议数量最多的城市,从我国去年举办的332个国际会议的数量来看,北京占了将近三分之一。[3]北京经由参与多项会议及活动,增进城市交流,并与国际接轨,更与国际重要城市建立深厚友谊,加强彼此城市治理与文化内涵提升,成为全球性大都市的格局已然成形。同时,举办国际性赛事活动,为提升国际交往中心集聚全球人气。重

---

[1] 世界城市和地方政府联合组织简介[EB/OL].(2014-05-25)[2015-05-22].http://www.gz-waishi.gov.cn/uclg/uclg.html.

[2] ICCA statistics report 2014[EB/OL].(2014-05-25)[2015-05-22].http://www.iccaworld.com/dcps/doc.cfm?docid=1789.

[3] 曹政.北京包揽全国三分之一国际会议[N].北京日报,2015-06-09(2).

大国际赛事和活动的举办,既是中国整体实力的体现,也是北京充分展示自身形象、增强国际美誉度的重要契机。北京通过城市外交,宣扬城市治理理念,分享城市建设经验。2008年北京奥运会是北京城市外交的一次成功实践,配合国家的整体外交,先进的场馆、精心的组织服务和热情的民众参与度都给世界留下深刻印象,对国家的经济发展、基础设施建设、公共服务和管理、科技攻关、文化建设等方面也都起到推动作用。北京还通过举办高规格国际性体育赛事,如国际田联世界田径锦标赛、中国国际网球公开赛、国际马拉松比赛等,吸引来自世界各地的参赛选手和观众,推动了中外人员交流,也拉动了旅游等产业的发展,快速集聚了诸多国际化要素。

第三,切实开展对外文化交流,为提升国际交往中心搭建平台。北京作为中国的首都,其城市外交的一个重要目的便是增进中外相互认识和理解,在全球化时代增加竞争力,彰显中华文化和独特的地方文化。筹办有国际影响力的经济、科技、文化等高端论坛。作为世界旅游城市联合会发起和主席城市,北京大力整合本市旅游资源,推介北京丰富旅游产品,吸引国际人士前来观光。2015年,接待入境游客420万人次。其中,接待港澳台游客62.4万人次,接待外国游客357.6万人次。[1]增扩民间交流,例如学术界、社团等方面的交流。"魅力北京"图片展是北京市外宣办主办的一项品牌活动,十余年来,"魅力北京"先后在30多个国家的50多个重点城市举行了70多场展览。北京市对外文化交流还注重机制的创新与优化,积极与国外政府、专业机构、非政府组织加强合作,如与英国威尔士政府住房建设及文化遗产保护部签署了谅解备忘录,推进两地间文化领域交流合作;作为"中国——中东欧地方领导人会议"的重要组成部分,北京还成功举办了"人文交流促进经济合作"主题论坛和中华传统文化展;此外,北京民间艺术团在加拿大蒙特利尔中国周活动上也受到好评。北京不仅文化活动走出去,而且文化产品也要走出去,对外文化贸易越来越活跃。如2013年全市文化贸易进出口总额达35.3亿美元。60家企业、37个项目被列为2013~

---

[1] 2015年北京旅游总人数统计2.73亿人次[EB/OL].(2016-01-21)[2016-01-22].http://www.bjstats.gov.cn/sjjd/jjxs/201601/t20160121_333152.htm.

2014年度国家文化出口重点企业(项目)。[1]为推动和密切文化交流,北京市领导多次出访,积极牵线搭桥。2015年北京市党政主要领导先后出访,签署包括文化交流在内的多项合作协议。6月,市委书记郭金龙率团出访英国,见证了有关经贸合作项目签约和揭牌仪式,出席了"北京之夜"音乐会和"魅力北京·激情冬奥"图片展。9月,市长王安顺随同国家主席习近平出访西雅图,出席第三届中美省州长论坛,双方交流内容涉及贸易、投资、能源、环境、教育合作、青年等,达成多项合作协议。

同时,北京把精心服务好在京举行的重要外交、外事活动作为城市外交的一个重要契机,展示北京服务国家总体外交的能力与实力。因此,作为首都,北京是国家整体外交最重要的承载地和窗口,承担着国内其他城市所不具备的特殊外交服务职责,几乎所有的外国领导人来访和重要的外事活动都首先造访北京或以北京为举办地。北京直接参与国家的外交活动,协助完成了一些重要外交任务。高标准服务好重要国际活动,检验着北京国际化大都市建设的水准,也体现城市外交服务国家整体外交的功能。

三、北京城市外交的深化与展望

北京的繁荣靠什么、城市外交如何深化、城市魅力如何展现,这些都是北京下一步建设国际交往中心所要着重思考和解决的命题。北京推进和拓展城市外交,具有得天独厚的条件。北京身负数不清的光环和优势,历史悠久、底蕴醇厚、人文荟萃、文化发达、教育密集、人才云集、城市壮美,等等,这些均是北京所拥有的无形价值,也是吸引各方人士能愿意远涉重洋的关键,成为建设国际交往中心的有利条件。随着全球化城市功能和角色的发展变化,首都城市的重要性必将日益提升,除了传统的政治功能以外,还要强化城市经济,释放城市活力,既服从服务于中央对外交流交往工作的整体部署和外交战略大局,又实现首都城市功能定位、建成国际交往中心的战略目标。为此,应进行更加全面、更为细致的统筹规划和部署落实。

---

[1] 牛春梅."北京故事'在海外越讲越精彩[N].京华时报,2014-09-14(14).

——深化城市外交，要做强和提升北京国际大都市功能。不仅要发展经济"硬实力"，还应该着重营造社会"软环境"，包括法治环境、管理水平、服务环境、人文环境。重点规划经济功能、金融功能、交通功能、民生功能、居住功能，建设高品质的国际都市区。加强北京与世界先进城市在经济、科技、文化领域的国际交流与合作，提升北京对全球资金、人才、科技等资源的配置能力。高标准地建设国际化，包括强化城市功能、营造良好综合环境，适应全球化浪潮的经济转型，吸引更多的产业、资本，以及国际化人才。运用先进技术，发挥独特优势，建设具有国际影响力的大都市，让视野更广阔，目标更宏大。高水准发展外向型、创新型、服务型的产业经济。在新兴发展阶段，现代产业发展对城市的国际化、对外交往具有导引作用，这样才能更好吸引国际投资、人才、信息以及技术。推进贸易便利化，探索建立国际贸易"单一窗口"管理制度。加强国际语言环境建设，加大国际学校引进力度，满足多元语言需求，持续改善城市国际化语言环境，进一步提升城市人口的外语普及率，增强城市与国际社会的沟通交往能力。[1]

——深化城市外交，要完善国际友好城市网络平台。进一步发挥友城作为首都对外交往合作主渠道的作用，大力吸引符合首都功能定位和发展需要的人才、资本、技术、管理等高端资源。积极开展与相关友城或城市的互动活动，争取与"一带一路"沿线国家城市建立友好交流关系。加强对"一带一路"沿线国家的研究，无论是政治、外交、经贸，还是语言、文化、历史传统等诸多领域，既有研究都很不够。要对沿线各国的政治、经济、法律、劳工、宗教文化等方面的研究，下好"先手棋"，打好"主动仗"。提升国际友城数量和质量，在经济、科技、社会和人文交流等领域实质性推进与国际友城有质量的务实合作，围绕首都当前需要着力解决的大气污染、交通拥堵、人口过快增长、垃圾污水处理等"大城市病"，学习借鉴纽约、伦敦、东京、巴黎、首尔、洛杉矶等友城经验，建立大气污染防治的交流合作机制，引进友城先进技术和解决方案为北京服务。搭建企业和侨界网络平台，形成官方外交与民间外交的有机结合，共同开展公共外交的有利局面，增强为北京企业在海外发展的服务能力。借助我驻外和外国驻华使领馆驻使北

---

[1] 汤丽霞.国际化发展与城市外交[J].当代世界,2013(10).

京的便利渠道,扩大与各国主要都市的城市外交,推动对外经贸、科技和文化合作。不仅重视官方交往,还要注重民众交流,加强友好城区、友好单位(如学校、医院)、市民之间的互动,外办和友协都建立了庞大的人才储备资源。

——深化城市外交,要扩大北京在国际舞台上的显示度和影响力。要以加强对外宣传、扩大国际影响力为重要手段。做好城市国际形象推广规划,充分整合和利用国内外推介资源,综合运用新媒体新技术渠道,建立北京国际形象大使制度。应有强有力的辐射带动作用,以北京为中心提升国际化的层次,推动形成京津冀一体化城市带共同发展格局。吸引国际组织聚集,规划建设国际组织机构集聚区,积极与国家外交等部门合作,吸引联合国及其专门机构等国际组织在京设立分支机构或者地区总部,有针对性地吸引经济、金融、科技、文化、体育组织等国际组织入驻北京,使北京成为国际组织的重要集聚地。将举办重要国际会议作为增强城市国际影响力和提高国际知名度的重要渠道,作为拓展城市外交的一个基础性平台,积极申办重要国际组织的年度大会在京举办,发起筹办有国际影响力的经济、科技、文化、安全等高端论坛。

——深化城市外交,要谋划好首都在国家外交全局中的战略定位。全面提升服务于国际交往的软硬件水平,精心服务好在京举行的重要外交、外事活动。一方面,高标准服务好中非、中阿、中拉多边合作论坛等重要国际活动,接待好到访的外宾,完善现有使馆区及相关区域服务设施,为外国驻华使领馆、国际组织驻华代表机构、外国驻京新闻媒体等国际机构与组织提供优质服务,展现首善之区的优质服务和热情。另一方面,积极参与国家外交行动,对于国家层面不方便或者两国政治气候不好的情况下,代表国家出面进行交涉和交往,往往会起到国家外交不具备的成效。

——深化城市外交,要有坚强的服务保障为后盾。兵马未动,粮草先行。拓展城市外交,必须要有坚强有力的人力、财力投入和服务保障。按照国际通行惯例,市长在推进城市外交中扮演着特殊的角色。国际经验表明,一个强有力的市长是开展城市外交的最强大武器,纽约市前市长布隆伯格在减少温室气体排放中扮演了比国务卿更重要的角色。[1]同时,要整合外事、经济、商务、科技、教育战线上的队伍力量,提供充足的经费保障支持,确保将对外交流、合作项目件件有落实、获实效。

  北京建成国际交往中心,需要设定阶段性的目标和任务,通过城市外交的努力,最终建成现代化的国际性大都市,成为亚太地区乃至辐射全球的国际交往中心。

---

[1] 赵可金.中国城市外交的若干理论问题[J].国际展望,2016(1).

专栏二:国际组织

北京市借助民间职介组织进行全球引才的可行性探究

——基于CIETT报告的分析

谢 鹏

摘要：民间职介组织以促进就业、拓展引才为重要内容,是国家和地区职介服务的关键组成,在帮助着公共就业政策"落地"、引才计划实现等方面有着不可替代的价值效用与作为方式。现阶段,伴随全球民间职介组织的大量涌现与快速发展,中国也迎来了职介服务的"新春"。北京作为中国的首都,力争打造经济中心、政治中心、文化中心、科技中心以及国际交往中心的"五位一体",势必需要大量人才为"我"所用。同时,由于北京的资源集中效应、民间职介组织的"落地生根"以及环境因素的"酵母效应",北京具备借助民间职介组织进行全球引才的可能,本文即是基于CIETT报告的可行性探究。

关键词：民间职介组织;北京;全球;人才;可行性

职介服务作为全球人力市场的重要组成,在刺激劳动市场、优化人力配置上发挥着重要效用。为此,各国均将其作为提升就业、拓展引才的重要渠道。伴随政府间的职介服务如火如荼地开展,非政府间的职介服务也在

作者简介：谢鹏,外交学院科学社会主义与国际共产主义运动专业硕士研究生毕业。现为中国社会科学院政治理论专业博士研究生,就职于中国组织人事报刊社理论评论部。主要研究方向为组织人事管理、海外人才政策以及国际组织对华关系。

悄然兴起,并形成了一个全球性的强大网络。其中,民间职介国际联盟(CIETT)最具代表性。这个成立于1967年的国际组织,其成员包括47国的私营就业组织和跨国人力公司。它致力于规范职介市场、提升行业标准,并通过年度报告的形式对世界各国劳工市场进行分析,以此反映全球职介服务的变化状况。可以说,民间职介国际联盟的数据统计是相对权威的,具有参考借鉴的价值。北京作为中国的首都,欲打造经济中心、政治中心、文化中心、科技中心以及国际交往中心的"五位一体",势必需要人才强市,通过拓展引才,优化人力资源。在这方面,全球民间职介服务是一个有效的渠道。因此,本文即是以民间职介国际联盟发布的系列报告和相关数据为基础,分析近年来全球民间职介服务的基本情况,并通过对比分析各国借用民间职介服务的基本状况,探究北京拓展引才的新渠道、新思路。

一、全球民间职介服务市场的基本情况

(一)全球民间职介服务的发展态势

民间职介组织在全球提供各类职业招聘、就业推荐、引才聚才等服务。在2012年,全球有近137300家民间职介组织、203500家地方分支,雇佣了624500名员工(见图1)。[1]这表明,民间职介组织已经形成了一个全球性的劳动市场,而地区分支的建立,则确保了地方劳动市场服务的深度,从而建立起"区域性+全球化的劳动市场"。

近年来,全球民间职介组织和地方分支基本呈现出稳定的增长态势,雇佣员工的数量也是先升后降,这可能与经济波动相关(见图2)。总之,全球民间职介组织的基本状况即是如此。

---

[1] CIETT economic report 2014 edition (based on 2012/2013 data)[EB/OL].(2015-02-23)[2016-05-22].http://www.ciett.org/fileadmin/templates/ciett/docs/Stats/Economic_report_2014/CIETT_ER2013.pdf.

专栏二:国际组织

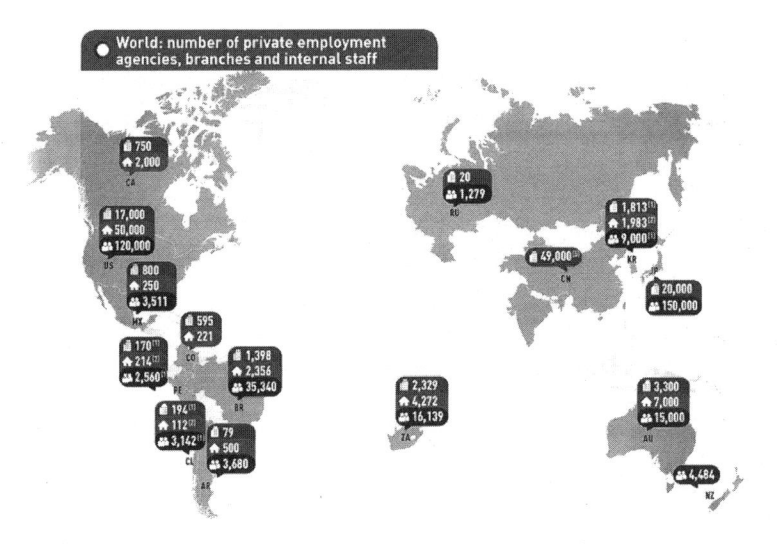

图1 民间职介组织、地方分支以及雇佣员工全球分布图

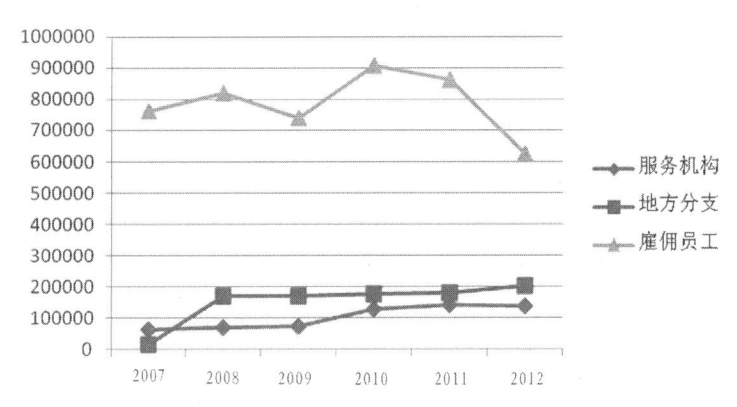

图2 全球民间职介组织情况(基于CIETT Economic Report)

(二)世界人力资源大国民间职介服务状况

作为世界上最大的民间职介服务市场,美国在2012年拥有17000家民间职介组织、50000家地方分支以及120000名雇佣员工。❶其中,民间职业组织、地方分支的数量近年来基本呈现稳定上升的趋势,雇佣员工则有较

---

❶ CIETT economic report 2014 edition (based on 2012/2013 data)[EB/OL].(2015-02-23) [2016-05-22].http://www.ciett.org/fileadmin/templates/ciett/docs/Stats/Economic_report_2014/CIETT_ER2013.pdf.

大波动。对于日本,民间职介组织、地方分支以及雇佣员工均位于全球第一。然而,近年来由于受全球经济走势的影响,呈现出部分下滑,不过总体仍保持在高位。巴西的民间职介服务比较发达。在2012年以前,它是除美国、日本和欧洲外,民间职介服务的"高地"之一。但是,自2012年起,巴西的市场急剧萎缩,并且由于深受全球经济走势的影响,职介组织和地方分支数量锐减,雇佣员工数量达到历史新低。欧洲的情况也极为类似。繁荣过后,面临着某种程度上的"萧条"。当然,"萧条"过后,随着全球经济"回暖",它也将迎来新的"春天"。

上述国家和地区是具有代表性的,这些国家和地区的民间职介组织发展态势良好,尽管由于世界经济的波动导致了全球劳工市场的波动,但是发展的劲头无疑是好的,总体上呈现着上升的趋势。如图3、图4,分别显示了全球民间职介组织2012年雇佣员工的年度总量和日均总量,这些数量可以说是全球劳工市场的发展态势的表现之一,也是最具有说服力的表现,它们表明了全球劳工市场,尤其是全球民间职介服务市场良好的发展态势。

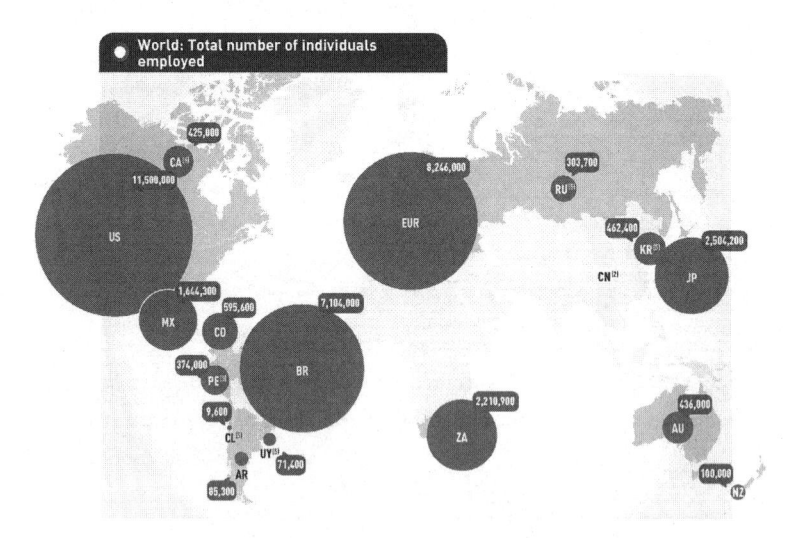

图3　全球民间职介组织2012年雇佣员工数量

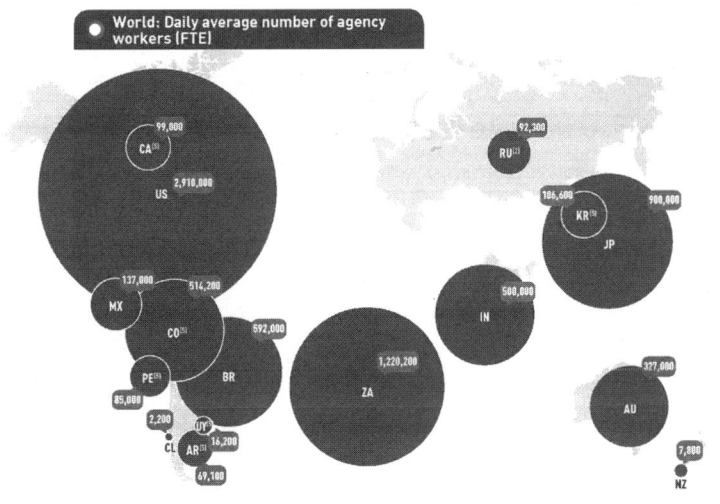

图4 全球民间职介组织2012年雇佣员工日均数量

二、民间职介服务的价值效用与作为方式

多年以来,各国均对民间职介组织有了更多的认识,也有了更多的考量。简言之,民间职介服务有着许多不可替代的效用,以至于不论从国外还是到国内,都在不同程度上借鉴了民间组织开展的职介服务。

(一)民间职介服务的价值效用

很多国家意识到,由于政府对职介服务的投入资金有限,公共职介组织也因机制僵化、效率低下等原因,依靠现有的公共职介服务力量,无法满足当今就业市场多层次和多方面的需求,政府的就业政策常常无法"落地",就业计划也常常达不到预期效果。为此,一些国家开始探索刺激民间职介服务的发展,并且通过有效的对外合作加强国际接轨,促进就业、拓展引才。可以说,民间职介组织是一国就业政策的重要组织、关键环节,它有利于缓解国家职介服务的现实压力。

(二)民间职介组织的作为方式

一般而言,民间职介组织在促进就业、拓展引才上,主要有以下几个方式。

一是通过政事分开、自主管理,加强与公共组织的相互协作,共同推进职介服务。民间职介组织不同于公共职介组织,它们具有相对自主的权利,即公共职介组织与政府的衔接更为紧密,它们在政策的制定、流程的管理、组织的监督上负有重要职责,往往是政府的组成部分;民间职介组织则享有独立的法人地位,它们不依托于政府而开展工作,或者协助政府开展工作,并形成覆盖全国乃至全球的市场网络。这种政事分开、自主管理的模式,对职介组织的发展更为有利:一是不受过多的行政干预,有利于职介服务的专业化发展;二是刺激了职介服务的市场竞争,便于提高服务效率;三是能够根据人口分布以及经济结构、就业结构的变化,灵活设立分支组织并调整力量,不受行政区划的限制。现如今,民间职介组织与公共职介组织日益紧密合作,共同推进职介服务。

二是利用现代技术,提高职介水平。职介市场形成了网络化的服务,这可能是最具"革命性的"情况,全球从此连成了一体,市场从此化为了一片。为帮助毕业生就业、失业者再就业,信息网络是必不可少的。比如美国,职介服务信息网络遍及50个州,包括劳动力信息储备网、职业信息网和学习交流网。劳动力信息储备网能够及时、准确、广泛地收集和提供劳动力供求信息,求职者只需将自己的基本情况、求职意向告诉登记人员并输入网络中,便可在所居住州的终端上接受信息服务。用工单位通过该网络了解全国范围内求职者情况,从中确定所需雇员的候选人。职业信息网向用工单位及求职者提供雇用双方需求、职业特点咨询、就业结构变化分析、同行业工资水平以及经济发展预测等方面的信息。学习交流网则为用工单位和个人进行人力资源开发,提供各类培训信息。[1]如今,随着信息技术的快速发展,远在另一端的求职简历可在数秒钟内便通过互联网传递到招聘者手中;又或者说,世界各国的各行各业人才信息,通过网络也可汇聚成库,供用人单位选取……总之一句话:技术改变了服务,服务推进了职介。

三是将职业指导作为提高服务质量的重要手段,同时注重增强职业介绍与技能培训、失业保险之间的联系。职业指导是就业工作的关键环节,

---

[1] "就业服务体系建设研究"课题组.国外就业服务组织发展的总体趋势及加强建设的主要做法——国外就业服务组织发展概况及趋势研究报告(二)[J].首都经济,2002(10).

也是提高职介水平的重要基础。不论是对于新入职场的新人还是对于打拼已久的老手,职业指导是必不可少的。这些专家既具备心理学等方面的知识又熟悉劳动力市场供求变化和法律法规。在指导过程中,他们一般要对求职者进行职业技能评估、心理素质测试,然后根据条件,提出岗位建议。如有必要,他们还会传授求职技巧,或者推荐参加相关培训。当然,各国民间职介组织也越来越重视职业介绍与技能培训之间的联系。它们通过设立咨询中心,有专人负责为各行各业的劳动人员提供信息咨询、跟踪调查,并获得用人单位的人事反馈。此外,各国民间职介组织还通过与企业联合办学,促进求职者的职业技能、失业者的再就业技能。

三、中国的民间职介发展与北京市的全球引才计划

(一)民间职介服务在中国的发展状况

与世界其他国家一样,中国的职介组织也可分为公共职介组织和民间职介组织。公共职介组织指的是各级人力资源和劳动保障行政部门举办,承担公共就业服务职能的组织;民间职介组织则包括了本国的民间职介组织和国外的民间职介组织的驻华分支,它们又可分为营利性和非营利性两种(见图5)。不过,无论是营利性还是非营利性,它们总体而言都是在为中国的就业、引才等服务。

公共职介组织	
民间职介组织	·营利性的民间职介组织 ·非营利性的民间职介组织

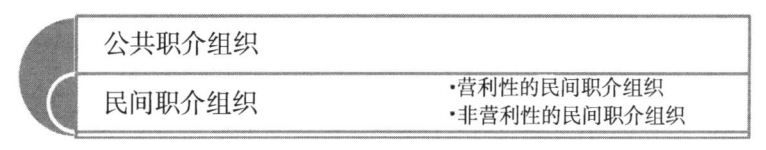

图5 中国职介服务组织的划分

就中国的民间职介组织而言,近年来呈现高速发展的阶段,服务组织及其地方分支的数量与日俱增,雇佣员工的人数也在快速增长。在这里,可以引入一个参数:劳动力市场占有率(penetration rate),它是指民间职介

组织的雇员总量占整个劳动人口的比例,它深受经济与政策的影响,也在一定程度上反映出该地区民间职介组织的发展态势。如图6所示,中国的劳动力市场占有率高达11.9%[1],这在某种程度上反映出中国的民间职介组织发展良好,呈现增长的势头。

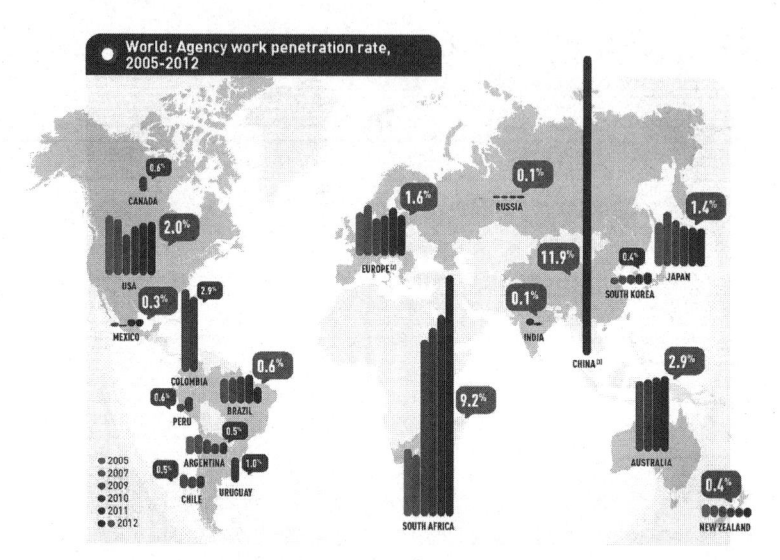

图6　全球民间职介组织雇员总量占劳动人口比例(2005~2012)

总而言之,民间职介组织在中国的发展态势良好,中国也可借助于此种发展态势,通过促进本国民间职介组织的发展以及加强与国外民间职介组织的往来,进一步推进就业、拓展引才。

(二)北京市借助民间职介组织全球引才的可行性

那么,北京市借助于民间职介组织进行全球引才,又是否具有可行性呢? 答案是肯定的。

北京作为中国的首都,力争打造经济中心、政治中心、文化中心、科技中心以及国际交往中心的"五位一体",那么势必需要大量人才为"我"所

[1] CIETT economic report 2014 edition (based on 2012/2013 data)[EB/OL].(2015-02-23)[2016-05-22].http://www.ciett.org/fileadmin/templates/ciett/docs/Stats/Economic_report_2014/CIETT_ER2013.pdf.

专栏二：国际组织

用。在这，全球民间职介组织是一条便捷的渠道。

首先，北京具有资源集中效应。由于北京是中国的首都，因而在发展过程中，大量资源向北京倾斜、聚集。自此，北京市形成了"公共+民间"的复合型职介服务网络，其中公共职介组织为主体，它们承担着重要职能，并形成了市、区(县)、街道(乡镇)的三级公共职介服务体系，在较低层次的劳动市场方面取得一定成效；而民间职介服务体系则成为重要补充，它们为促进就业、拓展引才提供了服务保障。尤其是民间职介组织，不论是国内产生的还是国外驻扎的，它们都需要一个庞大的市场予以支撑，而北京的资源集中效应则为这个庞大市场的形成提供了可能。没有资源集中，就没有庞大市场；没有庞大市场，就没有民间职介；没有民间职介，又何来人才广聚？可以说，这就是个正向的"推导"，有了前者，才会有后者。恰恰说明，北京的资源集中是人才广聚的前提，为北京市借助民间职介组织进行全球引才提供了可能。

其次，民间职介组织在北京业已"落地生根"。由于巨大的市场潜力与潜在的客户群体，民间职介组织早已在北京"落地生根"，甚至"开花结果"。国内的民间职介组织在政府的关怀下、在竞争的激励下而不断地成长着，它们广布于就业促进、人才招聘、技能培训以及人事管理等各个环节。国外的民间职介组织的驻华分支也逐步"踏"入了北京，并在这里"开枝散叶"。它们在中国的分支承担着为中国嫁接通往世界的"桥梁"，使得中国与其他国家和地区的人力资源能够得到置换，互为补充、相得益彰。这样，中国与国外的联系增多了，北京与国外的往来更是增多了。北京作为联系往来的地域载体，它必然会直接受益，从而促进本地的发展，尤其是本土人才的大力培养、海外人才的引进善用。

最后，环境因素的"酵母效应"。这里所谓的环境，指从全球范围来看，民间职介组织迎来了高速发展时期，呈现出逐年上扬的态势。这个大环境，对于中国而言，它带动了中国区域的民间职介组织的快速发展；对于北京而言，它推动了北京的民间职介市场的逐渐兴起、日益兴盛。当然，也有着小环境的影响。这里的小环境指的是由政策法规等所营造的环境。北京市不仅专门针对就业组织颁布了系列的条款，比如《北京市社会公益性就业组织管理试行办法》等,也开展了北京市海外人才聚集工程,从2009年开始,用5至10年的时间,在重点项目、重点学科、高等院校和科研院所等地,集聚行业领军人才,努力打造海外高层次人才创新创业基地。同时,北京还受益于国家政策红利,比如海外高层次人才引进计划(俗称"千人计划")等,围绕国家发展战略目标,在重点创新的项目、学科及领域,向全球引进人才,以期突破关键技术、发展高新产业、带动新兴学科,这是国家经济社会发展和产业结构调整的需要。所有的这些,官方的途径不容小觑,但是民间的渠道也不可忽视,要在加强官方沟通的基础上,增加与民间职介组织的联系,定时交流信息,互通有无。

四、结语:引才还有长路走

总而言之,北京市借助民间职介组织全球引才是可行的。一方面要从战略高度认识这一举措,通过促进国内的民间职介组织的发展,加强对本土人才的培养;通过加强与国际的民间职介组织的联系,扩展信息渠道,进行海外引才。当然,北京市在与民间职介组织的交往过程中,有两点需要注意:一是建立民间职介组织数据库。针对民间职介组织的不同类型、不同行业、不同领域,建立统一、完整的数据库,同时实时更新数据,方便查找,便于人才匹配。这个数据库不仅包含国内的民间职介组织,还需包含国外的民间职介组织,这样,数据库才会有足够的"基底",才会挖掘合适的人才。二是严防国外反华人员的肆机侵入。全球引才这个动机是好的,但是往往有怀揣不良动机的敌对分子也想搭乘"顺风车"。这就需要注意民间职介组织的政治是否可靠,所提供的信息是否正确。当然,还需注意的是,海外人才的身份是否可疑,他们是否有先例,比如窃取他国科技成果等。对于有问题的组织和个人,应当在数据库中予以表明,最好使用分级的方式,比如1~5等星级,数字越大越可靠。只有如此,才可防患于未然。

尽管如此,北京市如何借助民间职介组织全球引才还需进一步探讨。全球民间职介组织还在发展之中,北京市的政策措施也还在不断完善之中,要走的路还很远,要走的路还很长。

世界城市纽约吸聚国际组织的经验及对北京的启示

刘 波

摘要：国际组织入驻国际性城市，是一个双向选择和互惠互利的过程。本文通过对世界城市纽约吸聚国际组织的相关经验分析，认为纽约国际组织的发展促进了纽约城市国际化，塑造了良好的国际城市形象，成为城市经济增长的一极，推动了纽约城市软实力的提升。纽约吸聚国际组织的经验对北京具有一定的启示意义。

关键词：国际交往中心；国际组织；北京；世界城市

随着全球化和相互依赖的日益加深，国际组织在第二次世界大战后获得迅猛发展。国际组织入驻某一城市，不仅能够体现出这座城市的对外吸引力，而且还彰显城市所在国在世界范围内的国际影响力。同时，它还能够进一步提升一国的外交水平和国际影响力，塑造更强大的国际形象。许多国际性城市纷纷将吸引国际组织总部入驻，作为新一轮推进国际化建设的战略目标和衡量国际化水平、对外开放度和综合竞争力的重要指标。欧美发达国家积极欢迎国际组织落户，参与国际事务。美国纽约作为世界城市，拥有众多国际组织，国际组织也促进了纽约的城市国际化程度，呈现一种双赢格局。北京最近十年来，城市国际化程度有所增加，但是以国际组织、国际会议、高层交往等为代表的国际政治影响力，与纽约、瑞士，甚至亚洲新加坡、曼谷等国际城市相比差距仍较大。在全球化下区域竞争日趋激

作者简介：刘波，北京市社会科学院外国所副所长、副研究员。

烈的情况下,北京要在国际交往中心建设中,发挥国家中心城市的引领示范作用,需要以自身特色资源优势为基础,积极吸聚国际组织,全面增强城市国际影响力和辐射力。

一、国际组织入驻对国际城市的影响

国际组织入驻国际性城市,是一个双向选择和互惠互利的过程。国际组织一旦选择入驻某个国际性城市,就意味着它在某种程度上认可了该城市的国际地位和影响力。

(1)国际组织的入驻有利于提升城市的对外交往形象。国际组织的入驻能够进一步提升国际性城市的知名度与美誉度。纽约,作为联合国总部所在地,也是世界的金融中心,许多国际性政府组织或非营利组织选择入驻这里,它们的存在和发展无疑是对纽约这座世界城市强有力的诠释与解读。北京奥运会的成功举办,是一次成功的自我推广过程。此外,国际组织的入驻还有利于国际性城市充分展现锐意进取、创新求变的特质,完善全球化运作进程,增强其与世界的联系,整合有效资源,突出地区特色,提升国际地位与竞争力,提升国际知名度和影响力,同时还能够进一步提高其处理国际关系的能力,吸引其他国际组织和总部的跟进。❶

(2)国际组织的入驻有利于推动城市经济的快速发展。国际组织落户某一国际城市,必然成为一个城市经济增长的一极。国际组织的入驻为城市经济发展提供一个更为宽广的发展空间,吸引众多众多国际潜在客户,拉动城市投资,促进城市消费,有利于为城市提供一个强大的商业收益平台,繁荣城市经济。此外,由于国际组织的入驻,各类国际会议的召开可以直接拉动该国产业尤其是第三产业的发展,其中旅游、广告、运输、通信等行业收益最大,由此带来的延伸经济效益可谓是不可估量。据联合国日内瓦办事处(UNOG)统计,仅瑞士万国宫每年召开 7000 个不同级别和规模的会议,参观万国宫的人数达 15 万。纽约市政府曾调查得出结论:纽约为联

---

❶王恬.上海吸引国际组织入驻的策略研究[D].上海:东华大学,2014.

合国每投入 1 美元即可获得 4 美元的收益。❶

（3）国际组织的入驻有利于提升城市文化软实力。城市文化软实力是一个城市能够生产和销售比其他城市更好的产品的能力，提高城市竞争力的主要目的是提高城市居民的生活水平。可见，城市软实力是在城市竞争中，建立在城市文化、政府公共服务(服务制度与服务行为)、人力素质(居民素质)等非物质要素之上的政府公信力、社会凝聚力、特色文化的感召力、居民创造力和对城市外吸引力等力量的综合。这种"软"的力量能够吸引区域外的生产与消费要素，协调本区域社会经济系统的运作，提升本区域社会、政治、经济和文化的发展品位，塑造良好的区域形象，提高区域竞争力，为区域经济的和谐、健康、跨越式发展提供有力支持。纽约拥有众多国际组织，是一个多元的城市。国际组织众多，使得纽约国际移民众多，移民所带来的多元文化具有极强的包容性，造就了纽约城市的商业精神，推动了纽约城市人口结构的优化，塑造了公平竞争、不断创新、自由平等和多元包容的城市精神。多元文化特征是纽约经济繁荣的重要保证，也是纽约能够成为全球性城市的重要因素之一。

（4）国际组织的入驻有利于推动学习型城市建设。学习型城市既是知识经济社会时代市民生活品质提升的重要途径，也是城市实现可持续发展的动力源泉。世界经济合作与发展组织、欧洲联盟、联合国教科文组织、国际学习型城市协会等国际组织从终身学习、全纳教育、可持续发展等多种角度探讨学习型城市理念，并努力通过制定评价指标体系与评估活动推进全球性学习型城市建设。国际组织的入驻可以促进城市之间相互学习，把世界先进学习理念、国际基本标准经验和方法传授给入驻城市。

（5）国际组织的入驻有利于促进政府提升行政效能。国际组织的入驻，对政府相关职能也带来机遇与挑战。为了配合入驻的国际组织，政府职能得到创新与突破、规范与发展，尤其是提升了国际关系处理能力、政府形象塑造能力、政府危机公关能力、政府对外交流沟通协调能力，拓展了国际合作空间。上海合作组织入驻北京，并设立总部秘书处这一常设机构。它在反恐、打击贩毒、军事等方面取得了很大成绩，有利于提高北京在处理

---

❶ 郭剑彪,陈依慧.崭新的引资途径:竞办国际组织[J].浙江经济,2002(15).

国际关系方面的能力。这同时也吸引了一批其他国际组织和总部的跟进，如亚太空间合作组织、国际竹藤组织、世界旅游城市联合会、博鳌亚洲论坛、世界汉语教学学会、国际反贪局联合会、世界中医药学会联合会和国际武术联合会等。❶

二、纽约吸聚国际组织的经验

纽约的国际影响力处于世界领先地位，来自世界各国的外交家和政治家们在纽约联合国总部做出关于世界经济、政治和安全的种种决策。在1995年联合国50周年庆典之际，纽约市前市长朱莉安尼无不自豪地说："正是因为联合国总部的存在，纽约才当之无愧地被誉为'世界之都'。"以联合国为中心的落户纽约的国际组织主要包括：联合国总部主要机构。联合国主要机构，即联合国大会、安全理事会、经济社会理事会、托管理事会、国际法院和秘书处，除国际法院在荷兰海牙外，其他5个都在纽约办公。联合国常设辅助机构中也有近一半在纽约，这就使得纽约成为拥有联合国主要机构数量最多的城市。此外还包括以下几个：联合国开发计划署，联合国儿童基金会，联合国人口基金会。由于纽约是联合国总部所在地，当地非政府组织的发育特别成熟，更有一大批非政府间国际组织选择将总部设在纽约。❷纽约吸聚国际组织的经验政策主要包括以下两个方面。

一方面，纽约政府给予落户国际组织的财政优惠政策。由于国际组织很大一部分承担的是国际或国内公益性服务，因此纽约市政府积极推进完善城市公共服务体系建设，制定政府购买公共服务的有关政策。纽约的国际组织和非政府组织都被纳入纽约市政府公共服务统筹考虑，很多民间组织开展的公益服务项目被列入政府购买的社会建设公共服务清单，通过规范方式购买公益性服务。据美国霍普金斯大学的调查数据显示，纽约国际组织平均收入来源结构为：服务收费占37%，政府资助占48%，慈善捐助占15%。此外，美国《公益事业捐赠法》明确做出法律规定，社会公益组织可以

---

❶ 王恬.上海吸引国际组织入驻的策略研究[D].上海:东华大学,2014.

❷ 李培广,李中洲,贾文杰.国际组织落户纽约对北京城市发展的启发[J].中国市场,2012(33).

接受社会捐赠,捐赠单位可以享受到相应的税收优惠。可以看出,纽约政府对国际组织在财政资金上给以足够的优惠支持。❶

另一方面,在城市法律层面给以支持。国际组织本身没有自主性权力,其法律结构和法律功能均是被动反映国家间的主权关系。但一般国际组织入驻都会推动一国法律体系的日趋完善,为国际组织提供更有利的法律保障。纽约在法律上也为国际组织开展工作提供诸多便利:比如在联合国工作的各国外交官受到国际法保护,享有司法豁免权;纽约政府对国际组织资金流向进行检查,并监督其运作管理过程。纽约地方法规明确规定,每个国际组织或基金会,都需要提供关于收入支出和税务情况的详细报告,报告单格式内容需设计科学,附上有收入的项目合同,税务局对待定目标做严格核实,以便政府清楚了解和掌握各组织的经济来源和运作目标。❷

三、纽约吸聚国际组织模式对北京的启示

作为首都,北京在政治、外交、经济、交通、基础设施等方面都具备成为世界一流交往中心的条件,2013年北京地区海关进出口总值4291亿美元,实际利用外资85.2亿美元,世界500强总部52家,位居全球城市第一,注册外资企业26000家。截至2014年,北京市已与世界上50个城市建立了友好城市关系。不过,北京国际组织吸聚方面还存在诸多不足。目前在北京市落户的联合国机构和国际组织总部共有5个(见表1),同驻在纽约、伦敦、巴黎、东京等世界城市的国际组织总部相比,在数量、质量和国际影响力方面均差距较大。借鉴纽约的经验,笔者提出以下几点借鉴建议。

表1　在京常驻的政府间国际组织代表机构统计

序号	国际组织代表处
1	亚洲开发银行驻华代表处

❶ 李培广,李中洲,贾文杰.国际组织落户纽约对北京城市发展的启发[J].中国市场,2012(33).

❷ 王恬.上海吸引国际组织入驻的策略研究[D].上海:东华大学,2014.

续表

序号	国际组织代表处
2	欧洲联盟欧洲委员会驻华代表团
3	联合国粮食及农业组织驻华代表处
4	红十字国际委员会东亚地区代表处
5	国际金融公司驻华代表处
6	红十字会与红新月会国际联合会东亚地区代表处
7	国际劳工组织北京局
8	国际货币基金组织驻华代表处
9	阿拉伯国家联盟驻华代表处
10	太平洋岛国论坛驻华贸易代表处
11	联合国开发计划署驻华代表处
12	联合国环境规划署驻华代表处
13	联合国教科文组织驻华代表处
14	联合国人口基金驻华代表处
15	联合国难民事务高级专员署驻华代表处
16	联合国儿童基金会驻华办事处
17	联合国工发组织中国投资促进处
18	联合国工业发展组织驻华代表处
19	联合国世界粮食计划署中国办公室
20	世界银行驻华代表处
21	世界卫生组织驻华代表处
22	联合国粮食及农业组织驻华代表处
23	国际海事卫星组织驻华代表处

资料来源:李培广,李中洲,贾文杰.国际组织落户纽约对北京城市发展的启发[J].中国市场,2012(33).

(1)加强与中央政府的密切沟通,获得更多的政策支持。国际组织入驻,多是中央政府积极干预的结果。地方发展环境受到全球化带来的国际关系组织化影响,而地方政府也为国际政治行动者提供特殊的制度环境,规范化的制度、机制。但中央政府的积极支持与政策资金资助无疑起到推波助澜、四两拨千斤的杠杆作用。北京可以利用地缘政治优势,建立好与

专栏二：国际组织

中央各部委的合作机制,可以借助中央资源,及时、全面地掌握国际组织相关的动态信息,利用国际组织的人脉关系,尽可能吸引更多的国际组织。

（2）提升北京市政府行政效能,加快推进服务型政府建设,营造良好行政环境。城市服务管理理念是城市管理文化的核心和灵魂。完善政府社会管理和公共服务职能,为城市建设提供强有力的体制保障。国际组织的吸聚,需要一个良好的政府行政环境。要大力推动政府服务文化,积极提升服务质量和水平。北京市政府要积极转变政府职能,政府应对各部门的职能进行全面的梳理和深度剖析,把一些不应该由政府管理的事项转移出去,加快推进政企分开、政资分开、政事分开、政府与市场中介组织分开,而那些应该由政府管理的事项需要切实管理好。

（3）完善相关法律法规的制定与修改。美国纽约的经验告诉我们,强有力的法律法规是吸引国际组织落户发展的基础。北京市政府要建立国际组织落户发展的法律和组织框架,加强法律法规的透明度,以促进国际组织及非政府组织的发展壮大。应进一步加强国际组织入驻的立法,建立完善国际组织入驻方面的法律和组织框架。重点是要加快出台《国际组织法》等相关法令,从法律上保证政府对包括国际组织在内的各类国家社会团体的支持,从而为下一步吸引国际组织入驻扫清法律障碍。

（4）推动京津冀协同发展,拓展国际组织入驻辐射范围,合理布局京津冀城市功能,大力疏解中心城区人口。北京城区人口密度高,资源环境交通压力大,要抓紧时间疏解城区人口。按照国际城市发展路径,合理规划卫星城以及卫星城公共服务设施建设。国际组织的入驻,需要良好的城市环境。北京应根据京津冀协同发展规划要求,对高能耗、高水耗、有污染的项目,就地清理淘汰。到2017年要退出1200家污染企业,实现重点工业污染行业调整退出目标。对有条件通过结构调整、技术改造,进而符合首都城市战略定位的项目,转型升级一批。对有经济带动作用的产业项目,通过区域对接合作,转移疏解一批。这种疏解转移要按照京津冀三地的产业定位来实施。

（5）充分发挥社会组织的作用,鼓励社团参与城市建设。非政府组织和非营利组织在提高城市的发展和推动城市的全球影响力、推动城市的文化多样性等方面发挥着独特的作用。纽约、伦敦和东京等世界城市在规划制定之初,就尤为注重吸收非政府组织(NGO)的意见。国际组织吸聚工作,同样需要发挥非政府组织的基础性作用。应该创造一个有利于非政府组织发展的城市环境,要以世界城市所具有的包容性来面对非政府组织、非营利组织的第三方声音。政府应通过举办听证会、座谈会以及其他有效措施来促进社会组织参与到市政建设中来,这既能吸取来自民间的智慧,也能提高公民自主参与城市建设的意识;鼓励社会组织的发展,支持民间组织参与社会服务、行业服务、调查研究,尤其是私立学校和医院等公共治理领域,利用社会组织的公共服务和政策倡导两大功能,减轻政府的执行负担,加强政府政策的执行力。

创意城市:国际组织的目标理念与实践反思

王林生

摘要:创意城市是当代城市发展的重大事件,它以文化资源的开发和利用为基础。创意城市的出现得益于以联合国教科文组织为代表的国际机构对"全球创意城市网络"的大力倡导,并成为发展和保护文化多样性的重要实践。国际组织对创意城市的认定与测度大致围绕文化主题和经济指标两种方式进行,多样的测度方式彰显出创意城市实践的多样性和复杂性。在创意城市的实践中出现的人文关怀与经济驱动的矛盾、线性替代式发展和跨越式发展的矛盾,展示出创意城市始终处在探索中,具有开放和包容的品格。

关键词:创意城市;国际组织;目标;反思

城市化是一个未完成的过程,在新一轮城市化推进的过程中,大工业理念主导发展起来的"城市带""巨型城市",因"大城市病"的集中爆发,已经凸显出这种城市发展理念的穷途末路。在这种情况下,一个以文化资源的开发和利用为基础的创意城市便成为一种可能性的发展方向。推动城市发展的创意型转型与转向,固然需要城市本身主动谋求转型升级,使得创意城市的转型具备一种内源性动力的推动,但是一个积极倡导并推广创意城市理念的国际组织,作为一种外源性动力在推动城市创意转型发展中

作者简介:王林生,博士,北京社会科学院文化研究所副研究员,研究方向为创意城市、文化产业。

也发挥着不可忽视的作用。

一、国际组织推动创意城市的转向与变革

创意城市是新时代背景下提出并逐渐发展起来的城市发展模式。虽然有关创意与城市关系的探讨最早可追溯至19世纪30年代,但其真正作为一种被城市所普遍接受的理念还是城市实现工业化之后。雅各布斯、兰德利等人在20世纪末,基于工业化给城市发展带来的弊端,提出文化和创意对城市发展的重要性。如果说此时对创意城市的讨论仍停留在学理性的层面,那么2002年联合国教科文组织提出"全球创意城市网络"(creative cities network),则极大地从实践层面推进了城市面向创意的转型。

"全球创意城市网络"是联合国教科文组织保护和促进文化多样性发展的重要实践。联合国教科文组织,作为各国政府间讨论关于教育、科学和文化等问题的国际组织,致力于推动各国间文化的交流与合作,确保各民族文化的自由发展并得到普遍的尊重。新千年伊始,联合国教科文组织先后推出了《世界文化多样性宣言》(2001年)和《保护和促进文化表现形式多样性公约》(2005年),确认"文化多样性是人类的一项基本特性……是人类的共同遗产"[1],强调"尊重文化多样性、宽容、对话及合作是国际和平与安全的最佳保障之一,希望在承认文化多样性、认识到人类是一个统一的整体和发展文化间交流的基础上开展更广泛的团结互助"。[2]两个文件对文化多样性的重视提升至人类生存发展的高度,提出要将保护和发展文化多样性纳入国家战略发展和国际交流合作,使文化多样性创造成为各民族和各国可持续发展的一股主要推动力。正是在这一新的形势和发展趋势的推动下,联合国教科文组织推动"全球创意城市网络"的全球评选活动,以创意城市的创建来促进文化多样性的

---

[1] 孙家正.保护和促进文化表现形式多样性公约[M]//中国文化年鉴2007.北京:新华出版社,2008:428.

[2] 张松.世界文化多样性宣言[M]//张松.城市文化遗产保护国际宪章与国内法规选编.上海:同济大学出版社,2007:131.

发展与保护。

一方面,联合国教科文组织"全球创意城市网络"的倡议基于全球文化多样性联盟的创意。

全球文化多样性联盟成立于2001年,其目的在于充分挖掘文化的潜能,为有关城市和文化产业创造机遇,以使它们多样的思想文化能够在全世界展现,丰富多彩的文化产品与服务能够获得更加公平合理的报酬。因此,营造一个有利于多样化文化表达和创造的文化发展环境,增进文化之间的彼此交流和互信,构建一种可持续发展的社会经济发展模式是当今时代的共同使命。基于此,联合国教科文组织全球文化多样性联盟倡议设立"全球创意城市网络"评选活动,并于2004年正式实施。从这个意义上说,联合国教科文组织以"全球创意城市网络"的评选为路径,直接推动了创意城市的建设。至2015年12月,全球共有54个国家的116座城市成为"全球创意城市网络"成员,并分别被命名为"文学之都""电影之都""设计之都""音乐之都""手工艺与民间艺术之都""媒体艺术之都"和"美食之都"等七种称谓,展现出不同文化对城市发展的贡献。

"全球创意城市网络"成员城市认同联合国教科文组织有关文化多样性的宣言、公约和倡议,鼓励各成员城市之间"优先组织'文化和发展'与'可持续发展'等主题的全球发展战略,建立共同发展的伙伴关系"[1],并以此为平台分享城市发展经验。创意城市对文化多样和文化创造力的重视和强调,有助于城市在发展过程中彰显特有的文化谱系,形成文化与创意、科技、经济等要素的互动,形成可持续的新型发展模式。

另一方面,联合国教科文组织推动"全球创意城市网络"的评选,是在市场经济和传媒技术革命为依托的全球化进程中彰显城市发展路径的文化多样性。

市场经济和传媒技术革命极大地推动了全球经济一体化进程,其实质是发达国家的优势性过剩资本在全球范围内流动的过程中对发展中

---

[1] Creative cities network[EB/OL].(2014-05-02)[2016-01-22].http://en.unesco.org/creative-cities/.

国家和地区的一种资源、产品、土地和劳动等生产性资料和财富的掠夺,由此造成"世界不同的人民和国家之间在收入、财富和资源的分配方面存在着严重不平等,贫困、匮乏、饥饿、粮食不足和失业已经达到令人无法接受的程度,世界向不平等两极的分化,以及暴力和恐怖主义在世界范围的升级。"[1]伴随着资本的扩张,发展中国家的各样社会关系结构、文化生态和价值观念被摧毁,人们不得不在优势资本的冲击下部分改变或彻底改变他们固有的生活时尚和生活方式,最终世界被一种单一的文化所主导。

联合国教科文组织推动"全球创意城市网络"评选,倡导发展创意城市,其宗旨就是在市场经济和传媒技术革命时代发展和维护文化多样性,避免垄断、模仿和同化,激发人的创造性活力,并以此为基础推进城市社会文化的结构性转型和重组,探索城市发展路径的多种可能性。所以,创意城市并不能简单地仅从经济层面理解文化创意对城市发展的意义,即创意城市是探索发展以文化经济为主要驱动和支撑的城市发展模式。在全球化进程这一宏观视野中,倡导和发展创意城市也并非是鼓励发达经济体以收购、兼并等方式扩大其在世界创意经济领域的领先优势,相反,创意城市更为注重发展中国家的城市和地区发展的多样性道路。"创意不是一条孤零零的高速公路,而是在发展中国家的城市和地区各具地方特色的多重发展轨道。"[2]它既是当代城市谋求转型与变革的重要议题,也是对创意城市实践的真实描述。由多个城市举办的不同级别的"创意城市峰会",各种组织推动的"创意欧洲""创意非洲""设计在拉美"等文化发展项目,以及在世界各地涌现出的创意城市实践,均注重人类文化的多样性表达,极大地推进了创意城市建设路径的多样化选择。

创意城市多样化的发展取向,彰显出创意在城市发展中的无穷可能性,即在创意城市构建的过程中,不断通过发掘和利用自身的文化潜能,促

---

[1] 谢弗 D B.经济革命还是文化复兴[M].高广卿,等译.北京:社会科学文献出版社,2006:203.

[2] 联合国教科文组织,联合国开发计划署.2013创意经济报告——拓展本土发展途径[M].意娜,等译.北京:社会科学文献出版社,2014:4.

进创意与其他社会经济文化等多种行业门类的融合,衍生并培育出创意文学、创意影视、创意音乐、创意艺术、创意设计、创意旅游、创意演艺、创意美食、创意建筑、创意景观、创意地产、创意农业等,形成一个聚集着越来越多智力资源和创意资源的文化创意产业,并以文化遗产的展示、影视艺术的展演、文化产品的创造以及多种类别的文化生产、传承方式为依托,发展城市创意经济。

可以说,以联合国教科文组织为代表的国际组织在推动城市发展创意转向的过程中其作用是不容忽视的,"全球创意城市网络"这一创意城市实践活动由全球文化多样性联盟的创议而发起,并在经济全球化和传媒技术全球化传播的时代语境中,以城市迈向创意的转型与变革为路径,创意性地开发和利用具有独特地域和时代特征的生活方式和文化艺术表现形式,并推动地域性文化创造和传播。

二、国际组织对创意城市的评定与测度

创意城市是一种新的城市发展范式,它秉持的理念、依托的资源、发展的路径以及实施的效果与传统的农业和工业城市都存在很大的差异,但也正是这种差异,彰显出联合国教科文组织"全球创意城市网络"的时代意义,拓展了城市谋求可持续发展的探索路径。然而,"全球创意城市网络"作为一种世界评选性的活动,联合国教科文组织及其他机构在推进过程中,须依据一定的标准对其进行评定。从路径来看,对创意城市的测度大致分为两个类别,一个是围绕文化主题对创意城市进行测度,另一个是以经济指标衡量城市的创意水平。

(1)文化主题的测度。

以文化主题为标准对创意城市进行测度,主要是针对"全球创意城市网络"所设置的七种类别不同的创意城市。对创意城市的标准,联合国教科文组织以指南的形式做出了说明(见表1)。

表1 联合国教科文组织"全球创意城市网络"申请指南

类 别	指 南
文学之都	1. 拥有多样化出版项目和出版社,且具有一定的数量和较高水准; 2. 在小学、中学和大学教育系统中,应有一定数量和较高水准的重点关注本土文学和外国文学的教育方案; 3. 营造一个可以让文学、戏剧和诗歌完全发挥作用的城市环境; 4. 具有举办有关本土文学或外国文学重大节庆活动的经验; 5. 拥有收藏、弘扬和传播本土文学和外国文学的图书馆、书店以及公共或者私人文化中心; 6. 在翻译外国和本土不同语言的文学作品方面付出了卓绝的努力; 7. 媒体(包括新媒体)积极促进和加强文学及其作品的市场化
电影之都	1. 具有与电影相关的如电影工作室,电影景观环境、电影制作室等重要基础设施; 2. 具有连续的电影商业化生产和发行的历史; 3. 具有举办一些有影响力的电影节、选秀或其他与电影相关活动的经验; 4. 具有在本地、区域和国际层面的电影合作交流计划; 5. 具有一定数量的档案馆、博物馆、私人收藏机构和/或电影学院等多种类型电影遗产; 6. 具有一定数量的电影学校和培训中心; 7. 大力推广本地或者本国制作的电影产品; 8. 鼓励学习和共享国外电影知识
音乐之都	1. 国际公认的音乐创造和活动中心; 2. 具有举办国家级别和国际水准的音乐节庆和活动的经验; 3. 促进各种类型音乐产业的发展; 4. 具有专业性的音乐学校、音乐学院、音乐机构和高等音乐院校; 5. 具有音乐教育的非正式组织,包括业余合唱团和乐团等; 6. 具有为特色和其他国家风格音乐搭建的国内和国际音乐平台; 7. 具有适用于音乐表演和欣赏演出的文化空间,如露天音乐广场

专栏二：国际组织

续表

类　别	指　南
工艺与民间艺术之都	1. 在工艺与民间艺术领域有悠久的传统； 2. 具有工艺与民间艺术的当代产品； 3. 强力推介手工艺制作者和当地艺术家； 4. 具有与工艺与民间艺术相关职业的培训中心； 5. 致力于提升工艺与民间艺术(包括节庆、展览、展会、市场等)； 6. 具有与工艺与民间艺术相关的基础设施,如音乐厅、手工艺商店、当代的艺术博览会等
设计之都	1. 具有完善的设计产业； 2. 具有设计和建筑环境支撑的文化景观,包括建筑、城市规划、公共空间、纪念碑、运输、标记和信息系统、印刷等； 3. 具有设计学校和设计研究中心； 4. 拥有在地方和国家层面且能够持续开展活动的由大批设计人员、创意者和设计师组成的设计实践团体； 5. 具有举办展览会特别是设计展会和活动的经验； 6. 具有可供设计者和城市规划者就地取材且利用城市/自然环境的机遇； 7. 具有设计驱动的创意产业,如建筑室内装饰、时尚和纺织品设计、珠宝饰品设计、交互设计、城市设计以及可持续设计等
媒体艺术之都	1. 以数字技术推动文化创意产业较快发展； 2. 媒体艺术成功整合引领城市生活的改善； 3. 民间社会参与推动的数字艺术形式； 4. 具有数字技术发展拓展文化视角的渠道； 5. 具有供媒体艺术家实践的实习项目和其他工作室
美食之都	1. 拥有悠久的烹饪美食历史,且能体现城市和区域性特征； 2. 拥有许多传统的餐馆和厨师,并具有一定吸引力的美食社区； 3. 用于传统烹饪的佐料； 4. 具有本地传统的烹饪知识、实践和方法,以及由此留存并发展起来的烹饪产业/烹饪技术；

续表

类　别	指　南
美食之都	5. 具有传统的食品市场和食品产业； 6. 具有举办美食节庆、美食竞赛和奖项，以及其他美食认定方法的传统； 7. 重视环境和可持续利用本地物产； 8. 烹饪学校设置有关保护生物多样性内容的课程，教育机构开设有关促进食品营养的教学，并积极推动公众的美食意识的培养

资料来源：UNESCO culture sector:the creative cities network—guidelines[EB/OL].(2014-05-02)[2016-01-22].http://www.unesco.org/culture/en/creativecities.

需要指出的是，联合国教科文组织的这一指南仅是对每一类创意城市的认定内容列出了一个较为明确的方向性清单，但并未针对产业、教育机构、市场规模、基础设施等做出具体数量上的严格规定。这主要是基于以下两个方面的原因。

一方面，从创意城市的理念层面来说，创意城市究其内涵和外延仍是一个相对宽泛的概念。创意，英文为creativity，在词源学意义上是指有创造力和想象力，意味着将现实不存在的通过一种创造的方式将其表现出来。创意与城市相结合，就是创造性地挖掘和利用城市文化资源和文化设施所具有的潜能，找寻城市发展新的驱动力。虽然创意城市的理论倡导者兰德利将"创意的本质视为一种足智多谋的能力，不仅会评估，还会设法寻求对策，以解决棘手、突如其来和不寻常的问题或状况……是利用智慧、发明、一路学习等特质的应用性创造力"。[1]但也只是指出了创意的开放性特质，并未从内涵和外延的层面对创意城市做一个相对严格的界定。尤其是伴随着城市不断谋求变革与转型的实践活动中，创意与创新行动的目标、路径、内容、形式等会不断扩大，任何对创意的界定乃至创意城市的界定都将被打破。

所以，作为联合国教科文组织致力于推动的城市发展理念，在呈现出的状态或特质的层面去认定，而非规定具体的数量指标，更易于认定的操

[1] 兰德利.创意城市[M].杨幼兰,译.北京:清华大学出版社,2009:57.

作。易言之,在创意城市的认定上,创意城市指南假定城市需要诸多创造性的条件,鼓励城市的经营者和在城市中生活的人们以想象力来为城市的发展做出谋划,并参与到创意城市的建设中。

另一方面,从创意城市建设的操作层面来说,创意城市的丰富实践凸显出城市建设路径的多样化。创意城市本身就是践行文化多样性发展的重要实践形式,作为文化多样性的实验场域,创意城市需要通过强化其特有的文化识别体系或符号在城市整体生活中的作用来增强城市的独特魅力。也就是说,作为"全球创意城市网络"视角下的城市创意,绝非是短暂的、临时的,而是有着长久的文化传统并能够真正融入现代生活的,这就是为何"全球创意城市网络"指南中一再强调历史、经验等要素对创意城市的重要性的原因。

在此意义上,创意是城市特有的文化生活方式。恰如联合国贸发会议在总结创意城市发展经验时所指出的,在近些年的探索发展中"为了使城市的社会经济增长具有新的活力,世界各地越来越多的城市在整个文化和社会生活中使用'创意城市'这个概念,鼓励创意能力,吸引创意工作者"。[1]作为整体文化社会生活的创意城市,创意不仅构成了城市的发展特质,而且为人们提供了一种独特的文化体验。正是这种难以用僵化的数据来说明的"文化体验",决定了创意城市的不可度量性。

在此需要着重指出的是,虽然联合国教科文组织在推广"全球创意城市网络"过程中推出的创意城市指南,仅是围绕某一文化主题认定创意城市的一种评定方式。而比安契尼、兰德利在创意城市评定的研究上,则在一种较为宽泛的意义上认识创意城市。比安契尼认为,一个成功的创意城市须具备九大要素,分别为充足的硬件设施、历史、个体、开放的交流、网络、组织能力、认识到城市发展存在的危机和面对的挑战、起催化作用的事件和组织、创意空间等。[2]这九大要素中,比安契尼认为,硬性因素是释放城市创意潜能的先决条件,这包括基础设施、创意空间等。兰德利在此基

---

[1] 联合国贸发会.2010创意经济报告——创意经济:一种切实可行的发展选择[M].张晓明,意娜,等译.北京:三辰影像音库出版社,2011:14.

[2] 唐燕,昆兹曼,等.创意城市实践[M].北京:清华大学出版社,2013:6-7.

础上,对创意城市的评定进行了进一步的研究,强调城市能够依靠一部分要素发挥创意,但须一切要素皆备时才能在最佳的状态中运行,由此提出创意城市"七要素说",即个人特质、意志力与领导力、人力的多元性与各种人才的发展渠道、组织文化、地方认同感、城市空间与设施、网络与组合架构。❶可以说,无论是联合国教科文组织的官方指南,还是比安契尼、兰德利的要素说,对创意城市的认识均是从一种广泛且开放的维度予以阐释,体现出创意城市理念在实践中具有的开拓性视野。

(2)经济指标的衡量。

创意城市的多样化发展路径,以实践的形式促进了世界各地文化多样的发展,在改善和提升当地居民生活水平、增强城市宜居性、塑造城市文化特色的同时,也增加了投资,发掘和利用了当地的文化资源,推动了文化产品的专业化发展。一个以知识和文化为基础、以人的创意、技艺与才能为核心推动力的创意经济门类开始出现。可以说,创意经济与创意城市是相互依存的关系,创意城市既是发展创意经济的载体,又以发达的创意经济为城市发展的依托,创意经济发达的城市也必能推动城市的创意化发展,而这就决定了以创意经济来衡量创意城市成为一种可能。

目前,国际组织对创意经济指标的衡量较为流行的有两种:一种为联合国贸发会议对创意产业的类组统计模式(见图1),一种为英国工作基金会的同心圆模型(见图2)。

联合国贸发组织的类组统计模式,将"'创意'从具有鲜明艺术元素的活动拓展到'高度依赖知识产权并尽可能获取更广阔市场的生产符号性产品的任何经济活动'"❷中,将创意产业分为四大组别:遗产、艺术、媒体和功能创意,四类产业分别对应文化场所、传统文化表现,视觉艺术、表演艺术,出版和印刷媒体、视听产业,设计、创意服务、新媒体等9个子类,各子类再细分为相关的行业。这种方式从有形资产和无形资产两个维度考察创意经济,能够在定性和定量的维度认识城市的创意经济发展水平。

---

❶ 兰德利.创意城市[M].杨幼兰,译.北京:清华大学出版社,2009:167.

❷ 联合国贸发会.2010创意经济报告——创意经济:一种切实可行的发展选择[M].张晓明,意娜,等译.北京:三辰影像音库出版社,2011:7.

专栏二：国际组织

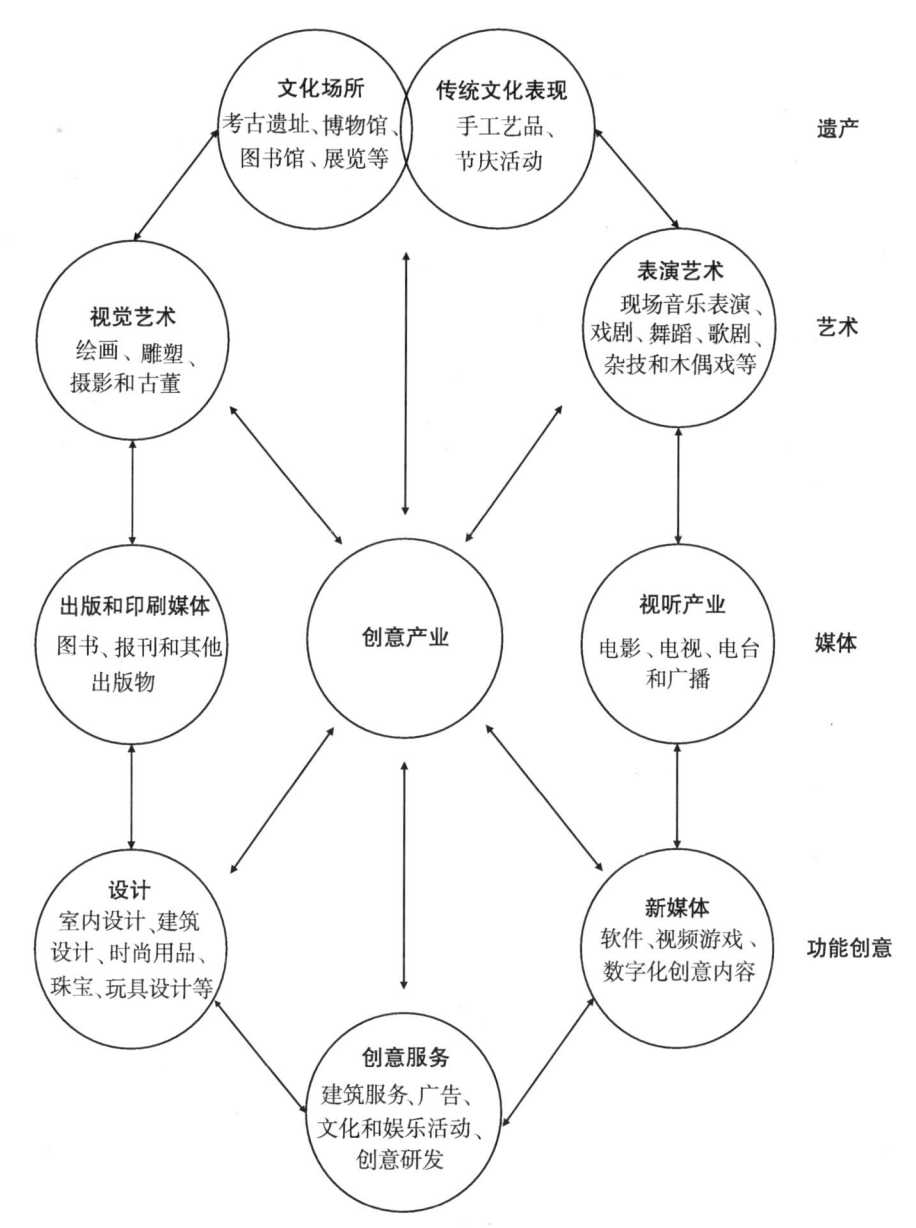

图1 联合国贸发会议对创意产业的类组统计模式

（图中内容）

- **文化场所**：考古遗址、博物馆、图书馆、展览等
- **传统文化表现**：手工艺品、节庆活动
- （遗产）
- **视觉艺术**：绘画、雕塑、摄影和古董
- **表演艺术**：现场音乐表演、戏剧、舞蹈、歌剧、杂技和木偶戏等
- （艺术）
- **出版和印刷媒体**：图书、报刊和其他出版物
- **创意产业**
- **视听产业**：电影、电视、电台和广播
- （媒体）
- **设计**：室内设计、建筑设计、时尚用品、珠宝、玩具设计等
- **新媒体**：软件、视频游戏、数字化创意内容
- （功能创意）
- **创意服务**：建筑服务、广告、文化和娱乐活动、创意研发

英国工作基金会的同心圆模型以表现价值与知识产品的版权关系为原则，将城市创意产业分为4大门类，即核心创意领域、文化产业、创意产业和

活动、其他经济领域,各门类按产业表现价值的大小对文化产品进行分类核心创意领域是与创意联系最为紧密产业,如文学、音乐、表演艺术和视觉艺术,与个体创意者联系最紧密,处在文化价值链的起始端,其表征价值最强。文化产业层,其产品的表现价值得益于版权的输出,包括影视、印刷媒体等产业。创意产业和活动层,关注产品给部门带来的绩效,包括博物馆、美术馆、图书馆等。同心圆的最外层为其他经济领域,这一类别的行业在某种程度上属于创意产品的衍生或服务行业,与产品的版权关系相对较为疏远,包括建筑、时尚等产业。

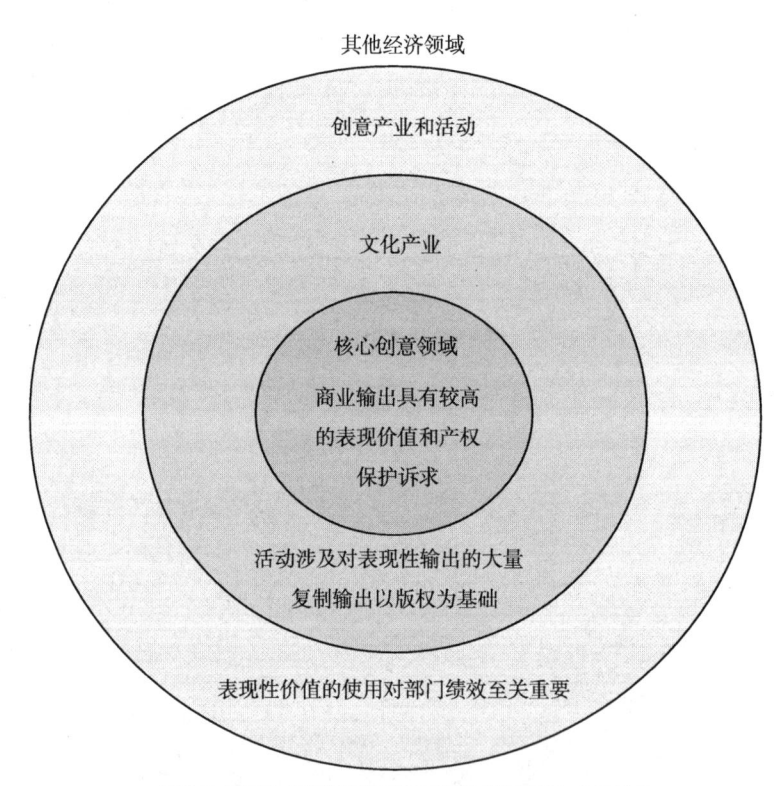

图2 英国工作基金会的同心圆模型

两种对城市创意经济的分类,侧重的均是创意活动和行业给城市发展带来的经济效益,强调文化创意产业对经济社会生活所产生的直接或间接影响。前已述及,创意城市本身无论在理念和实践层面都一个较为宽泛的概念,因此奠基于城市的创意经济也应是一个开放和包容的概念。基于不同的文化基础、产业实践、政策导向等多种原因,从产业经济角度对创意城市的认识也必将体现出差异。如法国是一个非常重视本国历史传统和文化遗产保护的国家,因此在对文化产业分类与界定时采取了一种较为审慎的态度,表现传统文化的领域为产业分类的主导,信息类文化产业和服务业没有纳入统计范围。也就是说,城市为强调某种创意对城市发展的特殊性和重要性,创意经济的范畴会有所不同。所以,以创意经济指标衡定创意城市的方法相对直观,但也会因分类标准的差异存在一定的偏差。

无论是以主题的形式对创意城市进行测度,还是以经济指标的形式对创意城市进行衡量,其本质都是推动城市创意转向与变革的手段,彰显出创意城市实践的多样性和复杂性。无疑,创意城市有别于以往的城市发展模式,作为当代城市最具发展活力的城市形态,对创意城市的评定与测度方式也必将是在探索中不断发展。

三、创意城市实践的反思

联合国教科文组织倡导的"全球创意城市网络",在世界范围内推动了城市迈向创意的变革,发展和繁荣了城市创意经济。根据联合国教科文组织2015年12月发布的最新报告显示,2013年全球文化创意产业总收入为2.25万亿美元,解决就业人口2900万,"尤为重要的是,文化创意产业让城市更有活力,它不仅为城市居民搭建了彼此可以增进友谊的文化中心和文化活动,也强化了城市的身份认同,获得了精神上的满足和依归"。[1]创意城市的成功实践引发了新一轮城市转型与变革的热潮,但这股潮流涌动之下也存在一些我们亟待进一步思考的问题,主要体现在以下两组矛盾。

---

[1] Cultural times:the first global map of cultural and creative industries[EB/OL]. (2015-10-07)[2016-01-22]. http://www.cdc-ccd.org/Cultural-times-The-first-global?lang=en.

(1)创意城市的人文关怀与经济驱动的矛盾。

创意城市的历史性出场与联合国教科文组织积极倡导的文化多样性存在紧密联系,它注重多样的文化遗产对人类发展的重要性,主张促进面向所有人的文化多样性,强调人的全面发展。因此联合国教科文组织在倡导创意城市之初,较为重视现代艺术、文学、音乐和民间艺术等核心创意经济,对培育城市宜居性、增强社会凝聚力等人文关怀层面的积极作用。然而当文化创意在城市发展中展示出其巨大经济效力时,便不可避免地与后工业时代的城市复兴乃至落后地区发展社会经济相联系。如柏林在20世纪中叶"去工业化"的道路上并没有找到促进城市繁荣以及提升城市国际竞争力的有效战略。2004年柏林第一份创意经济报告的发布,标志着柏林将创意经济提升至城市发展战略的高度,且在2006年被评为"设计之都"。创意经济在创意城市建设中的发掘与培育,无疑推动了城市经济社会文化要素及结构的重组与配置,使得创意经济在某种程度上成为创意城市的注脚。

针对这种趋势,联合国贸发组织指出:"以经济为基础的诠释,就是将对现代艺术或传统主题及其对城市提升和美化效果的注意力,转移到一种对城市创意产业发展更为创新性的(如设计)以及市场驱动的(如美食)方法上。"[1]当对经济的过于强调或者将经济上升为一种价值观时,创意城市所致力追求的人的全面发展以及人自身价值的实现,便会被财富、市场、利润和生产所取代,并最终转化为支配城市发展的价值观念。创意城市建设中所显现出的人文诉求与追求经济驱动的矛盾,在某种意义上是以何种视角审视与发展创意城市的问题。从一种较为积极的层面来说,两种关系在任何时代的城市发展中都会存在,而是否能把握住两者之间的平衡是保证社会经济文化良性发展的关键。因此,迈向创意的转型与发展绝不仅仅是城市社会经济发展模式的转变,更是涉及城市发展理念、城市发展战略以及价值观认同等诸多要素的系统性变革。

---

[1] 联合国贸发会.2010创意经济报告——创意经济:一种切实可行的发展选择[M].张晓明,意娜,等译.北京:三辰影像音库出版社,2011:14.

(2)创意城市线性替代式发展和跨越式发展的矛盾。

从世界城市的发展经验来看,第一、二、三产业逐次在城市的发展中发挥主导性作用,并造就了农业城市、工业城市和创意城市的城市发展形态。从农业城市向工业城市的转变,是第二产业代替第一产业成为城市的发展主导,以一种线性替代式的发展模式完成城市发展的转变。从理论发展的逻辑来说,创意城市是继农业城市、工业城市发展范式之后出现的新型发展范式,是城市完成工业化和现代化之后城市再发展的产物。但是在当代世界的发展中,未完成城市现代化的发展中国家在发展创意城市和创意经济方面势头强劲,其创意产品的出口额从2002年的37.87%增长至2011年的50.97%(见图3),比重已超过发达国家,显示出发展中国家旺盛的发展活力。中国、印度、泰国等发展中国家已跻身全球十大贸易顺差的国家之列,北京、孟买、清迈等城市的第三产业已成为城市发展的支柱型产业。

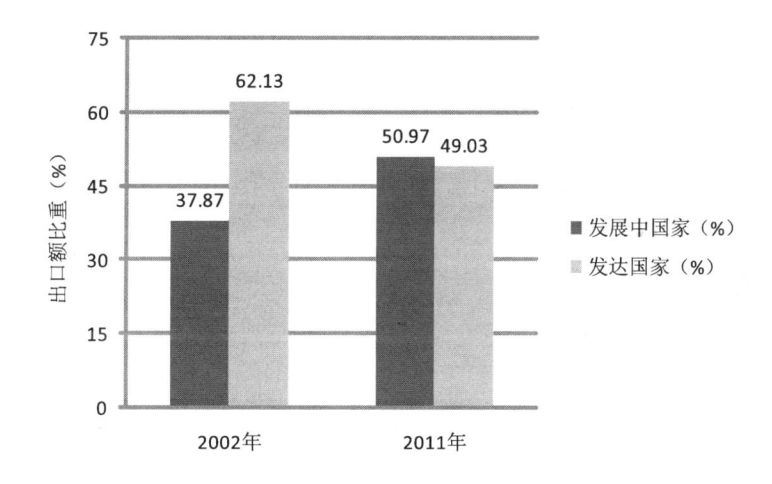

图3 发展中国家和发达国家创意产品出口额比重

发展中国家乃至一些转型国家的城市和地区在发展创意城市和创意经济层面的成就,突破了一般意义上创意城市的理论发展逻辑,即在第二产业未能或刚刚在三大产业中占有最大比重的情况下,第三产业便迅速成长起来成为国民经济的主导产业。这种非常规的发展模式被联合国教科文组织、联合国开发计划署称为"蛙跳式"发展:"当前的发展路径已经彻底不同于从一级、二级向三级行业领导型增长过渡(从采掘业和农业的'低附加值'活动开始,逐渐向价值链上端移动)的经济发展'模式'。经过工业增长的中间步骤,从农业经济向含有拥有大量信息技术和信息技术驱动型部门的服务型经济的蛙跳式过渡成为一种可能。"[1]蛙跳式发展模式在进一步突显创意城市发展多样化发展路径的同时,也体现出创意与城市、产业结合后,能够推动社会经济文化的跨越式发展。

创意城市"蛙跳式"模式出现的根源在于创意城市的发展依托的是文化资源,尤其在崇尚文化多样性的时代,落后地区或少数民族边远地区丰富和别样的文化资源为本地区创意性开发提供了坚实的资源基础。因此,只要有好的创意,就能将固态的资源转化为可以利用的文化资本,实现跨越工业化的发展之路完成城市或地区的率先变革。我国在创意产业领域呈现出东部、中部、西部的"三种阶梯和三种模式"[2],既以实践的形式验证和践行着以创意为依托的跨越式发展道路,又形成了我国多层次文化创意产业的发展结构,推动了社会经济文化的创新。

创意城市在发展与探索中呈现出的这两种矛盾,体现出创意城市本身是一个具有开放和包容性的实践活动,它既有继承历史文化传统的发展轨迹,展示人文精神,也能够通过创造性思维和行动以适应新形势下城市发展需求的路径探索,驱动城市创新发展。换言之,创意城市始终处于创造、创新与变化之中,并无终极的模式,因地制宜的特色和本土化的发展构成了城市创意的文化品格。

---

[1] 联合国教科文组织,联合国开发计划署.2013创意经济报告——拓展本土发展途径[M].意娜,等译.北京:社会科学文献出版社,2014:20-21.

[2] 金元浦.我国文化创意产业发展的三个阶梯与三种模式[J].中国地质大学学报,2010(1).

国际组织集聚对北京建设国际交往中心的现实意义

张 力

摘要：吸引国际组织落户北京，进而形成国际组织集聚区是北京成为世界一流国际化大都市进程中的重要环节，是北京建设国际交往中心的重要战略步骤，具有很强的现实意义。打造国际组织集聚区要立足于北京特色的优势基础，借鉴其他世界性城市成功经验，补齐自身短板，完善与提升适合于国际组织入驻的城市国际化品质，实现通过国际组织的广阔平台更加积极地参与国际事务，加强国际交往合作。

关键词：北京；国际交往中心；国际组织集聚

经济全球化和文化多元化的背景下，对外交往在国际关系中的作用和地位越来越突出，通过卓有成效的国际交往来提高本国国际地位和影响力，日益成为世界各国发展的战略选择。对北京"四个中心"的定位凸显出北京建设国际交往中心的重大现实意义，它关乎首都北京乃至国家在国际社会中地位的构建与树立。近年来，首都北京与世界的联系日益广泛深入，为开展对外交流与交往开辟了广阔空间，为在更高层次上迈向世界舞台提供了一系列有利条件，正处于重要的历史发展期。吸引国际组织落户北京，进而形成国际组织集聚区是北京成为世界一流国际化大都市进程中的重要环节，也是建设国际交往中心不可或缺的组成部分。

作者简介：张力，北京市社会科学院外国问题研究所副研究员。

一、加深与国际组织的联系是建设国际交往中心必然要求

当今世界对一个国家外交水平高低的衡量,对国际事务参与能力强弱的评判,非常重要的一个指标就是衡量其对国际组织的参与程度和影响力。国际组织具有立场中立的优势,对国际规范、国际标准和国际公约的确立具有积极的推动意义,国际组织在处理国际关系的经验和知识对中国发展极具启迪和价值,中国需要借助国际组织向国际社会传播表达中国故事、中国理念,与国际开展广泛合作,促进中国与世界的沟通与理解。

从历史上来看,新中国成立以后中国与国际组织的关系经历了一个从置身其外到逐渐参与其中的发展过程:新中国成立后约二十年时间里,中国与一些国际组织如联合国专门机构以及其他重要政府间国际组织建立了联系,但由于中国自身对外政策的不成熟,以及美国的阻挠等因素,中国与重要国际组织的关系没有全面恢复,在与国际组织打交道方面欠缺经验,尚不成熟。20世纪70年代,中国开始与以联合国为中心的国际政治类组织建立关系,但是与国际经济、贸易、文化组织的联系还比较少。[1]自1978年开始,中国与国际组织的关系进入全新发展时期,从中国参与国际组织的广度与深度上来看,都远远超过前两个时期。除了在国际政治组织中保持活跃外,同时建立与国际经济贸易组织、金融机构的关系,并开始积极推动国际文化交流往来事务,在国际科学组织中的活动也表现积极。此外,中国开始参加联合国裁军谈判会议,特别是在1990年以后,中国支持和签署了一系列有关裁军和不扩散大规模杀伤性武器方面的文件,在国际社会赢得广泛赞誉。随着中国发展与世界发展越来越密不可分,国际组织在其中起到的独特作用将会越来越凸显出来。中国作为发展中的大国对全球发展有着举足轻重的作用,全球发展需要中国主动提供思路与建议,中国需要调整其对全球发展议程设

---

[1] WANG Y Z.Construction within contradiction:multiple perspectives on the relationship between China and international organizations[M].Beijing:China Development Publishing House, 2003:25.

置的消极态度,成为全球发展事务规则的制定者之一。中国可以通过国际组织平台争取国际议题话语权,进而参与设置全球性发展议题,以此加强中国在国际社会中的声音与话语权,从而改变中国在全球发展议程设置上的被动受引领的地位。目前,国际社会正在紧锣密鼓地规划"2015年后发展议程",以补充或取代于2015年到期的千年发展目标。据统计,有120个国家的5000多家公民社会组织,30个国家的250家公司,以及大量非政府组织、公民社会运动、学者专家等参与了联合国的专题咨询行动。❶中国需要积极重视和参与国际社会对"2015年后议程"的讨论,积极明确地发出自己的声音,重视议程战略的长远规划,充分借助国际组织参与议程设置,争取公平的国际利益空间,以中国减贫和可持续发展为主要内容引领国际议程设置,推动新型全球发展伙伴关系的建立。同时,中国通过深度参与国际组织学习并积累经验,把中国的发展理念融入国际社会发展规则的制定中,从而在未来的全球可持续发展中做出自己的独特贡献。

结合目前北京城市发展形势来看,建立与国际组织的密切联系是北京建设国际交往中心的重要内容。全球化发展、经济一体化促使国际关系走向更加密切,处于发展关键时期的中国需要融入世界体系之中,这一世界发展潮流促使中国日益重视参与国际组织活动,不论是广度还是深度都较之以往取得新的突破。但是,中国重视国际组织在外交与国际关系中的重要作用发展时间不算长,参加的国际组织的数目有限,话语权有限,重要国际组织落户中国的数量少,在国际组织中的影响力有限,与西方大国相比,差距仍然明显。❷因此,作为首都的北京在建设国际交往中心的过程中,要将吸引国际组织落户北京,作为主要工作之一来对待,借助国际组织增加对外交往与合作的广度与深度,发挥更大的国际影响力,参与建立公平、正义、合理的国际政治经济新秩序,以维护和争取国家利益,同时对内促进与带动国内经济社会各方面建设。

---

❶ A new global partnership:eradicate poverty and transform economic through sustain able development:the report of the high-level panel of eminent persons on the post-2015 development agenda[R].Geneva:United Nations,2013.

❷ 杨泽伟.联合国改革的国际法问题研究[M].武汉:武汉大学出版社,2009:337.

二、国际组织集聚对于北京城市建设的推动作用

世界性国际大都市的一个重要特征是拥有活跃的国际组织和非政府组织,极大地促进了城市发展和城市全球影响力的提升。国际组织是成员国之间发生联系、达成共识、形成合作的重要平台,具有推动成员国在各领域增强合作、扩大影响的媒介作用。根据《国际组织年鉴》2012~2013年的数据,在全球已经有超过66000多个分布在300多个国家中的国际组织,而这一数据还在以每年新增1200个国际组织的速度增长。北京吸引国际组织落户并发展国际组织集聚区,可以作为中国加强参与国际组织活动引领国际事务的核心平台,中国可以通过国际组织向其他发展中国家共享中国的发展理念。总的来讲,国际组织集聚对城市建设国际化的积极意义主要体现为以下几方面。

(1)国际组织及其非政府组织落户能吸引大量外资投入,推动城市经济发展。随之而来的会展经济发展为城市带来丰厚的经济效益,同时有效拉动城市及其周边地区的旅游业、餐饮业、娱乐业等第三产业的发展,为市民提供就业机会和收入来源。国际组织集聚驻扎的纽约发展经验充分印证了这一点。纽约是联合国及其下属组织机构集聚的国际化大都市,根据纽约市经济发展部门统计,2010年纽约市国际组织中非政府组织或非营利性组织创造了整个城市GDP的11.5%,收入超过480亿美元,远远超过同期纽约制造业的收入。纽约市政府曾调查得出结论:纽约为联合国每投入1美元即可获得4美元的收益。1990年至2000年,纽约国际组织等非营利性组织的职位需求增长了25%,而其他行业仅是4%。同时,国际组织等非营利性组织的采购还间接为纽约市提供了约20万份工作机会。❶

(2)打造国际组织集聚区有利于提升北京城市人文环境,塑造世界性国际都市形象。国际组织是向世界展示现代北京的平台,国际组织的存在与影响力是对城市综合水平与文化内涵的很好诠释与注脚。围绕国际组织在城市的落户与日常工作开展,将会与城市发展的各个方面发生联系,

---
❶ 李培广,等.国际组织落户纽约对北京城市发展的启发[J].中国市场,2012(33).

包括社会公共服务、文化设施建设、文物管理和保护、城市文化生活以及市民文化活动等各个方面,由此带动城市人文环境的提升和城市形象的优化,客观上从各个方面、各个渠道对城市的社会经济、人文风俗、历史风物做了传播与推介,从而在更广泛的国际社会范围内树立城市形象,扩大城市影响力与知名度。

(3)国际组织集聚会为北京为中国开展更多国际合作提供宽广空间。目前,联合国等国际组织已经是中国开展国家发展合作的重要伙伴,中国与联合国开发计划署、粮食计划署、儿童基金会、人口基金会、国际粮农组织、世界卫生组织等已经建立起密切的工作关系,参与全球事务、促进全球发展、共同应对全球挑战。国际组织集聚北京更有利于与各类国际组织合作,并设立长效合作机制,参与全球性发展议题,有更多机会向世界提出中国创新性的发展建议与思路。

(4)汇聚全球高端资源,推动城市国际化品质提升。随着国际组织相关国际交流合作活动的开展、国际会议会展的频繁召开,国际组织集聚会带来全球在经济、科技、文化艺术等各个领域的前沿信息,同时促进国际高级人才往来,聚合世界各种高端资源,吸引世界范围内的注意力,这些对于城市持续发展来说是巨大的推动力和优势条件。

三、打造国际组织集聚区是北京国际化发展的重要举措

从国际组织在全球的格局来看,由于政治、经济和历史等原因,第一批国际组织集聚城市主要是纽约、巴黎、日内瓦和维也纳等欧美城市。二战以后,作为反殖民运动和民族独立运动的成果之一,国际组织开始入驻亚非拉发展中国家。曼谷、马尼拉、新加坡等陆续成为区域性的国际组织集聚地。当前,随着信息全球化潮流的迅猛发展,国际组织进入了快速扩容的发展期。作为全球经济中最具有活力和潜能的亚太地区对国际组织极具吸引力,尤其是中国改革开放后综合国力上升,对世界经济所具有的影响力日益明显,许多国际组织开始考虑借重中国发展的潜力实现其新一轮的发展。

对于北京而言,在建设国际交往中心过程中突出国际组织入驻的重要性,是鉴于国际组织在全球政治、经济、社会、文化等国际事务中的重要角色,其深刻地影响国际关系的形成和趋势,在全球化背景下更加显现出引领和影响世界政治、经济、社会、文化、环境等诸多领域发展方向的作用。吸引国际组织入驻不仅能极大助推城市国际化水平的能级提升,成为外交战略的重要组成部分和有效载体,而且对扩大国际影响力产生深远影响,因此世界各大城市争相吸引国际组织落户,作为推动城市发展的重要举措,它们的成功之处对于北京而言具有启示意义。北京建设国际交往中心要抱有开放包容的眼光,善于发挥优势,善于学习吸纳,积极吸引国际组织落户北京,加强国际交往中心建设。

基于这样的思路,北京已经开始着力打造国际组织集聚区,将会为北京面向国际化大都市发展起到关键的助推作用。北京国际组织集聚区位于通州,规划面积为8平方公里,以承载世界城市部分国际功能为主要发展方向,打造国际组织活动聚集之都,提升城市的国际化和全球化水平。国际组织集聚区定位是以亚太国际组织和国际非政府组织为核心的综合功能区,作为"亚太国际组织总部"和"国际非政府组织"的发展基地,是北京市建设世界城市的重要功能区。重点吸引知名国际组织和机构入驻,全面承接高层次国际会议和大型活动,铸就国际交流与合作的强力平台,加快推进北京城市国际交流与合作,加强社会领域的交流与合作,提高北京国际交往能力。目前,针对国际组织集聚区及周边规划建设,通过现状调研分析已完成国际组织集聚区的前期规划研究及设计工作,将形成"一轴"(文化产业发展轴)、"双核"(亚太国际组织集聚区、国际非政府组织集聚区)、"两带"(传媒休闲景观带、运河生态涵养带)、"五区"(亚太国际组织集聚区、国际非政府组织集聚区、工业文化创意区、高端商贸服务区、滨河居住区)的空间结构。❶

---

❶ 北京通州国际组织集聚区前期规划初步完成[EB/OL].(2014-02-10)[2016-01-25]. www.chinanews.com.cn.

四、从实处着力促进北京国际组织集聚区的形成

建设国际组织集聚区是一个长期的系统工程,不是一蹴而就的事情。①吸引国际组织入驻北京要进行精准的发展定位,那些在吸引国际组织入驻拥有成功经验的世界性大城市无一不是充分结合与发挥自身资源优势和发展潜能,并在此基础上与国际组织达成一致性目标,从而实现双赢。因此,北京吸引国际组织首先要明确厘清目标定位、路径,充分利用北京的领先优势和国际知名度,选择重点目标国际组织作为突破口,循序渐进,推动各层次的国际组织总部或机构落户北京。②吸引国际组织入驻北京,还需要制定长期的战略规划,并形成相应法律条文,从而为国际组织入驻战略的长期性与稳定性提供法律保障,确保国际组织实现目标的持续和稳定。③优质的城市整体环境对国际组织来说也是重要的吸引力,加强北京城市基础条件的建设,包括硬件设施、生态环境、便利交通、治安秩序以及综合服务等,都是增强对国际组织吸引力的重要工作内容。④要加强与中央相关部门的沟通,积极争取政策支持,建立与中央相关部门高效的合作机制,使得北京吸引国际组织落户打造国际组织集聚区服务于北京城市建设与服务于国家总体战略目标高度统一。

总之,面对激烈的国际竞争,北京要充分借鉴和吸收其他世界大城市的成功经验,利用和发挥首都独特优势,紧紧围绕建设国际交往中心的目标,持续提升北京城市的国际化品质和能级水平,增强城市文化软实力建设,为吸引国际组织集聚创造良好的城市大环境。

专栏三：跨国公司

专栏三:跨国公司

经济新常态下北京地区跨国公司发展现状及未来趋势

郑嘉伟　董艳玲

摘要:在全球化发展的今天,中国经济已经与世界经济紧密相连,跨国公司成为中国经济发展的重要组成部分。本文通过梳理在经济新常态下跨国公司在北京地区的新机遇,发现北京地区跨国公司呈现出投资增长速度较快、双向开放、业绩分化等运营特点,在未来供给侧改革的背景下,跨国公司通过合作共赢将会遇到结构性机遇,同时对于加速北京地区经济转型和结构升级具有重要的实践意义。

关键词:跨国公司;经济新常态;合作共赢

改革开放三十多年来,中国经济取得了举世瞩目的成就。中国国民经济和社会生活发生了翻天覆地的变化,带动了整个国家综合国力的快速提升。中国稳定的市场环境和巨大的经济发展潜力,吸引着一批又一批跨国公司纷至沓来。在步入新常态的宏观经济背景下,中国经济正从高速增长转向中高速增长;发展方式正从规模速度型增长向质量效率型转变;经济结构正从需求侧扩张向供给侧改革转变;经济发展动力正从依靠投资、进出口拉动型向创新型动力机制转变。在这种经济新常态的宏观背景下,跨国公司的发展呈现出新的发展态势。根据联合国贸易组织公布的全球跨境投资数据可知,2014年中国已经超越美国成为世界上吸收外商直接投资

作者简介:郑嘉伟,中共中央党校研究生院博士研究生。董艳玲,中共中央党校经济学教研部教授。

最多的国家。根据统计局最新数据,北京地区2014年实际利用外商直接投资90.4亿美元,同比增长6.1%;2015年1~9月,全市实际利用外商直接投资123.7亿美元,同比增长57.3%。由此可见,随着经济转轨和结构调整,北京地区正在步入外资高水平"引进来"阶段。尤其在京津冀一体化带动作用下,北京聚集的世界500强企业在全球城市中排名第一,累计跨国公司总部企业和研发机构762家,新增世界500强企业投资项目19个,累计世界500强企业在京投资项目698个。❶众所周知,跨国公司是推动世界经济一体化和全球化的重要力量,贸易总量占世界贸易额的70%左右。长期以来,跨国公司凭借其先进的技术优势和管理理念,在中国的经营发展取得了极大的成功,同时跨国公司也为中国经济转型升级注入了新的发展动力。近些年,随着北京市经济发展呈现出产业高端化、布局集聚化、企业总部化、业态融合化等特点,消费和现代服务业已经成为拉动首都经济的主要动力。跨国公司一方面凭借其经济实力和管理水平,促进了北京地区产业结构的转型升级,带动了地区经济发展方式的转变;另一方面也增加了北京地区就业机会和地区财政收入,提高了劳动力素质。总之,跨国公司对北京地区经济发展带来了积极影响。在经济新常态和京津冀一体化背景下,大量新的机遇不断涌现。那么未来跨国公司在北京将会迎来哪些新的重大机遇呢?

一、新常态为北京地区跨国公司提供新机遇

中国经济新常态为北京地区跨国公司提供了以下几方面新机遇。

(一)市场转型升级的机遇

当前,跨国公司已经和国有企业、民营经济一样成为北京地区经济发展的重要组成部分。跨国公司过去所看重的中国的比较优势——低成本劳动力优势正在快速丧失,而新的比较优势正在形成。一是人力资本优

---

❶闫立刚.稳中求进 提质增效 加快培育新常态下商务发展新优势[EB/OL].(2015-03-31)[2016-01-23].http://www.bjmbc.gov.cn/zwgk/fzgh/ndgh/201503/t20150331_67278.html.

势明显。北京地区有84所普通高校,其中24所属于"211"高校,占比达28.57%,全国排名第一。数据显示,2014年,北京地区高校应届大学生毕业总量为23万人,其中研究生7.9万人,本科生11.5万人,本科及以上毕业生占总量的84.3%,但是与发达国家相比,相同劳动力素质的成本要远远低于其平均水平,这一人力资本优势吸引越来越多的跨国公司加速向北京地区转移研发等创新活动。二是产业集群优势明显。北京已经初步形成两个国家级和六个市级产业转型升级示范基地,其中最早也是目前规模最大的是中关村丰台科技园,形成一个集办公、科研、中试、产业于一体的企业总部集群基地。它吸纳约500家大型企业,约2000家中小型企业的总部入驻,具有知识要素投入密集、增值度高、附加值高等特点。随着北京地区服务性消费比重日益提升,对经济增长的贡献逐步加大,北京地区通过支持商务服务业集聚区发展,升级改造商务楼宇公共服务平台,引导商务楼宇走品牌化发展之路,实现商务服务业的集聚发展。三是基础设施建设进一步优化。通过加强整体规划,2015年北京轨道交通总里程达666公里,航空和铁路客货流量位居全国第一,信息基础设施建设进一步加强,城市建设的信息化、智能化水平得到了提高,有助于科技研发和技术创新。

(二)市场规模持续扩大的机遇

改革开放以来,我国已经超过日本成为世界第二大经济体,2014年底GDP规模超过10万美元,是日本的两倍。我国已经从潜在大市场变为真实的庞大市场。2014年底,北京地区人均GDP已经超过1.6万美元,赶上中等发达国家水平。虽然经济增速从高速变为中高速,但是2015年前三季度北京地区依靠第三产业拉动依然保持了6.7%的较快经济增长速度,经济增量前三季度超过1000亿元。对于跨国公司来说,市场机遇不仅源于规模的扩张,更是源于需求结构快速升级。北京地区人均收入的提高对消费结构升级产生了新的需求。据统计2015年1~10月,北京实现市场消费总额1.5万亿元,与上年同期相比增长8.2%,增速比上半年提升0.9个百分点,服务性消费成为拉动地区经济增长的重要力量,在更多优质的信息、医疗、文化、金融等服务产品方面消费比重较高,跨国公司在这些领域具有一定优势。供给侧改革带来的结构性机遇不仅表现在消费领域,而且表现在投资领域。例如,在绿色发展方面,北京在治理雾霾污染等方面将产生巨大的环保设备、技术与服务需求。因此,跨国公司不仅面临着巨大的市场规模,同时供给侧改革带来的结构变化也间蕴含着大量新机遇。

(三)投资环境不断改善的机遇

党的十八届三中全面提出市场在资源配置中起决定性作用,十八届四中全会提出全面推进依法治国的重大部署,"十三五"规划建议指出完善对外开放战略布局。我国正在主动与国际规则接轨,通过改善制度环境、法律环境、政策环境,加快对外贸易优化升级,完善对外开放区域布局。我国将对外商投资实行准入前国民待遇加负面清单的管理方式,目前正在积极推进的双边投资协定、自贸区设立进一步推动了跨国公司跨境投资的自由化和便利化。在中央全面深化改革领导小组第十六次会议上,习近平总书记提出:"完善产权保护、信用体系等方面的法律制度,着力营造法治化、国际化的营商环境。"

我国正在逐步有序实现人民币资本项目可兑换,人民币加入特别提款权(SDR),使得人民币成为可兑换、可自由使用的货币。通过转变外汇管理和使用方式,放宽境外投资汇兑限制,放宽企业和个人外汇管理要求,放宽跨国公司资金境外运作限制。北京地区颁布了《关于鼓励跨国公司在京设立地区总部的若干规定》,鼓励跨国公司在北京设立研发机构、投资公司、财务公司等,在税法规定的再投资退税基础上实现一定比例的税收返还,对跨国公司地区在京总部免征地方所得税等政策,为跨国公司在北京发展提供良好的制度环境。

二、北京地区跨国公司2015年运营特点分析

北京地区跨国公司2015年呈现出投资增长速度较快、双向开放、业绩分化等运营特点。

专栏三：跨国公司

（一）投资增长速度较快

根据北京市商务局最新统计数据，2015年前三季度北京市实际利用外商直接投资123.7亿美元，同比增长57.3%，已经远远超过2014年全年投资规模。可见跨国公司在北京的运行与整体宏观经济发展有着较强的逆周期性，跨国公司已经开始适应经济新常态，在北京地区的投资意愿正在逐步增强。面对中国消费者的旺盛需求，跨国公司正在调整战略，将中国市场作为本轮经济复苏优先扩张的市场。根据统计，2014年底，北京地区累计注册跨国公司总部企业和研发机构762家。在跨国公司投资结构方面，北京与中国总体引资的特点完全不同，全国在吸引跨国公司投资方面，制造业占了70%以上的份额，而2014年全年北京服务业利用外资近80亿美元，占全年跨国公司投资规模比重超过80%，可见北京吸引跨国公司投资最主要领域是第三产业，现代服务业吸引跨国公司投资发展迅速。例如，北京商务局围绕城市功能定位和产业调整、升级方向，引导跨国公司投资投向以商务服务、信息服务、科技服务、金融服务、物流服务为主的生产性服务业和创意设计、动漫、游戏等文化创意产业。

（二）跨国公司实现双向开放

"十三五"规划建议指出："推进双向开放，促进国内国际要素有序流动、资源高效配置、市场深度融合。"北京地区充分利用国内国际两个市场、两种资源的开放，实现了跨国公司发展双向投资，既促进了跨国公司在北京地区的发展，又增强了本土跨国公司在国际市场上的竞争力。例如，北京地区2014年底实际利用外商投资90.4亿美元，增长6.1%，服务业利用外资占87.7%，投资型总部、金融租赁、科技研发项目实际利用外资快速增长，生活性服务业利用外资活跃。同时境内企业到海外直接投资完成54.6亿美元，增长77.6%。[1]"双自主"企业开拓国际市场能力持续增强[2]，企业总数突破1000家，出口额84.2亿美元，跨国公司的双向开放使得北京地区的开放型经济结构持续优化，其中保险、金融、电信等新兴领域占服务贸易出口总额的61.9%，技术进出口额增长56.5%。

(三)跨国公司业绩出现分化

从跨国公司财务报表可以看出，周期性行业的跨国公司业绩环比转差，尤其是工程机械行业的跨国公司业绩继续恶化，电气设备和自动化行业的跨国公司有所放缓，能源行业的跨国公司业绩继续下行，房地产投资的下降对以建筑为下游需求的跨国公司业绩的影响也开始显现。例如，爱默生电气中国区2014年底收入增长7%。预计2015年整个财年中国区增长将放缓到5%附近；近期中国急剧下跌的房价和煤价带来的工程机械需求的下降，完全抵消了铁路等公共基础设施建设带来的需求上升，因此小松中国区收入的预期，由原来的1690亿日元下调23%至1300亿日元，隐含年度收入同比下降19.8%；西门子中国区业绩是分化的，城市基础设施部分持续强劲，工业自动化领域比较稳定，医疗设备中的诊断仪器保持增长；罗克韦尔自动化中国区2014财年收入增长6%，其他下游需求部门中，金属行业因产能过剩，持续低迷。但是电商、旅游、文化、医药等行业的跨国公司业绩保持了强劲的增长，尤其是医药行业的跨国公司业绩依然保持双位数增长。如，特斯拉表示正在积极与中国政府商议，中国市场上依然面临基础设施铺设追不上消费者需求的问题；杜邦中国区销量增长8%，收入增长5%，贡献了新兴亚洲地区一半的增长；欧莱雅中国区销售前9个月同比增长8%；雅诗兰黛受高端市场竞争加剧、促销增多影响，中国区净销售小幅下滑，但零售销售增长5%；Burberry在公布2015财年上半年(4~9月)完整

---

[1] 闫立刚.稳中求进 提质增效 加快培育新常态下商务发展新优势[EB/OL].(2015-03-31)[2016-01-23].http://www.bjmbc.gov.cn/zwgk/fzgh/ndgh/201503/t20150331_67278.html.

[2] "双自主"企业是指拥有自主品牌和自主知识产权的企业，即拥有国内及出口市场(含我国港、澳、台地区)注册商标以及拥有国内及出口市场专利(包括发明专利、实用新型和外观设计专利等)的企业。

业绩时表示天猫 Burberry 旗舰店的销售远远超过公司的中国官网;拍卖行苏富比披露今年以来,来自大中华地区客户的艺术品拍卖额同比增长48%;时尚手表品牌 Fossil 本季度中国区销售增长双位数,同店增长也为正;星巴克在中国门店总数接近1500家,新开门店的销售额都能超过公司开店前做成的第一年计划,公司的移动 App 和星享俱乐部受到愈来愈多中国消费者喜爱,因此中国区同店增长远超亚太区平均水平;迪士尼表示,上海迪士尼乐园是公司历史上很长时间以来最好的国际发展机遇,园区规模、创新程度和质量都是一流的,2016年乐园开业将刺激衍生消费品的需求,此外迪士尼预计未来几年中国将赶超美国成为全球第一大电影市场,公司旗下迪士尼、皮克斯、惊奇等制片企业推出的电影将在中国有不俗的票房。❶

三、北京地区跨国公司未来发展趋势:机遇大于挑战

2015年中国宏观经济最为鲜明的一个特点是结束了自改革开放以来长达三十多年年均10%的高速增长,经济开始步入新常态。尤其经济增速在第三季度为6.9%,是2010年经济结构调整以来首次跌破7%。拉动经济的"三驾马车"中投资、进出口对经济的拉动效应进一步下滑。中国宏观经济在产能过剩、成本过高、债务过重"三座大山"的压力下,自2010年一季度以来已经连续23个季度出现下滑。在这样的宏观经济背景下,习近平总书记在2015年11月10日中央财经领导小组会议上首次提出了供给侧改革:"要解决世界经济深层次问题,单纯靠货币刺激政策是不够的,必须下决心在推进经济结构性改革方面做更大努力,使供给体系更适应需求结构的变化","在适度扩大总需求的同时,着力加强供给侧结构性改革,着力提高供给体系质量和效率,增强经济持续增长动力"。并且九天时间内中央连续四次提及"供给侧改革"。多年来,我们主要依靠财税和货币政策来拉动"三驾马车"刺激经济增长,特别是过度依赖投资实现经济的稳增长,但是中国经济发展中多年累积下来的结构性问题,需要通过供给侧改革最大限度地优化劳动、土地、资本、技术等生产要素的配置,通过提高全要素生

---

❶ 中金公司研究部.跨国公司业绩继续恶化[R].北京:中金公司,2014.

产率(TFP),提高潜在产出水平,以保证中国经济的长期健康增长。"十三五"期间,供给侧改革涉及的内容较多,包括金融改革、国企改革、去库存去产能、财税改革、土地政策等方面,从而有效化解过剩产能和房地产库存,降低企业生产成本,化解金融风险。北京市委市政府将进一步通过扩展国内国际两个市场的发展空间,发挥协同效应,促进国内国际生产要素有序流动、资源高效配置、两个市场深度融合,提高对外开放水平。对于北京地区的跨国公司总的来说,机遇大于挑战。

(一)高端引领实现跨国公司产业结构进一步优化

与北京的开放性政策相吻合的是跨国公司的快速发展,同时伴随跨国公司而来的还有技术、管理等国外先进理念。这些先进的生产技术和管理理念及其扩散效应和示范效应,促进了北京利用跨国公司的技术进步和劳动生产率提高,从而促进了产业结构转型升级。但是与工业制成品相比,我国存在着较为严重的服务业供给乏力,尤其在教育、医疗、金融、旅游等领域,一方面部分工业制成品产能过剩,另一方面大批消费者源源不断地跑到国外旅游和消费。究其缘由,这跟国内服务业供给侧的乏力有关。据统计,2015年全年中国出境游(不含港澳)人次将达到6000万人次,已经成为全球海外游客中数量最大并且消费最高的群体。为解决我国服务业供求的结构性矛盾,"十三五"期间北京应该重点通过跨国公司引领全市以及京津冀地区产业机构优化升级,有选择地吸引一批跨国公司,通过分工细化、协作紧密化,促进信息技术向教育、医疗、金融、旅游、生物制药等环节渗透,推动生产方式向柔性、智能、精细转变,从而在供给端满足广大群众的潜在需求。

(二)跨国公司的协调机制与配套服务进一步完善

建立服务型政府是未来北京市政府转型的发展方向,通过构建跨国公司的协调机制与配套服务,是北京地区跨国公司经济发展的基础条件。面对"京津冀"一体化和"一带一路"的布局与工作,将会涉及国家部委、省市相关部门以及取现和相关功能区的对接协作工作,有必要建立跨国公司协调机制,强化政府的整体统筹能力,提高服务便利化程度,共同推进全市对外开放水平和跨国公司的发展。在全面落实北京市吸引跨国公司地区总部政策的前提下,进一步完善对外经贸政策,提高政府服务意识,健全跨国公司配套服务保障。在供给侧改革思想指导下,地方政府需要进一步推进行政审批制度改革,优化审批服务流程,提高便利化水平,加强跨国公司运行情况的监控,搭建基础信息服务平台,完善国际物流体系,服务首都开放型经济。

(三)北京地区国际化市场更趋成熟

随着市场化改革的深化,垄断部门的市场化改革将成为今后北京地区经济体制改革的一项重要内容。为了适应对外开放和经济结构调整的需要,应当逐步减少垄断行业的市场准入限制,吸引跨国公司投资促进垄断行业的改革和升级。允许跨国公司投资于金融、保险、证券、旅游、能源生产与供应、交通设施建设、环保等领域,这样可以充分利用跨国公司资金发展基础产业和社会基础设施。充分利用优势发展总部经济,推动跨国公司经济集聚效应,鼓励"北京服务""北京创造"品牌企业设立境外企业(机构)、投资办厂;利用服务贸易发展契机,积极推进企业并购等工作,树立"北京服务"品牌,组建国际化服务联盟,抓住"走出去"机遇,提高跨国投资经营能力和合作,拓展"北京服务""北京创造"国际市场空间,使得北京地区国际化市场更趋成熟,加速北京地区跨国公司服务业企业聚集,形成高端服务业的发展高地,提升全产业链的服务能力。在北京地区国际化市场更趋成熟的条件下,重点推动跨国公司高端人才的培养和优化聚集,为跨国公司发展提供人力资源保障。

在全球经济增长乏力的背景下,中国供给侧改革大幕正在徐徐拉开,政府通过优化产业结构、结构性减税、简政放权、大力推进创新、提升人力资本、加大对外开放力度等方面推进供给侧改革,寻求稳健均衡的中高速增长。跨国公司在关注中国宏观经济运行的同时,要善于抓住新常态下的新机遇,调整策略和布局,实现与北京地区经济的共赢发展。

跨国公司投资与区域经济发展问题研究

郭 威 王立峰

摘要：本文研究对象是跨国公司投资对区域经济发展的影响，研究目的是通过分析跨国公司投资对区域经济发展的宏微观效应以及不同国家的区域经济发展的具体实践，分析其对区域发展的影响机制和效果，进而总结出可供借鉴的实践经验，最后，根据国外经验实践为北京发展提供建议，使得跨国公司投资更好地促进北京市的经济发展。

关键词：跨国公司投资；区域经济发展；机制效果

跨国公司的产生和发展已有数百年的历史，跨国公司的数量和规模也在发展的过程中不断地壮大，同时带动资本、技术、人才等生产要素在全球范围内加速流动，推动着全球化的进程。不管对于跨国公司的母国还是东道国来说，跨国公司的发展都为其带来了丰厚的利润和宝贵的理论经验，了解跨国公司的发展过程和相关理论对更好地发展和吸引跨国公司有重要的意义。

一、跨国公司投资与区域经济发展的理论基础

"跨国公司"这一词语最早是由美国发展和资源公司董事长利连撒尔

作者简介：郭威，中共中央党校经济学教研部副教授。王立峰，中共中央党校研究生院博士研究生。

(David E. Lilien-Thal)在20世纪50年代末提出。著名的跨国公司研究专家约翰·邓宁将其定义为：从事对外直接投资并在多个国家拥有或控制着从事增值活动企业的机构。第二次世界大战以来，国际环境相对和平稳定，跨国公司得以迅速发展，在国际舞台上扮演着越来越重要的角色。跨国公司的发展，在很大程度上重塑了人类的生产和经营方式，极大地促进了资本、技术和知识等生产要素在全球范围的自由流动，不仅为发达国家开辟了更广阔的市场，赚取了更多利润，也为发展中国家的发展注入了新的增长动力、促进了技术进步和产业结构的转换升级。

(一)跨国公司投资的历史演化及进展

跨国公司最早产生于19世纪，随着新航线和新大陆的发现，国际商业活动范围得到了极大的扩展。工业革命以后，蒸汽机的发明使得机器化大生产得以广泛应用，许多公司为了寻找更为廉价的原料和更为广阔的市场，开始在海外进行投资，催生了现代跨国公司的雏形。

跨国公司投资的发展过程可以分为三个阶段，包括第一次世界大战以前的萌芽阶段、两次世界大战之间的成长阶段以及第二次世界大战至今的繁荣阶段。

(1)萌芽阶段。第一次世界大战之前从事跨国经营的企业数量很少，投资额度也不大，主要集中在采矿、铁路和制造业领域。1856年，英国正式颁布了股份公司条例，随后一批股份公司开始出现，这标志对世界产生重要影响的资本主义现代企业问世了。工业革命以后，机器大生产得以被广泛使用，那些股份公司为了追求更廉价的原料和更广阔市场，开始把经营的范围延伸到海外，这催生了现代跨国公司的雏形。

(2)成长阶段。在两次世界大战期间，跨国公司数量有了很大的增长，是一战前的两倍。据联合国原跨国公司数据统计，在此期间，西方国家有超过1400家的企业进行了对外直接投资。但由于美国经济危机的影响和第二次世界大战的爆发，跨国公司的发展速度受到很大影响。

(3)繁荣阶段。二战以后，整体国际环境较为稳定，随着科学技术的迅猛发展和经济合作的日益密切，跨国公司得以迅猛发展。据世界投资报告数据,2007年全球直接外资流量达到1.9万亿美元,为历史最高值。2011年跨国公司的外国子公司聘用了69000万名员工,创造销售额28万亿美元,增殖7万亿美元。

20世纪90年代以来,世界政治经济格局发展势态良好,新的科学技术创新不断涌现,跨国公司发展也呈现出新的发展趋势。在20世纪80年代,多元化经营是跨国公司典型特征,而这些年来,跨国公司经营方式更趋专业化,把经营的方向放在了产业价值链核心环节,更加强调核心竞争力。为了能够迅速打开国外市场,充分利用国外企业生产、渠道等优势,跨国并购已成为跨国公司对外直接投资的一种常见方式。在具体经营过程中,跨国公司经营方式也日趋当地化,更加本土化。随着互联网等现代技术的发展,跨国公司管理体系更加扁平化和小型化,其跨国化程度也在不断提高。同时,信息技术的发展也推动着一些制造业跨国公司向第三产业和技术密集型行业转变。经济全球化和市场化的发展也为发展中国家带来发展机遇,一些发展中国家的跨国公司也开始走向国际舞台,并在世界经济格局中发挥着越来越重要的作用。

(二)跨国公司投资与区域经济发展的相关理论

对跨国公司自身而言,赚取更多利润是其不断扩张的根源和动力,跨国公司在全球范围内已经无处不在。在跨国公司赚取利润的过程中,东道国也会获得正的外部性,跨国公司的发展也为东道国区域经济发展提供重要的发展契机,不仅为东道国带来直接的投资和就业人口的增加,而且间接地促进了该地区的技术进步和产业升级等一系列关联因素的积极改善。

(1)资产累积和改善效应。

跨国公司一般会采取新建和并购等方式在东道国进行直接投资。跨国公司在东道国建立新企业,增加了其固定资产存量。跨国公司通过并购、入股等方式参与东道国现有企业的经营与管理,改善其资产结构,提高资产质量,提高了企业的竞争力。

(2)技术溢出效应。

技术溢出效应就是指跨国公司通过对外直接投资内部化实现其技术转

移,从而带来东道国的技术进步,促使其生产率的提高。这种技术转移行为会为东道国带来外部经济,技术溢出效应会给东道国带来要素生产率的提高、组织创新、管理水平提高等一系列变化。吸引跨国公司对其投资,这是东道国用以获取技术和提高生产力的重要途径。

(3)产业效应理论。

外国直接投资会为东道国传递先进的生产技术,通过前向和后向关联效应,进而会推动该国产业结构优化和升级。跨国公司生产过程中,通过后向效应提高其上游产品的技术和生产水品,也通过前向效应提高了其下游产品的技术标准,进而促进了东道国整体行业的技术进步和产业升级。

(4)总部经济理论。

跨国公司地区总部具有很强的外部效应,各种要素资源在一个地区的集聚,必然会给该地区带来诸如税收、产业升级以及就业等一系列的集聚效应。此外,与其他城市相比,地区总部集中的城市会更加突显区位优势,这种优势会不断吸引更多的人才、资本等生产要素向该城市流动。随着各种优势资源和要素的流入,该城市会更加具有竞争力,这就又会吸引一些跨国公司来此设立地区总部,从而形成良性循环的发展态势。

跨国公司在为其自身追逐丰厚的利润的同时,也极大地促进了东道国地区的经济发展,不仅体现在宏观层面,而且在微观层面上也对该国产生重要影响。

二、跨国公司投资的区域经济效应分析

跨国公司是经济全球化的产物,跨国公司的发展为世界经济发展注入了新的活力,加速了生产要素和产品全球自由流动。对东道国来讲,跨国公司的设立为其带来了新的发展机遇,先进的管理经验、经营理念和生产技术带来技术进步和产业结构升级,从而促进该国的经济发展。

(一)跨国公司投资的宏观经济效应

从宏观方面来看,跨国公司的发展加速了该国的资本集聚,通过投资

乘数放大了投资效应,促进了该国产业结构的优化提升,增加了就业人口数量和质量。

(1)资本集聚与乘数效应。

从投入要素看,资本是促进经济增长的最重要的生产要素之一,资本的数量以及资本集聚程度的高低,在一定程度上决定着经济增长速度的高低,对发展中国家来说更是如此。改革开放初期,中国农村存在着大量的剩余劳动力,但急缺资本,如果只依赖本国资本,很难取得经济的快速发展。跨国公司通过直接建厂的方式为东道国增加资本投资,增加东道国资本流量,形成资本积累,扩大资本规模,促进经济发展。跨国公司也可以通过并购入股的方式,改善东道国企业资产结构,盘活企业资本存量,提高企业经营实力,增强了企业的市场竞争力,进而使企业能够赚取更多利润用于资本积累和扩大再生产。

跨国公司对东道国某一产业的投资,还会引起该产业前向、后向辅助性投资的乘数效应。跨国公司投资以后,其需要与之相配套的上下游供应商与服务商,因为东道国的企业可能无法满足跨国公司对产品和服务的需要,这就会又吸引一批跨国来此投资,从而带来投资乘数效应。

(2)产业结构调整。

跨国公司发展对国际产业分工和产业结构调整产生重要影响。20世纪30年代,日本经济学家赤松要(Kaname Akamatsu)提出了著名的"雁行模式",后来小岛清和渡边利夫对该理论进行了补充和完善,该理论产业转移问题进行了研究。

"雁行模式"揭示了一个国家产业结构变化会受到其他国家产业结构变化的影响,对于排在雁阵前面的领头国来讲,当其产业结构发生转变时,会对尾随国的产业升级产生积极影响。领头国会把自己相对劣势的产业转移到尾随国中,这种相对劣势的产业对尾随国来说却是优势产业,这样随着产业的转移和外资的进入,尾随国的产业结构将优化升级。

跨国公司的投入,不仅仅是资本的投入,而且包括技术、管理等一系列要素的投入,这将极大地促进东道国科学技术的进步和管理水平的提高,同时也推动该国行业生产更加制度化、规范化、国际化,进而推动产业结构不断革新。

(3)扩大就业需求。

跨国公司在为东道国国家带来资本、技术等先进生产要素的同时,也在很大程度上提高了该地区的就业水平。近年来,跨国公司的发展日趋本地化,跨国公司除了少部分高级管理人员来自本国之外,大部分员工都需要在东道国招聘,这就为该地直接解决了一部分就业人口。

此外,跨国公司的存在也间接地促进了该地区就业率的提升,因为跨国公司的建立,会带动与之相关的一批有关的行业的发展,进而会间接提升该地区就业水平。相关数据显示,跨国公司投资每提供一个直接就业岗位,就会间接性地增加1~2个就业岗位。

(二)跨国公司投资的微观经济效应

从微观层面来看,跨国公司新的科技发展和创新实践极大地促进了该地区技术的进步和政府管理、企业经营和思维方式的创新。

(1)技术进步。

科学技术是经济发展的催化剂,对发展中国家来说,科学技术更为重要。当今世界,发达国家是科学技术创新的引领者,发展中国家则处于落后地位,但发展中国家在技术运用和创新方面却具有后发优势,可以通过技术引进等方式直接借鉴发达国家的已有技术成果。跨国公司不仅有雄厚的资本,而且掌握着最领先的技术,跨国公司的国际性投资活动为全球技术流动和转移创造了条件。

技术转移已成为促进一国经济增长至关重要的因素,跨国公司正是国际技术转移最为重要的载体。跨国公司不可能完成所有的技术链条的研发,需要国际的相互合作,这将会推动东道国的技术进步。除了技术的直接转移之外,跨国公司对东道国也会产生技术溢出效应。即使跨国公司不为东道国提供技术转移,东道国也可能会从跨国公司技术人员流动中获得相关技术信息,并且东道国企业也会迫于竞争压力而加大科研力度,这将对该国技术进步产生积极影响。

(2)管理创新。

创新是跨国公司发展的灵魂,跨国公司之所以能够走在世界企业的前列,根源在于其不竭的创新动力。技术创新和管理创新分别是推动跨国公司得以迅速发展的软硬件,管理创新和技术创新一样重要。跨国公司在管理方面的创新,降低了企业的经营成本,提高了企业效率,跨国公司的进入将为东道国带来"鲶鱼效应",不断催促着当地企业进行创新。

跨国公司为东道国带来先进管理经验的同时,也影响着该地区政府管理创新起到积极推动作用,尤其对我国来讲更是如此。习惯于计划指令型的行政管理,在与现代的高度市场化下的跨国公司打交道过程中,不断磨合,自然会倒逼政府进行管理制度和方式的创新。

近年来,随着我国经济的迅速发展,北京、上海、广州等国内一线城市借助自身区位优势和政策优势得以迅速发展,但与发达国家的一些特大城市相比还有一些差距。发达国家的特大城市很多都已是国际性大都市,在国际舞台中发挥着重要的作用,通过对比各大城市发展过程,总结其经验启示,这对北京地区的发展有重要的借鉴意义。

三、跨国公司投资与区域经济发展:国际比较与启示

具有全球视野的跨国公司,为了在国际市场上谋求更多的竞争优势,一般会把地区总部设立在某个地区的中心城市,中心城市具有良好的软硬件基础设施条件,跨国公司能够更加方便地获取东道国的城市资源,从而提高其全球综合资源配置能力。世界经济发展的过程和历史充分证明,各跨国公司通过地区总部指挥在各地的工厂、办事处、子公司和其他相关机构,进行资金、生产、贸易、人才和信息的集中的运作,并通过产业链和市场链不断扩展自己的运营空间。

吸引跨国公司投资,尤其是吸引跨国公司设立总部,打造地区总部经济,是世界很多大城市用以发展区域经济和提高国际影响力的手段,跨国公司的发展为东道国地区带来了宏微方面的改善,同时也促进了区域经济

一体化和经济全球化的发展。美国、英国等发达国家,工业化进程较早,跨国公司最早也是在这些国家产生并在此聚集。

(一)美、英、日跨国公司投资与本国经济发展的对比分析

面临总部经济效应的诱惑,美国很多城市都希望成为跨国公司的美洲总部所在地,因为这将为该城市带来巨额的财富收入和大量的发展机遇。

(1)美国。

纽约是一座世界级的城市,对世界经济、金融、娱乐、教育等领域有着重要影响。以纽约为例,纽约是美国最大的城市,联合国总部以及很多国际机构和跨国公司的总部都设在这里。曼哈顿岛是纽约的核心,面积仅57.91平方公里,人口150万人。但这个东西窄、南北长的小岛却是美国的金融中心,美国最大的500家公司中,有三分之一以上把总部设在曼哈顿。这里还集中了世界金融、证券、期货及保险等行业的精华。著名的纽约证券交易所和美国证券交易所均设于此。位于曼哈顿岛南部的华尔街是美国财富和经济实力的象征,也是美国垄断资本的大本营和金融寡头的代名词。

跨国公司与东道国区域经济的发展是相辅相成和相互促进的关系,区位优势和历史积累优势,是吸引跨国公司入驻的前提条件,跨国公司的入驻又进一步促进了该地区经济发展,从而产生优势资源集聚效应,形成了一个从吸引跨国公司到壮大区域经济循环往复的过程。自近代以来,纽约一直处在美国制造业的核心地带,并且还是美国重要的港口城市之一,因此吸引了大批跨国公司,在20世纪60年代,就有超过100多家世界500强企业把总部设在纽约。跨国公司总部的集聚效应对纽约产生了深刻影响,不仅纽约与世界联系在一起,提高了纽约的国际地位和影响力,而且助推了纽约产业结构的升级,使纽约从一个制造业为主的城市转变为以服务业、商业和金融业为主的城市。

(2)英国。

欧洲是老牌资本主义国家的发源地,直到今天依然在国际舞台上扮演

着重要角色,吸引着众多跨国公司在此设立总部或地区总部。

以英国首都伦敦为例,伦敦是英国的政治、经济、文化、金融中心和世界著名的旅游胜地,伦敦是欧洲最大的经济中心,金融业是伦敦最重要的经济支柱。大约有一半以上的英国百强公司和100多个欧洲500强企业均把总部设在伦敦,在财富500强中就有28家公司把总部设在这里,全球有大约三分之一的货币业务在伦敦进行交易。

大量的国际性企业和机构在伦敦设立总部,极大地促进了伦敦经济发展,1969年至2005年间,伦敦商业区经济增长量占大伦敦地区经济增长总量的80%以上。尤其是一些国际性的银行等金融机构大量涌入,极大地推动了伦敦地区产业的发展和全球金融中心的形成。金融机构集群的形成产生巨大的集聚效应,金融创新和服务能力不断增强,不断夯实其国际金融中心地位。这些资源优势又不断吸引着新的跨国公司和金融机构加入,使得伦敦成为世界上最大的国际保险中心、国际外汇中心和最大的欧洲美元交易中心。

(3)日本。

与美国、欧洲国家和地区相比,亚洲国家跨国公司起步和发展较晚,近年来,为吸引跨国公司的投资,亚洲各个国家也都为此做了很多努力。

东京是亚洲最大的城市,是日本的政治、经济和文化中心,也是全球最大的经济中心之一。以东京为例,东京是国际大都市中的后起之秀。日本政府为东京的发展起着很重要的导向作用,政府不仅为东京制定了发展框架,而且还在具体政策上予以支持。20世纪50年代以后,东京吸引了大批跨国公司在此设立总部或地区总部,到20世纪90年代,东京成为日本本土上拥有跨国公司最多的城市。

东京之所以能够成为国际性大都市,一方面与其特殊的区位优势有关,另一方面也与政府的政策引导有关。日本政府把东京定位为一个全球金融和商务中心,并为其发展提供了相关的配套政策,从而吸引了大批跨国公司入驻东京。跨国公司的发展为东京地区的发展带来不竭的动力,促进了其产业集群的形成,带动了当地服务业的发展。同时,东京地区的发展也带动着周边城市的大发展,新宿、临海等周边城市也在东京的带动下快速发展,这不仅缓解了东京产业拥堵的压力,而且为东京的发展提供了支持。

(二)经验启示

2014年,全球管理咨询公司科尔尼公司、芝加哥全球事务委员会以及《外交政策》杂志日前联合推出了第四届全球城市指数,对全世界84个具一定规模的大城市进行了排名,衡量标准包括影响力、全球市场、文化以及革新等综合实力。美国纽约、英国伦敦和日本东京分别位列该排行榜的第一、二、四名。这三大城市之所以能够成为全球最具有竞争力的城市,可以归纳为以下三个方面的原因。

第一,长期的历史积淀和区域优势。纽约、伦敦、东京都是全球人口最多的城市之一,并且大都是该国首都或经济中心城市,这是其形成资源集聚优势和吸引优势的先天条件。历史的积淀和区域优势的发展条件,使这些城市的资源不断集聚、吸引、集聚,形成一种巨大良性循环效应,不断地推动这些城市的迅速发展。

第二,软硬件条件的保障。人才、资金、技术、文化等方面是一个地区发展的软件,而道路交通、环境状况等因素是一个地区的硬件。纽约、伦敦和东京除了具有突出的区位优势和历史积淀优势之外,还具有完善的软件和硬件。舒适的环境、便捷的交通等基础设施建设是跨国公司选址的前提条件,同时,这些城市拥有很多世界著名高校和科研机构,可以为跨国公司提供源源不断的人才资源、先进技术,此外,其所具有丰厚城市文化底蕴也是吸引跨国公司的重要因素。

第三,政府的引导和政策的支持。如果没有城市引导产业集群的发展规划,就很难发挥城市的集聚效应,企业经营也很难有很好的经营环境。纽约政府为促进纽约曼哈顿服务业集群发展,采取了积极的调控手段。同时依靠举办一些世界级的活动来刺激纽约发展,保持和强化纽约国际中心地位,营造更好的投资环境和居住环境,以此来吸引更多跨国公司投资。伦敦则在具体规划中,突出了金融中心定位特点,并且致力于建设能够集中商贸活动的特别分区。随着国际性商务办公区范围的不断扩大,损害了居民区的利益,为保障民众公共利益和公共环境不被过度开放,伦敦政府实施了限制性分区政策,把跨国公司总部、专业服务业限制在伦敦城和西敏寺等特定区域内,使伦敦最终形成以城市中心、内城区、外围集群的商务服务区多点发展的新格局。东京政府通过政策扶持、审批批准等政策手段,吸引了大量的跨国公司将总部设在东京。东京地区现代服务业集群的形成与政府的支持引导密切相关,政府为东京的发展做了详细的规划,将其定位为金融和商务中心,并对东京及周边地区进行区域建设改造,推动东京商务区建设,使其更好地为东京发展服务,金融、信息和专业服务业集聚已成为东京的典型特征。

伴随着我国综合国力和国际地位的提高,北京在国际社会中发挥着越来越重要的作用,吸引着一大批跨国公司入驻。但我们也看到,北京的发展也存在不少问题,这些问题的存在对北京的形象和发展产生了消极影响。分析这些问题并试图提出一些政策建议,更好地促进北京地区的发展。

四、北京市利用跨国公司投资中存在的问题及政策建议

北京在1999年就率先出台《关于鼓励跨国公司在京设立地区总部的若干规定》2009年5月,为降低跨国公司的准入门槛北京出台《关于鼓励跨国公司在京设立地区总部的若干规定的实施办法》。

2014年2月,习近平在北京考察时强调:"北京要明确城市战略定位,坚持和强化首都全国政治中心、文化中心、国际交往中心、科技创新中心的核心功能,努力把北京打造成国际活动聚集之都、世界高端企业总部聚集之都、世界高端人才聚集之都、中国特色社会主义先进文化之都、和谐宜居之都。"

专栏三：跨国公司

（一）北京市利用跨国公司投资中存在的问题

据《财富》杂志统计，2013年北京拥有世界500强企业总部48家，首次超过日本，成为世界上拥有世界500强企业总部最多的城市。截至2013年10月底，共有136家外资跨国公司在北京设立总部，总部经济已经形成规模，极大地促进了北京地区经济的发展和产业结构调整。与此同时，我们也看到北京市在利用跨国公司投资中仍然存在一些问题。

（1）总部优势受到内外压力挑战。虽然北京拥有世界500强企业总部48家，多数为央企，央企中超过三分之二在北京设立总部。然而，随着首都城市功能和产业定位的战略规划实施，特别是京津冀一体化进程的推进，很多企业将面临外迁的可能，北京很可能面临央企总部数量增长乏力的局面。同时，其他发达城市吸引跨国公司总部的步伐不断加快，如，2012年有80多家跨国公司将地区总部设在上海，而北京仅有10家，各大城市对企业总部的争夺日趋激烈，优惠条件层出不穷，这些都增加了北京保持总部经济优势的压力。

（2）自然生态环境日益恶化。2014年，北京常住人口达到2151.6万人，人口数量众多，给交通、环境带来巨大压力。交通拥堵，雾霾严重，已成为北京常态。此外，据北京商务委员会调查报告显示，北京市总部企业在2012年消耗能源超过2600多万吨，占北京地区全市能耗44%左右，这种依靠高能耗的发展模式不利于北京的长远可持续发展。

（3）创新体系建设有待提高。2012年，《经济学家》信息部对全球120个城市在经济竞争力、人力资源、金融产业成熟度等31个进行综合评价，北京位列综合排名第37名。为进一步认识世界城市发展的趋势，明确北京在世界城市发展中的相对位置，《首都科技创新发展报告》通过创新能力、创新环境和创新收益等指标设计了一套科技创新发展的国际城市比较指标框架，将北京与九大国际性城市就行对比，北京在综合排名中位列第五，得分为56.39分，纽约、伦敦均在95分以上。在创新方面，与国际性大城市相比，北京还有很大差距。

（4）带动周边地区经济发展乏力。北京作为全国的政治、文化、国际交往和科技创新中心,是中国经济最发达的城市之一。过去几年,北京地区的发展并未很好地带动周边地区的发展。而上海的发展却带动了长江三角洲地区的整体大发展,周边区域也在发展的过程中为上海地区经济发展和产业结构升级提供了辅助性作用。

(二)北京市有效利用跨国公司投资的政策建议

针对北京市利用跨国公司投资中存在的问题,建议采取以下对策。

(1)进一步改善北京环境,打造更加宜居城市。目前我国工业化尚未完成,工业化的发展对环境造成很大影响,北京环境污染非常严重,会给国际社会留下负面的印象。一个地区的自然环境是吸引跨国公司的基础条件,必须改善北京空气污染状况,创造更加宜居的城市。北京地区应该按照根据自身准确定位,更加有效合理发展,降低高污染高能耗的企业比重,更加注重第三产业发展。同时,还应该提高政府的工作效率,减少审批环节,为企业发展创造更加高效、公平的发展环境。

(2)加强国际交流合作,多渠道吸引跨国公司。北京作为国际性的大都市,有其自身的发展优势,应充分利用这一发展优势,加强与跨国公司的交流合作,吸引更多跨国公司入驻北京。同时,也应借鉴其他国家和地区的实践经验,在具体政策和资金上给予更多优厚的支持,放宽准入标准。

(3)增强北京科技创新能力,形成科技创新集聚效应。科技创新中心是北京未来发展战略定位之一,科技创新是经济发展的驱动力。对跨国公司而言,科技创新是企业发展的生命线。北京市政府应针对科技创新中心,加大资金政策投入力度,吸引国内外大批科技创新人才,建立和发展科技创新研究机构,形成强大创新基础。强大的创新基础条件对吸引跨国公司入驻有重要的积极作用,跨国公司的入驻又会进一步该地区科技创新能力,从而产生科技创新集聚效应。

(4)推动京津冀发展一体化,打造"新首都经济圈"。实践证明,依靠"单打独斗"的发展模式,不仅不可持续,甚至会影响发展。只有同周边地

专栏三：跨国公司

区协同发展，实现优势互补，才能实现更加高效、持续的经济发展。京津冀一体化发展模式是大势所趋，必须准确定位三个省市的发展战略，根据各自特点，发挥各自优势，不仅有效分担北京的资源和环境压力，而且还能为北京发展提供更加有效的要素支持，形成一种良性循环模式，这将有利于该地区对跨国公司的吸引。

基于企业跨文化管理视角对国际交往中心建设的思考

张 艳

摘要：自20世纪50年代后期始,西方管理学界总结西方企业在跨文化环境中经营失败的教训,重视总结不同文化背景国家的文化和企业的管理经验,使跨文化管理成为重要领域。20世纪80年代迅猛发展的跨国公司开始把本国的管理理念和方法移植到其他国家的文化中,重视本土化发展。国际交往中心建设需要考虑到跨文化管理的特点,并与跨国公司的战略行为形成互动效应,相互促进,合作共赢,更好发挥跨国公司在国际交往中的桥梁作用。

关键词：跨国公司;跨文化管理;国际交往中心

在当今国际交往中,跨国公司是极为活跃的载体。跨国公司在世界各地的分公司或子公司的管理客观上形成了人员流动的国际网络,影响着城市国际交往的方方面面,成为推动城市国际化发展与城市国际交往进程的重要力量。2016~2020年是中国全面建成小康社会的决胜阶段,在我国全面深化改革和构建新型开放经济体系的过程中,跨国企业必定会抓住大好机会,深化在中国的投资合作。因此,我们必须要关注跨国公司在中国的运营战略,以此进一步推动城市建设。

作者简介:张艳,管理学博士,沈阳师范大学人力资源开发与管理研究所副教授,主要从事跨国公司理论与实践研究。

专栏三:跨国公司

一、跨文化管理模式分析

自20世纪50年代后期始,西方管理学界总结西方企业在跨文化环境中经营失败的教训,重视总结不同文化背景国家的文化和企业的管理经验,使跨文化管理成为重要领域。20世纪80年代迅猛发展的跨国公司开始把本国的管理理念和方法移植到其他国家的文化中,重视本土化发展。由于不同国家文化所存在的基础不同,跨文化管理的侧重点也有所不同,因此形成了不同的跨文化管理模式。

(1)企业外部的跨文化管理。

与企业打交道的供应商、竞争对手、管理部门等相关利益者之间的文化基础不同,文化背景具有差异性,因此,跨文化管理内容涉及的范围较为广泛,其重要性在于针对不同文化背景的利益主体进行分析、调查、了解,进而创造一个有利于企业发展的大环境。

(2)企业内部的跨文化管理。

企业内部的跨文化管理是针对企业不同文化背景的雇员的管理。国家文化的差异性影响着企业员工的激励行为,文化因素对跨国公司的员工的影响主要表现在,文化差异对企业员工产生负面影响,不利于企业激励机制产生作用。在实践活动中,跨国公司人力资源管理往往花费很大的精力使公司内部处于文化融合状态,使国家文化差异通过文化融合对员工产生正面的激励作用。

跨国公司的人力资源一般可分为外派雇员、母国雇员、当地雇员和第三国雇员,人力资源管理模式强调一种整合力,管理的本土化使管理者和员工的思想不断与投资国文化相融合。

从跨文化管理学角度来看,跨国公司在战略运营过程中,要不断地适应不同国家文化背景下各类利益体的需求,对公司运营链条上的以及企业内部的员工采取积极的主动的跨文化管理措施,从而实现公司的整体目标。

二、在华跨国公司管理中的跨文化效应

国外跨国公司在中国通过合资、合作或独资的形式投资设立分公司或子公司,形成的是一个跨文化经营管理的实体,文化因素对其影响包含在跨国公司运营的整个过程当中。文化差异给跨国经营带来的影响构成了一种跨文化效应。

(1)跨文化管理的组织复杂性。

为使不同文化背景的员工能够融洽地沟通、合作,管理者应该不断地消除认知差异,消除不信任感。在跨国公司人员流动网络中,来自不同国家和地区的人员所处的社会政治制度的背景、经济制度和经济发展水平、法律、法规背景及法制观念等方面都存在不同,给跨文化管理带来复杂性。这需要一个融合的过程,如果融合进展较顺,则有利于城市间的深入合作,在人员互相了解彼此的民族文化、生活水平和生活习惯等过程中,逐渐地了解其所在城市与国家的政治经济文化等方面的情况,从而促进国际友好往来。

(2)跨文化管理的决策困难性。

国家文化背景的差异、人员之间观念习俗的差异、价值理念差异等因素直接影响着跨国公司战略部署顺畅与否。各种差异会导致公司内部商谈、沟通存在误解,直接影响着战略决策的出台。因此,跨国公司迅速发展所面临的一个突出问题,就是企业内部人力资源的文化差异和差异文化的管理问题。在一个拥有来自世界不同国家的员工的跨国公司里,使成员的文化背景、文化观念、文化习俗、文化态度和文化思想等最大限度地达到融合相处,这是跨国公司人力资源管理的重要任务。而在承认、理解和尊重这种文化的差异性和多样性的基础之上所达到的沟通和交融的目标,则是跨国公司战略管理最大的偏好。

三、在企业跨文化管理过程中推进国际交往中心建设

国际交往中心是国际资源集聚的平台。北京是国际交往活动的中心,

专栏三:跨国公司

意味着北京吸引着各类国际资源,逐步推进国际交往中心建设深入发展。北京汇聚众多国际组织、国际商业机构,缔结众多友好城市,海外游客流量巨大,接待能量强大,国际文化交流规模庞大。在北京城市不断发展的进程中,随着多类国际化资源要素的不断聚集,北京国际化优势日益巩固。明确北京国际交往中心功能,强化北京国际交往中心建设,是首都发展规划的重要的战略部署。

跨国公司在国际交往中是一个重要的载体,在对外文化交往活动中的参与人员不断增加,形成了一定的网络体系,民间、官方、商业机构各主体相互促进,对外交流的领域从传统的在文化、体育、教育、经贸逐渐扩大到环境保护、市政管理、城市交通、社会福利等领域,直接推动了北京城市的对外交流与合作。

需要深入思考的是针对跨国企业的跨文化管理模式的变化,加强对跨国公司的深入考察研究,在国际经济合作中充分考虑文化在企业人员交流合作中的作用。

(1)在企业跨文化管理过程中传播首都文化精神。

目前,外资金融机构、跨国公司地区总部、国际组织和国际商会、国际传媒机构大量落户北京,北京已成为跨国公司在华投资设立总部的首选之地和首都对外交往的重要窗口。在对外交往中,各地城市居民或文化交流活动日益增加,各国人民通过城市间的活动增进相互了解,传递本地文化、习俗、价值观念,为国家间和平共处奠定了坚实的基础。城市之间时常进行的经济、科技、文化等方面的交流与合作,不仅促进经济发展,而且推广各地文化相互交流,相互理解,推动人类文明进一步发展。

(2)在企业跨文化管理过程中完善首都创业环境。

在中国经济快速增长的过程中,从"世界工厂"到"世界市场",中国在吸引外资企业的演进过程中,一直牵动着跨国公司的产业链。当前,中国的经济发展步入新常态,市场主体更加多元化,市场更有活力,整个社会进入大众创业、万众创新时代。中国在吸引外资、与跨国公司合作的进程中,对跨国公司的投资水平和技术含量提出了新的要求。

北京在京津冀协同发展进程中,要抓住机遇,深入研究在华跨国公司的员工激励机制,向其展示我国文化的丰厚内涵以及各种文化生活方式,有力地促进中外员工进行文化交流活动。

(3)在企业跨文化管理过程中加强与外企人员的人文交流。

跨国公司在城市的地位与作用在增强,城市除了提供其发展的便利条件之外,要加强中外管理人员之间的交流,促进经济合作与文化交流同时展开,举办城市跨国公司研究论坛是一个重要的平台。

跨国公司往往具有专门的研发机构,对当地的各种资源进行研究、对企业战略进行完善、对产品与服务不断改进。对跨国公司的这些行为规律的总结与理论研究,还需要公司人员、专家学者、政府机构部门之间遵循互利共赢的原则,深入广泛地进行交流探讨。通过交流探讨,我们需要进一步研究跨国公司与东道国文化融合的方式,深入剖析其中各种因素,引导跨国公司经营目标尽可能与中国发展目标相协调,从而使跨国公司的正面作用得以有效地发挥。

同时,我国许多企业缺乏跨国经营的能力与经验,产品缺乏竞争力,一些新兴的跨国公司也需要占领国际市场的经验总结,因此,跨国公司研究论坛既是引导跨国公司发挥积极作用的重要平台,也是中外企业家相互交流、相互学习、相互促进的渠道,既能够使城市的跨国公司的经营环境得到改善,也为培养我国本土跨国公司提供智力支持。

跨国公司行为与城市功能分析

张　丽

摘要:跨国公司行为是城市国际交往的重要组成部分。从国际关系角度来看,国际交往的行为体包括国家行为体和非国家行为体,跨国公司属于非国家行为体,对国家政治、经济和文化发展具有重要的影响。跨国公司的存在与发展既可能促进国家间政治经济和文化的交流与合作,也可能对东道国的政治、经济和文化发展带来安全威胁,因此,对于跨国公司行为需要在国家安全战略体系里来衡量。而如何趋利避害地引导跨国公司行为,使之成为促进东道国社会发展的力量,在很大程度上取决于容纳跨国公司的城市的对外交往活动功能如何发挥。

关键词:国际关系;国家安全;跨国公司;城市功能

跨国公司行为是城市国际交往的重要组成部分。从国际关系角度来看,国际交往的行为体包括国家行为体和非国家行为体,跨国公司属于非国家行为体,对国家政治、经济和文化发展具有重要的影响。跨国公司的存在与发展既可能促进国家间政治经济和文化的交流与合作,也可能对东道国的政治、经济和文化发展带来安全威胁,因此,对于跨国公司行为需要在国家安全战略体系里来衡量。而如何趋利避害地引导跨国公司行为,使之成为促进东道国社会发展的力量,在很大程度上取决于容纳跨国公司的

作者简介:张丽,经济学博士,政治学博士后,北京市社会科学院外国问题研究所副研究员,主要从事世界经济与国际关系研究。

城市的对外交往活动功能如何发挥。本文从国家安全战略视角阐述全球化广度与深度不断发展背景下跨国公司行为对城市国际交往的影响，对城市国际交往功能的有效发挥提出对策建议。

一、跨国公司在国际关系中的角色

《世界投资报告(2005年)》这样定义跨国公司的范畴：凡是有跨国经营性质的公司都可以归结到跨国公司中来。依此看来，跨国公司既包括人们普遍印象中的世界500强中的大企业集团，也包括从事国际经营活动的众多的中小型公司。随着世界各国开放经济的发展，众多的跨国公司成为国家间经济交往的载体，对国际关系的发展起着重要影响。而当一个国家的开放程度越来越高的情况下，跨国公司逐渐地影响着东道国国家的宏观政策，甚至影响着国家的政治决策。因此，关于跨国公司与国家安全的讨论持续不断，世界各国也从国家安全战略考虑对待跨国公司在本国的存在与发展。

(1)跨国公司是国际关系的非国家行为体。

跨国公司(transnational corporation)以本国为基地，通过对外直接投资，在世界各地设立分支机构或子公司，从事国际化生产和经营活动。在多年的发展过程中，跨国公司子公司也像外国企业一样参加当地的再生产过程，遵守当地的法律，成为东道国经济发展的重要组成部分。但是，跨国公司依托雄厚的实力，在世界范围内的各个领域，全面进行资本、商品、人才、技术、管理和信息等交易活动，并且形成公司总体战略目标，对其分支机构实行高度集中的统一管理战略，在总部了策略安排下，子公司实施本地化的经营管理。罗伯特·基欧汉(Robert O. Keohane)与约瑟夫·奈(Joseph Nye)在著作《权力与相互依赖》中提出的主张认为，国际层次里存在许多行为者，它们超越国界，彼此相互联系、相互依存，影响着国家内部政治与对外政策。罗伯特·吉尔平(Robert Gilpin)在其著作《美国霸权与跨国公司：对外直接投资的政治经济学》和《国际关系政治经济学》中，表达了他的观点，认为国际关系的动力是经济与政治互动，经济与政治互动关系主要表现为

专栏三:跨国公司

财富与权力的关系。跨国公司反映出美国的经济扩张主义,美国外交政策为美国跨国公司的海外扩张大开方便之门,美国统治下的和平为跨国经济活动提供了一种政治框架。正因为如此,各国政府非常重视跨国公司的地位,通过立法对以跨国公司为主体的投资行为进行规定,严格限制外资企业在某些领域的投资。

(2)跨国公司是经济全球化的载体。

跨国公司拥有一个完整的决策体系和最高的决策中心,在许多国家所建立的子公司或分公司也有自己的决策机构,可以根据自己经营的领域进行决策活动,但是总体上符合总公司的全球经营战略。正是凭借从全球战略出发安排经营活动的优势,跨国公司在世界市场的生产、销售,研发等环节均具有较强的竞争力。跨国公司在全球范围内进行直接投资,大多形成全球性分工体系,具有获取更多利润的全球产业链,全球配置资源,占有大约三分之二的世界贸易总额。世界经济是一个相互依存的整体,跨国公司在全球化时代国家发展战略中起重要作用。跨国公司是经济全球化的载体,跨国公司行为是世界经济运行的核心跨国公司内部贸易占世界贸易的将近1/3。跨国公司在技术开发及其国际扩散中起着重要作用,它们占有世界技术贸易的大约80%,并支持着大多数的私人企业的研究和开发。巨额的资本需求和周期性的大量现金盈余使跨国公司成为国际金融市场的主角。它们在贸易、金融、技术和文化全球化,以及军事技术的扩散中发挥着重要的作用,但公司的主要活动领域是生产和服务的国际化。"[1]

(3)跨国公司国际文化交流的重要传播者。

跨国公司在对外直接投资过程中,通过产品与服务的跨境提供,以及跨国人员之间的合作生产、销售等环节,使投资国与东道国之间的文化得以碰撞、交流。在西方发达国家跨国公司迅速发展的时期,跨国公司成为西方文化传播的主要载体之一,把西方文化传播到世界各个角落,渗透到广大的发展中国家。作为全球经营的企业,跨国公司在长期发展过程中不仅具有超强的资金、技术等硬实力,而且在世界品牌占有率方面,以压倒性

---

[1] 赫尔德.全球大变革:全球化时代的政治、经济和文化[M].杨雪冬,等译.北京:社会科学文献出版社,2001:326.

的优势带动消费文化的变化,许多发展中国家因此而产生了消费文化的重大转变。为了在市场中扩大消费人群,并发展成特定的消费群体,跨国公司宣扬并树立一种鼓励消费的价值理念,通过新鲜的独特的广告创意吸引一批消费群体。在西方跨国公司的经营中,一方面,西方文化理念逐渐地渗入到广大的发展中国家,跨国公司成为强大的文化传播者;另一方面,跨国公司注重对东道国本土化的研究,把当地文化理念、价值带入到产品与服务中,从而促进投资国对东道国文化的了解与吸纳,并通过营销理念、生产观念等使东道国文化传统逐渐地传播到西方国家。

二、跨国公司对东道国国家安全的影响

跨国公司在国际安全体系中特殊重要的位置决定了它既能增进国家间的交往,也给国家间的交往带来风险与挑战。我们必须辩证地分析跨国公司对东道国国家安全的影响。

(1)跨国公司与政治安全。

跨国公司以直接投资方式,在世界各国各个城市设立分支机构,在相关行业领域构筑起全球性的生产体系,各个分支机构的全球影响力不断上升时,也成为东道国市场的经济实体,经济上强行地超越国家的界限,影响着政府的政策行为。

中国在改革开放进程中吸引了大量的跨国公司,曾经以"世界工厂"的存在,在劳动密集型产业成为跨国公司全球生产链条中的重要一环。跨国公司基本不以直接干预的形式涉入东道国主权领域,但是在长期经营过程中,普遍存在着涉足东道国的主权范围的事项,其全球发展战略常常不可避免地和东道国经济发展战略发生矛盾,往往在资金、技术等国际合作中,为了实现其持续的盈利目标,凭借其优势要挟东道国政府为其提供便利的政策与条件,政府的经济决策权和决策过程受到了跨国公司的干扰,在一定意义上,跨国公司的经济行为转化为一种政治行为,弱化了民族国家的主权,影响着国家的外交和国家安全政策。跨国公司在国际经济合作与国际政治文化交流领域起着重要作用,成为经济外交的重要组成部分。

(2)跨国公司与经济安全。

美国哈佛大学教授米歇尔·波特认为,"市场之争实际上不是发生在国与国之间,而是在公司与公司之间进行。迄今为止,我不曾看到哪个国家没有强大的公司就能在全球经济中站立的,没有强大的公司也就没有经济的持续发展。"[1]跨国公司的存在是一个国家维护经济安全的保障,而发展中国家培育壮大本国的跨国公司也是一个迫在眉睫的国家战略任务。但是在竞争的世界市场中,西方跨国公司在生产实力、技术实力、销售渠道、人力资源等方面建立起世界范围的庞大的网络,在世界市场进行专业布局,实施战略对策,游刃有余地利用和配置市场资源。因此,许多大的跨国公司在其经营的某些产业上都带有不同程度的垄断性。在跨国公司的垄断行为下,东道国的国内市场秩序被打乱,尤其是发展中国家,相对于投资国来讲,东道国的经济结构、产业结构存在着不均衡的劣势,往往出现经济波动、就业问题等,从而加重了国内的社会问题。

大部分发展中国家的市场经济管理体制处于不完善当中,本土企业缺乏跨国经营的能力,国家宏观调控缺乏参与协调全球经济的经验。在这种情况下,国内产业部门会受到跨国公司的冲击,企业经营发展受到压制,对国家的经济政策的独立性造成一定的影响。特别是当西方发达国家的跨国公司通过兼并、收购等方式控制当地企业时,本土公司的发展受到的竞争压力过大,国有经济发展受到极大的影响。发展中国家民族产业生存发展的空间受到限制,生产制造和技术创新的能力受到抑制,严重制约着本国经济的发展。

(3)跨国公司与文化安全。

跨国公司在文化传播的过程中反映出母国的文化传统,通过西方发达国家的跨国公司的大规模的经营影响东道国风俗习惯和社会文化。从事跨国经营的跨国公司大多是西方发达国家的企业,它们有几十年甚至上百年的历史,在经营过程中给东道国带去先进管理经验的同时,在本土文化、人文理念、企业文化领域也进行了隐性的、潜移默化的影响。比如,在中国,由跨国公司带来的"洋节"越来越多,异域节日文化充斥在越来越多的

---

[1] 陈良友.对西方跨国公司全球扩张的几点思考[J].世界经济与政治,2001(5):17.

年轻人的生活当中。年轻人更容易受跨国公司带来的思维方式的影响,并通过一些消费行为在社会上广泛传播。

近年来,在跨国公司文化传播过程中,跨国公司的做法发生了一些改变。"过去跨国公司以母国文化为中心,整合加入公司的其他国家雇员的文化。现在发现行不通,通过当地化吸纳多元文化。与此同时承担全球责任,全球责任包括企业股东责任、社会责任、环境责任三大责任。"[1]跨国公司通过企业的战略变化,逐渐适应扩大的市场,以及大规模的消费者队伍。不过,跨国公司的品牌战略仍然把跨国公司母国的文化带入到东道国,形成特定的消费群体,在增加跨国公司的收入的过程中,改变着受众群体的消费方式与消费文化理念。

通过消费方式而进行的国际文化交流逐渐增多,我们也应该看到其中存在的国家文化安全问题。西方跨国公司在维持并创造消费需求的过程中,消费文化得到了广泛的宣传,在某种程度上,这对东道国的消费文化产生了导向作用。我们不能让国家或城市的品牌、文化价值观念淹没在国际名牌、西方价值观念之中。这是我们在弘扬中华优秀传统文化和北京城市精神的过程中,特别要加以注意的问题。

三、城市在应对跨国公司安全威胁方面的功能与作用

随着中国城市化进程的加快,城市发展规模逐渐扩大,城市的国际化程度在加深,跨国公司在中国的发展方向也在发生着改变。跨国公司更多地投向高技术产业和现代服务业,跨国公司逐渐把地区总部、研发中心等设立在中国的大城市。以城市为落脚点,或者以一个城市为中心形成地区网络,或者把不同的子公司分别设置于几个城市。这种情况大大地便利了城市的地方政府与跨国公司战略决策部门的沟通、交流与合作,城市在应对跨国公司的安全威胁方面正发挥重大的作用。

---

[1] 王志乐.被动防御还是主动整合——从利用外资角度看对外开放战略的选择[N].中国经济时报,2007-06-18(5).

(1)发挥城市间合作功能。

城市国际化程度越高,城市间合作范围越广,就越有利于城市发挥城市间合作功能,有利于开展城市公共外交活动。在公共外交进程中,城市逐渐积累起强大的经济实力,在世界经济、国际贸易和国际金融中产生重要影响,在与其他国家城市比较中突出竞争优势,吸引跨国公司直接投资或地区总部进入。衡量城市国际化程度的指标包括遵循国际法和国际惯例,配备良好的基础设施配套,拥有较为发达的服务业,突出的区位优势和资源优势,拥有一定的人口规模和城市体量,拥有独特的城市风貌和人文景观等。

中国的对外开放已进入新的阶段,跨国公司是顺应国际化趋势发展战略变化较快的跨国性质的企业集团,它的母公司和子公司遍及世界各地,从管理模式上看,一种是以母国为中心辐射若干国家子公司,是中心辐射式的管理模式;另一种是多中心多结点的网络管理模式。第一种管理模式下,跨国公司总部拥有绝对的决策控制权,不同地区和国家的业务分部在采购供应、制造组装、研发设计以及营销服务等业务方面要按照总部的要求来完成。在第二种管理模式下,在全球市场的某个重点地区或国家设立地区总部,负责当地的经营活动。目前跨国公司发展的一个新趋势就是"从中心辐射向多中心网络管理结构转型"[1]。基于此,一些重大的城市成为跨国公司的地区总部所在地,在协调跨国公司各子公司关系中起着重要的作用。多中心的网络管理需要城市发挥公共外交功能,需要城市在政治、经济、文化、社会活动方面发挥作用,成为跨国公司战略实施的依托。城市功能的形成和发挥作用的过程与跨国公司发挥积极作用是互动的。

(2)建设城市功能区。

受时代变迁多种因素的影响,城市形态经历了一个演化的过程。从经济层面来看,利用外资与国内城市基础设施的建设具有互动性,在吸引对外直接投资逐渐增多的过程中,城市内部的消费需求、居住需求、就业需求等发生着变化,城市功能相应出现调整。比如,城市商务区经历了从商业街区、购物中心到中央商务区的转变。如果说三十年前跨国公司选择东道

---

[1] 王志乐.跨国公司发展新趋势及其带来的挑战与机遇[N].光明日报,2007-08-28(10).

国是看中市场、劳动力资源,那么,目前的跨国公司对城市的要求在提高,看中的是城市功能。比如,大量的跨国公司看好中国的北京与上海,把这两个国际化的大都市选择为地区总部所在地。因此,城市功能的定位,对于跨国公司行为具有的影响在增加。

城市功能具有层次性,在城市发展的不同阶段,某个城市在政治、经济、文化等社会各个方面的功能发挥的重点有所不同。不同层次的城市功能相互联系、相互作用、相互依存,相对于吸引跨国公司子公司的城市来说,根据城市发展的内部需求与整体战略规划的要求,可以建设有专门的区域对跨国公司子公司进行管理,形成城市治理特色。比如,各大城市的中央商务区的建设。在中央商务区集中了城市的各种经济、科技和文化资源而不断发展的过程中,城市的核心功能得以确立,汇聚跨国公司地区总部的功能增强,同时也加强了地方政府与跨国公司的合作与协调。

(3)新型城镇化和城乡一体化发展。

新型城镇化发展是城市功能作用的新的表现,即城市功能定位以核心功能为主,疏解一些非核心功能到周边城镇,这有利于形成以核心城市为中心的周边城镇为副中心的区域协同发展的局面。新型城镇化发展能够促进跨国公司发挥积极作用,避免跨国公司运营过程中带来的安全威胁。我们要充分研究新型城镇化发展给跨国公司在中国发展带来的新的空间,引导跨国公司分公司进入,整合当地资源要素,拉动经济发展。

在新型城镇化和城乡一体化发展过程中,要吸引跨国公司进入到产业结构调整的目标中,提供市场、劳动力的同时,突出技术与资金的合作,在服务业、新型农业等领域发挥跨国公司的优势,与当土地的企业合作,形成区域经济新布局,把城市中心、周边城镇、新农村区域联结成辐射区域,既能够符合跨国公司地区总部、分工厂等组织格局,也促进城市建设和区域经济发展。

新型城镇化发展过程中,注重城乡一体化的发展,即从以前的重城市化向重城乡一体化发展的转型,鼓励城市支持农村发展,积极促进城乡统筹发展。这就是要通过新农村建设,改善农村居民的生活方式、居住环境。这为促进跨国公司投资提供了巨大的空间和新的商机。跨国公司把子公司更多地设置在农村、乡镇,发挥产业和资本优势,能够支持和促进新型城镇化的发展。跨国公司在中国的投资将是长期的,我们要具有国际视野和全球战略思维,把中国城乡一体化发展的整体布局与跨国公司的需求结合起来,在全球产业链的完善中,实现互利共赢。

(4)城市人文精神的培养。

城市精神能够引导跨国公司带入当地文化氛围,对当地社会发展稳定起到积极作用。当地的人文环境、价值观念等是跨国公司进入之前要衡量的要素,开放、包容、现代化的城市氛围能够吸引跨国公司地区总部进入。跨国公司在遵守当地法律的同时,也逐渐地带入到当地的文化氛围、风俗习惯之中,不仅促进中外合资合作,而且能够使跨国公司的价值理念得到改变,带入到更加符合当地消费者需求的产品与服务当中。

培养一种包含一个城市的历史文化、市民价值取向的城市精神是重要的。城市精神往往通过全市人民的精神状态展现城市形象,是吸引跨国公司投资的一个衡量标准,也是城市与跨国公司合作的精神支柱和文化力量。优秀的历史传统、文化基础,文明的市民素质等,都是当地居民与跨国公司合作的资源。城市精神的本质是人的精神,通过活生生的人的精神和气质表现出来,又融入城市,表现为城市居民的行为准则和生活方式等。这些行为和方式能够自觉地抵御跨国公司的消费文化的冲击,增强消费者偏好选择时的判断能力。同时,也有利于在学习与借鉴跨国公司产品品牌的基础上,充分利用城市精神树立本土公司的品牌。

四、结论及启示

跨国公司是城市国际交往的重要主体之一,也是判断城市国际交往程度的重要指标之一。在开放经济条件下,随着城市国际化程度的加深,以及城市国际交往的频繁发展,跨国公司行为的规模逐渐扩大,数量逐渐增加,涵盖的行业逐渐多样化,是带动城市国际交往的主要动力,促进投资国与东道国城市交流与合作,增加了城市对外交往的广度与深度。因此,城市必须有效地发挥功能,既促进跨国公司为载体的国际直接投资,也应该防范风险。跨国公司本身毕竟是以经济效益为目标,跨国公司行为又对国际政治有着重要的影响,因此,以跨国公司为载体的城市交往不能不考虑国家安全战略。

(1)重视发挥跨国公司在经济外交中的作用。

中国城市的国际化发展迅速,但是存在着地域上的差异。一线城市,如北京、上海、广州等,地域优势明显,集聚全国各种资源,国际化程度较高,具有较大的承载能力,能够汇聚国际机构和组织以及跨国公司地区总部。二线城市,如重庆、天津、成都、南京等,国际化程度不断在增加,但是城市的影响力主要是区域性的。三线城市,如各省的省会城市和中等城市,受地域区位条件的限制,影响力有限,但是开放程度也在不断扩大。这些城市在外交中越来越起着重要的作用,使公共外交的影响范围扩大。通过城市建设表现出来的居民生活方式、政策优惠措施等信息,借助于当地的外国机构、跨国公司分部向外传递。

城市公共外交是城市宣传自身城市特征、经济水平、文化传统,塑造城市形象的方式,通过跨国公司进行的城市的对外交往是城市经济外交的表现,是配合国家的总体外交,促进地方的经济与社会发展,带动城市文化走出去。跨国公司成为城市外交的渠道、纽带和桥梁。跨国公司的发展可以促进国际经济交往与合作,有利于营造和平的国际环境。跨国公司在投资国通过国内政治过程影响政府决策,对于投资国与东道国关系的发展起着协调作用,是国家经济外交的联系纽带,有利于拉近母国与东道国之间的距离。因此,要利用好国际国内两个市场,两种资源,扩大和深化同各方的利益汇合点,发挥跨国公司在中国和平发展中的积极作用,以开放促改革,促发展,促创新。

对于城市而言,城市公共外交的主体是地方政府,政府机构及其职能部门视当地跨国公司为市场主体,遵循市场经济规律进行宏观调控,要充分调动跨国公司的积极性,使其遵守市场规则,维护市场竞争秩序。为此,在城市国际交往中心建设过程中重视政府与跨国公司高层对话,增加沟通,增强互信,实现共赢。地方政府与跨国公司地区分公司要及时沟通,加强地方治理,优化投资环境,提高利用外资的质量,不断拓展新的开放领域和空间。通过良好的政策环境支持和良好的治理政策,促进发挥外商直接投资在地方经济发展中的作用,实现与跨国公司互利共赢的局面。

(2)通过跨国公司传播好中国故事。

在城市国际交往中心建设过程中要重视公司文化传播的作用。跨国公司经营的基本特征是把经营渠道扩散到全球各个分支机构所在的区域范围,通过母国战略决策的实施,各个渠道构成相互交织的网络。我们要抓好三个环节,适时地把我们的人文理念与中国的好故事通过跨国公司传播到世界,树立中国人的形象。

首先,跨国公司的品牌战略的制定环节。一个城市、一个国家往往因为一个商品或一个品牌而享誉全球。在信息化加速发展的时代,新媒介与传统大众媒体融合,信息传递速度异常之快,传播范围异常之广,而跨国公司的产品与服务正是信息传递的一个载体。城市生活理念、文化传统等都可以赋予在产品与服务的广告上,传播到全球各地。

其次,跨国公司研发部门获取市场信息的环节。许多跨国公司非常重视本土化战略,重视当地的社会影响,要寻找机会把中国日新月异的生活和人们的追求、梦想等信息通过跨国公司的创意表现出来。

最后,跨国公司相关人员的合作交流环节。跨国公司地区总部的相关管理人员在中外往来过程中,无意或有意地把中国的传统习俗向国外进行介绍、传播。在经济生活走向全球化、信息化的发展趋势下,城市集聚的跨国公司机构及流动人员相应增加,通过他们的经济行为推动了城市快速发展,也潜移默化地促进着中外文化交流。

无论是跨国公司以母国文化渗透到东道国,还是通过东道国本土化策略经营,我们都要抓住机会,加强文化交流与合作,通过跨国公司把中国的优秀传统文化、消费文化及文化产品与服务带到世界各地。

(3)城市治理为跨国公司机构运行提供便利的条件。

中国不仅重视本国安全,而且倡导全球安全,体现出一个成长中的大国的全球性责任,愿意同国际社会一道,推动实现持久和平、共同繁荣的世界梦,为人类和平与发展的崇高事业做出新的更大贡献。不管全球治理体系如何变革,我们都要积极参与,发挥建设性作用,推动国际秩序朝着更加公正合理的方向发展,为世界和平提供制度保障。在全球秩序中,要通过全球治理保障人的安全。跨国公司是世界市场的实体部门,也是实现全球治理的重要主体,城市则是跨国公司行为的重要依托。

在东道国城市里存在的外国跨国公司大都是办事处、代表处和子公司、研发机构,近年,跨国公司把地区总部高在某些特大城市。这些做法促进了城市的国际化发展,加快了城市国际交往的速度与规模。同时,为了在国家战略发展的大视野大背景下发挥城市的功能,许多城市提出建立国际交往中心这一功能。国际交往中心是一个大型中转站,一方联系着东道国的国家形象,另一方联系着投资国决策部门的战略观念,东道国要通过这个中转站把国家的悠久历史文化、风土习俗、人文景观、战略规划等代表着国家形象的信息传递给投资人,进而引起世界各个城市之间的比较以及各个国家与地区的比较。因此,作为国际交往中心的城市,必须能够较其他城市更能为跨国公司提供全方位的城市服务,在包括外国人出行、购物、住宿、就医、法律等各方面信息提供便捷的服务,用多语种提供咨询服务,提供安全防护,消除国家间和城市间的不信任,促进城市间的国际交往。

(4)支持本土的跨国公司发展壮大。

许多城市为吸引外资出台相应的软件或硬件措施,为国外跨国公司提供良好的投资环境,拉动了当地经济的发展,促进了对外经济合作不断展开。这在一定程度上也激励了国内企业的发展壮大。具有学习能力的国内企业在与跨国公司的接触、合作与交流中,逐渐培养了自己的人才,形成本土企业经营的资源。因此,城市功能的发挥要特别关注到这个群体。地方政府需要加快培育本土跨国公司,使其成为世界市场竞争中有实力的主体。

本土跨国公司的发展壮大需要逐渐的过程,往往把总部设在国际化程度较高的大城市。一些具有一定规模实力的本土企业,往往需要经过政府的重点扶持,经过一定时期的资源整合,在品牌、资本、市场、人才、技术等方面逐渐实施国际化战略,确立跨国经营发展的战略规划。而在这个过程中,本土企业与外国跨国公司的合作与交流是非常必要的。国际交往程度

专栏三:跨国公司

高的城市能够提供这样的条件与平台,支持与帮助中国的跨国公司尽快与国际接轨,本土企业总部与国外跨国公司的地区总部之间建立起接洽、对话与交流学习的渠道,在经常性的学习与竞争过程中不断发展与壮大,累积跨国经营知识与经验,进而扩大中国跨国公司在世界市场的份额与占有率,在全球范围内整合资源,完善内外联动,互利共赢,安全高效地开放经济,这是城市功能的重要方面。

专栏四：组织管理

北京如何为增加中国的国际规则话语权做出更大贡献

王逸舟

摘要:改革开放以来,中国对国际规则采取了主动适应与主动应用的态度。近年来,中国国力不断上升,新时期的外交实践要求中国不仅要尊重国际规则,还要更进一步参与国际规则构建。开展国际规则构建,在我们常常谈起的领导人、国家实力、战略大环境等要素外,本国的国际化大都市也能够为国际谈判、高端会议、重大国际规则讨论提供必要的软硬件支持,因此国际大都市是不容忽视的地理场域要素。对于中国而言,积极参与国际规则构建,是一项有关国家战略利益的重大目标。北京作为中国政治中心与具有世界影响力的国际化大都市,在中国参与国际话语权构建的过程中需要积极主动发挥作用。

关键词:中国;国际规则构建;北京;国际化都市

一、国际规则的重要性

国际规则是一种极为重要的"国际公共产品",它是那些能为国际社会所有成员享用的东西。国际公共产品当然包括许多种,譬如,国际组织和

作者简介:王逸舟,北京大学国际关系学院教授。

机构掌管并使用的基金、储备、股权、债务或期权,或者是以粮食、石油和各种物质形态表现的国际援助;但是就作用与影响力而言,国际规则类公共产品对于整个国际社会的意义更大。

国际规则是国际社会为了稳定国际秩序(包括经济秩序、政治秩序、安全秩序,或者是环保秩序、救助秩序、交往秩序等)、促进共同发展或提高交往效率等目的而建立的有约束性的制度性安排或规范。由于国际缺乏统一的政府和法律,也因为大家都感受到国际无政府状态的严重性,各国约定了国际协调和合作的各种方式,并以"国际规则"的形态将这些约定固定下来,使之成为在国际事务中共同遵守的东西。由此,我们见到了各种各样、不同领域的"国际规则"(或者说"制度安排")。例如,在政治和安全方面,有联合国特别是安理会及北约或东盟的形式,有核禁试条约、非核区协定、禁雷公约的形式,有对某个或某些国家实行制裁、限制特定产品或原料向某些方向出口的形式,等等;在经济和贸易方面,有各式各样的贸易组织和国际协议,有便于各国各地区经济上沟通往来的各种规定,有诸如国际货币体系、国际金融条约、国际期货安排等安排,等等;在资源利用和环境保护方面,有联合国海洋、国际洋底公约、和平利用南极协定、避免大气及空间污染协定,有防止油轮在公海泄漏、对付国际海盗行径、预防走私和贩毒活动的各种安排,等等;在外交和民间往来方面,有使节特权和礼仪的各种规定,有促进国际交流和理解的各种安排,等等;连不同相机使用的胶卷规格、电池大小,各种电器的频道制式、电源电压,邮政信件的式样和货物运输的集装箱尺码,为了方便国际交流,也都有统一的度量衡标准。[1]

这些制度性安排或规范可以是成文的、以国际法形式出现的规章制度,也可以是不成文的、非正式的默契与合作;可以是国际组织和大国会晤的决议及其他产物,也可以是私下交易的和没有公开组织者之活动的结果。国际规则可以是条约、协定等软性文本存在,也可以是世界银行、国际货币基金组织、联合国安理会等实态存在,它们最重要的特征,是公用性、可靠性和持久性,国际规则得到多数成员国的认可、接受、采用和推广,是有益于国际危机的缓和、国际和平的推动、国际贸易的发展和国际事业的

---

[1] 王逸舟.中国崛起与国际规则[J].国际经济评论,1998(3/4):32-34.

壮大,总之有助于国际社会多数成员国乃至整个人类进步的基本福祉和需要。在冷战已经结束、和平与发展成为世界主流的历史大背景之下,国际规则对于世界上任何一个国家,特别是大国来说,都是维护国家利益的重要手段;中国作为联合国常任理事国,面对国际规则,当然不能例外。

二、中国需要加强参与国际规则构建

改革开放以来,为适应国际潮流和国内进步,中国人对待国际规则的立场发生了深刻变化。中国开始尝试适应和学会使用国际规则,例如,中国批准了《联合国海洋法公约》;加入世界贸易组织后以申诉方或第三方的角色应对和解决涉及WTO的各种贸易争端和摩擦;签署《生物多样性公约》,相应制订了《中国生物多样性保护行动计划》和建立了国家环保总局牵头的履约工作协调组;全面参与了海牙国际私法公约的制定工作,并于1991年和1997年分别加入《海牙送达公约》和《关于从国外调取民事或商事证据公约》。[1]诸如此类的表现都证明,中国已经逐步全面接受了承认、尊重、使用国际规则以维护世界和平与本国合理权益的做法。

然而,随着时间流转,我们逐步发现,除了尊重、参与、使用国际规则之外,中国不断崛起的新形势、外交新局面在敦促我们要进一步迈开步伐,参与到构建国际规则的进程中来。

制订和修改规则,是国际政治中最重要的权力之一。人们经常听到的所谓"国际协调",说到底,就是某个或某些国家按照一定的想法制定出规则和程序,然后推而广之,令其他国家和国际社会接受。一方面,不管是谁构建了国际规则,只要它是促进和平与发展的,全世界当然都可以通过遵守它、利用它而为自己、为国际社会获益;但是另一方面,毫无疑问,谁构建了这个国际规则,谁就最有可能在一开始就预设一些最有利于本国政府、公司或公民的条款。譬如说,美国长期以来是国际规则最重要的制定者,由于它拥有最强大的核力量,因此在主导制定有关核不扩散的国际公约时,就可以最大限度地便宜用事,制定出对本国核武库影响最小的国际核

---

[1] 王逸舟.中国为什么特别需要尊重国际法[J].世界知识,2015(21).

不扩散公约。因此,我们可以通俗地说,主动构建国际规则,是一件"既不损人又能利己"的好事情。

在以往,人们普遍认为国际政治是一个无政府状态,基本上是以大欺小、以强凌弱、弱国无外交,但是20世纪后叶以来,特别是冷战结束以后的这二十多年里,国际规则的作用在呈现加强的趋势,国际制度、国际规范、国际组织的网络向着更广的范围、更深的领域加速扩展。譬如,在国际政策安全领域,联合国安理会包括国际原子能机构在起作用,在国际经贸领域,WTO包括新一轮的多哈回合谈判在起作用;最新的进展就是在气候、环保、生态领域,从京都议定书到哥本哈根进程再到现在的坎昆谈判,预示着未来国际气候、生态、环境的领域会有越来越多的规范,约束各个国家、各种行为体、各个利益集团的行为。甚至在文化、公民权利、社会领域我们也看到了日益增多的规范、要求、国际法的准则。

对于中国而言,作为世界第二大经济体,我们的政治、经济利益,包括公民利益都在往一个全球化的方向扩展,各种利益都不能缺失国际规则的保护。但是与此同时,我们在建构国际规则方面,却依然是一个"小学生",所发挥的能动性远远不足。以海洋权益而言,中国现在的商船、油船遍布四大洋,与国家利益休戚相关,然而正如一些外国学者们所说的那样,海洋领域中有关的国际规则,不管是技术层面的,还是管理层面或者政治层面的,绝大多数都不是中国起草制定的,很大一部分都是美国人制定的,甚至日本、英国、新加坡等国都能拿出一些颇有影响力的海洋法律、海洋规则、海洋公共产品。如缺失话语权,则对于捍卫国家利益是非常不利的,甚至可能会伤害我们的国家利益。

三、国际化大都市与国际规则构建

传统上,人们每每提及国际规则建构,首先映入脑海的都是国家领导人、国家战略、博弈斗争等人物事件,却往往忽略了一个重要的要素,即地理与场合。任何国际规则的构建,都离不开国际政治各种主体力量一起参与的会谈。选择在何地展开国际会谈,在技术层面涉及外交礼仪的问题,但在更高的战略层面,是涉及会谈能否举行、可否成功、国际规则构建能否实现的重大问题。总的来说,涉及国际规则构建的地点选择,往往需要遵循以下几个或至少其中一个原则。

其一,会谈的地点必须拥有良好的交通、酒店、餐饮、礼宾等一系列基础设施条件。构建国际规则,可能是开启一项和平谈判进程,也可能是打算构建一个新的地区或全球自由贸易区,前来参会的当然是各国各地区的权势或名流人物,仅仅从外交礼仪的角度来说,也需要予以规格的招待。而且,在国际政治中,摩根索一直强调帝国要善于使用外交礼仪,这对于感染并说服其他国际参与者,可能具有很重要的作用。[1]

其二,会谈的地点一般是依托强大的国家实力,具有世界性影响力的大城市。当今世界中,经济与贸易合作是整个国际社会都最为关心的议题,特别是成立新的贸易合作组织、构建新的贸易合作条款,是当前整个国际规则搭建的重中之重。考虑到这样的背景,如果举办城市属于一个默默无闻的小国,在世界经济舞台上几乎不占有任何抢眼的地位,那么很难相信在这个城市举办的国际规则构建会谈能够真正引起外界的关注或参与兴趣。

其三,考虑到许多国际规则构建涉及停火谈判或和平重建进程,因此会谈的地点可能需要属于一个独立的第三国,并且该国最好拥有较高的威信与公信力,这能够让坐下来谈判的冲突各方感到信服,有利于和谈的顺利进行。譬如说,埃及与以色列冲突和解进程中标志性的事件就是1978年戴维营和谈,之所以选择在此地,是因为这里是美国总统的专属度假营,就在华盛顿郊外,它象征了美国愿意为冲突两方的和谈提供一个具有威信的保证。

其四,举行会谈的地点需要具有强大的软实力,特别是在智力与学术层面能够提供强有力的支持。改革任何旧有的国际规则,或者创建新的规则,都涉及极为复杂的国际法、国际商务、公司法务、外交、国际关系、语言翻译等各种各样的难题。如果没有足够的高级人才与智力支持,很难想象可以做成什么事情。正如利奥波德·冯·兰克(Leopold von Ranke)指出,为

---

[1] 摩根索.国家间政治[M].徐昕,等译.北京:北京大学出版社,2006:109-115.

什么路易十四统治下的法国被认为是世界最强国、巴黎是欧洲中心,其中一个重要原因就在于,法语成为一切外交活动与国家间合约的唯一合规语言。❶只有拥有充足大学、研究所、智库的大型城市才有可能承担起这样的知识重任。

从以上这几点,我们也就不难理解,为何华盛顿、巴黎、伦敦、布鲁塞尔等国际化大都市同时也是世界各国进行国际合作谈判、国际组织开展活动最主要的场所。它们有着若干共同的特征:是历史悠久、设施现代化的国际化大都市;长期以来具有世界范围的影响力;所在国都是经济发达、政局稳定的国家;拥有大量的学术研究机构。

四、北京的贡献可能

刚才我们提到了譬如华盛顿、巴黎这些国际化大都市,在过去数十年乃至数百年间,无数有关建立、改革国际规则的国际会议都在这些城市召开。我们甚至可以说,当今世界主要的国际组织、国际规章制度及其所规定形成的国际交往行事规则,都是在这些城市中通过一次次的国际会议谈判而成的。

那么,是不是说当下的世界已经有了足够的国际规则,所有的国际事务都已经被安排得完美无缺了呢?答案当然是否定的,人类社会的活动范围与活动内容一直在不断扩展,整个国际社会面临的新问题不断增多,需要新的规章制度来解决新问题;同时许多老问题也发生了新变化,旧的国际规则已经不能适应新形势。譬如说南极、宇宙空间共同开发的问题、新的海洋法公约如何制定,这都是新形势、新环境之下面临的构建新国际规则的问题。因此,可以说,国际化大都市将继续承担为构建国际规则提供地理场域支持的重要功能。

在过去很长一段时间以来,中国及其大城市特别是北上广这样的大城市,支持国际会议举办、参与国际规则构建进程的作用是不足的。在此,我

---

❶ VON RANKE L. The great powers[M]//VON LAUE T, VON RANKE L.The formative years.Princeton,NJ:Princeton University Press,1950:72.

引述一些数据作为佐证：

"根据全球国际会议市场的排名情况，欧美雄踞国际会议市场前两名，亚洲名次排在后面，而中国在亚洲的排名不是很理想，远远在新加坡、日本和韩国之后。根据国际大会及会议协会（ICCA）的统计数据显示，2010年全球有54%的学会、协会类科技会议在欧洲举办，亚洲只占18%。根据《中国科学技术协会统计年鉴》，中国科协所属全国学会、协会在2012年共加入340个国际组织529人在国际组织中担任职务；2013年共加入366个国际组织，612人在相应的国际组织中担任职务。可见，加入国际组织和担任国际组织的数量呈现增长的趋势。但是在国际组织中担任要职的数量过少，在国际组织相应领域中的话语权和影响力不足。"[1]

那么在这样的情况之下，北京作为中国的首都，积极贡献自己的力量，将会极大促进中国进一步参与构建国际规则，提升国家形象，维护国家与国际社会利益。总的来说，北京的优势与可期待的贡献在于以下几个方面。

首先，我们尤其要注意到，之前提到的这些城市都有一个最大的特点，那就是它们都是世界性大国或强国的首都，华盛顿、巴黎、伦敦与柏林自不待言，分别是美、法、英、德的首都，即使说布鲁塞尔是欧洲小国比利时的首都，但它同时却也是欧盟总部的所在地，后者是集体经济总量位居世界第一的庞大国家间联盟。与此类似，北京也拥有中国乃至全世界许多国际化大都市都不可比拟的优势，即它是经济不断发展、国际影响力日益上涨的中华人民共和国的首都。可以说，这是北京可以为中国参与国际规则建构发挥作用的最大信心与底气的来源。如果没有中国崛起的大背景，来自北京的中国中央政府的声音是很难被国际社会重视的，反之，也正是因为中国崛起，使得中国的海外利益越来越多，对参与国际规则建构的现实要求也越来越迫切。中国政府在北京提出构建国际规则的想法，北京作为国际化大都市为实现这些设想提供地理场域的支持，设想的实现进一步提升中国与北京的国际影响力，这三者已经成为相互促进、相互补充的有机体。

其次，北京拥有全中国最好的基础设施、财富实力与软实力优势，有条

---

[1] 李军平.国际会议在华召开的主要问题[J].科技导报,2015,33(5):12.

件、有能力为中国政府计划的任何大型国际会议或外交活动提供最优质的后勤保障服务。譬如,北京首都国际机场是全球规模最大、运输生产最繁忙的大型国际航空港之一,拥有世界最大的单体航站楼,每天有超过近百家航空公司的上千个航班将北京与世界各地紧密连接,它是全亚洲旅客吞吐量最大的国际机场,并已经跻身世界最繁忙机场前三名。北京是绝大多数全球500强跨国公司在中国或者亚太区域的总部所在地,大量的巨型国有企业也在此运营,堪称中国的金融与贸易中心;同时北京也是中国拥有最多高等院校的城市,聚集了众多著名大学;它也是中国的传媒中心,国内外数以百计的媒体将总部或办事处设置在北京。因此可以说,北京拥有各类足以应对各种国际业务的机构与人才资源。

再次,我们也必须承认,当前世界上的一些热点问题,譬如领土主权争端发生在中国或中国周边地区。譬如中国与日本的东海权益冲突、与东南亚一些国家的南海争端、朝鲜半岛核问题、缅甸内部的宗教、种族冲突。中国作为地区大国,同时也是初步浮现的全球性大国,我们既需要妥善解决涉及自身的国际争端,也有责任与义务帮助周边国家与地区实现和平稳定,为整个东亚与全球的和平发展尽职尽责。因此,我们需要开启一些和平对话,或者是为了解决与有关国家的领土领海权益争端,或者是作为中立第三方调停地区冲突。这些国际和谈的召开很有必要,如果选择地点,要么是在其他当事国的城市,要么就是在北京。譬如挪威为了实现加沙地区的最终和平,以中立第三国的身份在首都奥斯陆开启了"奥斯陆和平谈判进程",这使得挪威与奥斯陆在全世界范围内赢得了高度赞誉。设想一下,如果中国政府能够在北京启动类似的对话进程,与南海诸国磋商出合适的海洋权益划分与共享办法,妥善解决权益争端,或者是居中调停缅甸内部的和平问题,那么这将是中国政府与北京为世界和平与发展做出的巨大贡献,也代表着中国在参与构建国际规则的道路上迈出了坚实的步伐。

最后,要专门提及一下北京的历史、文化与艺术资源。当前国际社会,特别是以欧洲为代表的西方世界,已经逐步显现出了后现代社会的特征,文化历史艺术资源成为国际交往中的重要筹码与主题。如何规范、保护这些资源,促进其长期存续发展,是当前许多国家及国际组织所关心的问题。譬如联合国教科文组织一直致力于构建全世界对于历史文化遗产的保护守则,希望建立起完备的国际准则,以减少人类活动对历史文化资源的破坏。北京在这方面的优势可谓得天独厚。它本身就是国家历史文化名城,拥有99处全国重点文物保护单位,而且整个北京全市拥有7处世界遗产,是联合国教科文组织认定的全球拥有世界遗产最多的城市。与其相得益彰的是,中国乃至全世界最好的古建筑、古文化、古艺术的研究保护机构基本上都在北京。譬如北京大学的考古文博学院、中国社会科学院的考古研究所、中国戏曲研究院。可以说,只要北京愿意发力,就可以在促进国际历史文化艺术规则制定的问题上发挥领军性质的作用。

五、结语

面对国际规则,从改革开放至今,中国人走过了从陌生到开始了解,从抗拒到充分利用的历史过程。发展到今天,在大国崛起的历史大背景下,中国越来越需要思考如何积极参与对国际规则的改革与构建工作,发挥一个大国应有的责任与影响力。要想做成功这样一件重大的事业,就要积极搭建国际平台,发出国际呼吁、召开国际会议、启动国际谈判进程。这些事情是离不开中央与举国上下的共同努力的。其中在什么样的地理场域推行这些大计划、大行动,是非常值得重视的。综合看来,北京作为中国的首都,兼备政治影响力、经济实力、人才储备、软实力资源等多方优势,当属一个最合适的选择。北京能够、也应该为中国参与构建国际规则的战略部署尽到自身最大的努力,做出应有的贡献。

浅析北京市对外交往现状及发展趋势

朱生志

摘要:在全球化时代背景下,北京市围绕建设中国特色世界城市的奋斗目标,对外交往活动蓬勃开展,取得了很大的成绩。本文以2000~2014年北京市重要的对外交往活动为考察对象,从积极服务国家总体外交、发展友好城市关系、组织参与大型国际活动等方面尝试探讨21世纪以来北京市对外交往的现状和发展趋势。

关键词:北京市;对外交往;现状;趋势

全球化的发展催生了经济、文化和政治要素的全球扩张,促使各国城市在全球化浪潮中广泛展开国际交往。北京,作为中华人民共和国的首都,在改革开放后,充分利用自身条件,发挥有利的政治优势和地缘优势在国际化进程中扩大对外交往,在提升城市竞争力和影响力等方面做了有益探索。尤其是2005年提出建设"世界城市"的战略发展目标后,北京市围绕建设中国特色世界城市的奋斗目标,对外交往活动蓬勃开展,对外交往工作取得了很大的成绩,国际地位、国际影响力、国际知名度与日俱增。本文以2000至2014年北京市重要的对外交往活动为考察对象,尝试探讨21世纪以来北京市对外交往的现状和发展趋势。

作者简介:朱生志,北京市人民政协理论与实践研究会助理研究员。

一、21世纪以来北京市对外交往状况分析

21世纪以来,北京市对外交往迅速发展,交流领域不断拓展,涉外环境持续改善,国际影响日益扩大,外事管理规范有序。对外交往总体呈现出全方位开放、多层次交流、宽领域合作、布局合理、形式多样、蓬勃发展的良好局面。通过考察,可以发现:北京市对外交往直接服务于国家总体外交,体现了北京作为全国政治中心、文化中心、国际交往中心和科技创新中心的首都核心功能定位;北京市友城工作以促进首都经济社会发展为出发点和落脚点,为首都经济建设、政治建设、文化建设、社会建设和生态文明建设发挥了更加积极的作用,为落实和强化首都四个战略功能定位创造了有利外部条件;北京市积极组织并参与大型国际活动,大力参与国际合作与竞争,大大推进了中国特色世界城市的建设进程。

(一)发挥首都独特优势,积极服务国家总体外交

首都城市的特殊性决定了首都对外交往工作既是国家总体外交在地方的延伸,又是国家总体外交的重要组成部分。作为首都,北京市对外交往对象遍布世界五大洲,绝大多数是所在国家的首都或中心城市。发挥首都独特优势、积极服务国家总体外交是北京作为首都这一角色定位开展对外交往工作的首要任务。做好首都对外交往工作必须坚持和维护国家外交大政方针,时刻与中央在思想上、行动上保持一致,确保首都对外交往工作不折不扣地落实国家外交决策部署。一直以来,北京市充分发挥首都城市的特殊性和对外交往的独特优势,依托友城渠道和友城资源,圆满完成中央交办的各项外交外事任务。

(1)维护国家主权、安全和核心利益。北京市在对外交往过程中与中央保持高度一致,严格执行中央外交方针政策,切实维护国家主权、安全和核心利益,充分利用友城渠道加强对敌对势力的防范,主动宣传我原则立场,配合中央有理、有利、有节地开展涉外工作。比如,英国伦敦市市长、韩国首尔市市长、德国科隆市市长、加拿大渥太华市市长、澳大利亚新南威尔士州州长等代表团访京期间,北京市分别就敏感问题和重大关切问题做外

方工作,外方均做出明确、积极的回应。❶2008年4月22日,北京市外办通过驻法使馆及法国媒体网站获悉,巴黎市议会通过巴黎市长提议授予达赖巴黎"荣誉市民"称号的提案。郭金龙及杜德印分别致函巴黎市市长及市议会主席,对此表示强烈不满和坚决反对,并通过相关市属媒体发表了《北京市坚决反对巴黎市授予达赖"荣誉市民"称号的公开声明》。❷北京市还在外交部的指导下,着眼中日关系发展大局,积极稳妥地与东京都开展交往合作。

(2)认真落实国家领导人出访成果,配合国家总体外交。落实时任国务院总理温家宝2010年访问土耳其成果,参与"2012土耳其中国文化年"活动,主办"魅力北京"图片展和"北京之夜"文艺演出。落实2010年习近平同志访问白俄罗斯成果,推动住总集团和首旅集团等企业在明斯克市投资建设明斯克"北京饭店",并列入中白两国重点经贸合作项目清单,目前该项目已竣工交付使用。落实2013年李克强总理访印成果,与印度德里邦缔结友好城市关系。

(3)承担大量高规格国际接待是北京作为首都的一大特色。进入21世纪后至北京奥运会前,北京接待国宾、党宾及副总理级以上重要团组共计1654批,相当于20世纪80年代与90年代接待量总和的1.5倍。❸

2000~2013年,北京市协助外交部等中央有关单位接待副总理级以上国宾、党宾团组的数量,呈总体上升趋势(见表1),这与国家日益融入经济全球化、扩大对外交往的背景是相吻合的。

(4)积极参与国家间重大交流活动。在充分发挥首都的历史、文化和旅游资源优势基础上,北京市积极参与我国与俄罗斯、德国、澳大利亚、土耳其、希腊等国举办的国家年活动。习近平主席在俄罗斯"中国旅游年"开

---

❶ 北京市人民代表大会常务委员会.关于北京市国际友好城市工作情况的报告[EB/OL].(2014-05-22)[2016-02-14].http://fuwu.bjrd.gov.cn/rdzw/information/exchange/bulletinwords.do?method=showInfoWeb&Id=2014975#.

❷ 北京市外事办公室.外事年鉴——2009年对外交往[EB/OL](2010-02-23)[2016-03-01].http://www.bjfao.gov.cn/zwgk/ws-nj/2009/11204.htm.

❸ 田勇.北京市外事工作六十年[EB/OL].(2009-08-26)[2016-01-21]. http://www.bjdfz.gov.cn/ShowNewsLevel3.jsp?NewsID=1548.

幕式上对北京市与友城莫斯科市组织的普通家庭民宿旅游活动给予充分肯定,并评价说,"这些中俄家庭就像亲人一样一起生活,结下了深厚友谊,分别时都依依不舍。我相信,他们都会把这一段美好的经历永远珍藏在心中。"❶此外,依托中德建交40周年和德国"中国文化年"活动,分别在友好城市柏林市和科隆市举办文化演出、青少年交流和中医药推广等活动,推动北京市与柏林市和科隆市的友好城市关系迈上新台阶。2012年在澳大利亚悉尼歌剧院举办庆祝中澳建交40周年专场音乐会,澳大利亚前总理霍克观看了音乐会,澳大利亚总理杰拉德为演出发来贺信。为表彰北京市与巴黎大区在推进中法双边合作、发展两国关系方面做出的特殊贡献,2010年6月第三届中法地方政府合作高层论坛授予本市与巴黎大区"中法地方政府合作奖"。

表1　2000年至2013年北京市接待国际团组的数量统计表

年份	2000	2001	2002	2003	2004	2005	2006
团组数	144	146	127	132	42	179	204
年份	2007	2008	2009	2010	2011	2012	2013
团组数	210	444	285	279	223	155	226

资料来源:根据《北京外事年鉴》历年数据整理;2004年的数据为外国市级团组数;其他年份数据为外国党宾、国宾团组数。

(二)发展友好城市关系,为首都建设创造有利外部条件

北京市于1979年与日本东京都缔结了第一个友好城市,开启了北京市发展国际友好城市的先河。经过三十多年的发展,北京市按照"布局合理、规模适当、重在实效"的友城发展原则,稳步扩大友城规模,不断优化友城布局。尤其是《北京市"十二五"时期外事工作发展规划》和《北京市"十二五"时期国际友好城市工作发展规划》发布以来,北京市友城工作按照以服务国家外交全局为核心,以促进首都经济社会协调发展为出发点和落脚点,以高层互访为契机,以体制机制创新为动力,以统筹友城资源为抓手,

---

❶ 习近平在俄罗斯中国旅游年开幕式上的致辞[EB/OL].(2013-03-23)[2016-01-21].
http://news.xinhuanet.com/politics/2013-03/23/c_124494045.htm.

以促进务实合作为目标,友城工作取得了新发展和新成效。

2000年以来,北京市先后与澳大利亚首都地区、西班牙马德里自治区、希腊雅典市、匈牙利布达佩斯市、罗马尼亚布加勒斯特市、古巴哈瓦那市、菲律宾马尼拉市、英国伦敦市、埃塞俄比亚亚的斯亚贝巴市、新西兰惠灵顿市、芬兰赫尔辛基市、哈萨克斯坦阿斯塔纳市、以色列特拉维夫市、智利首都大区、葡萄牙里斯本市、阿尔巴尼亚地拉那市、卡塔尔多哈市、哥斯达黎加圣何塞市、墨西哥墨西哥城、爱尔兰都柏林市、丹麦哥本哈根市、澳大利亚新南威尔士州、印度德里邦、伊朗德黑兰市、蒙古国乌兰巴托市和老挝万象市等26个首都城市或中心城市缔结友好城市。新缔结的友城实现了中印友城零的突破,强化了欧洲、美洲友城网络,进一步健全了首都全方位、多层次、宽领域的对外交往格局,友城布局更趋合理,友城交往质量进一步提升。

截至2015年4月,北京已与全世界47个国家的52个城市建立友好城市关系,其中,欧洲21个,占40.38%;亚洲15个,占28.85%;美洲10个,占19.23%;非洲和大洋洲各3个,占11.54%(见表2)。[1]此外,与英国威尔士、意大利米兰、韩国釜山等13个城市建立了密切的友好交流关系。目前,友好城市交往已经突破了市长互访和考察交流的基本模式,实现了向经济合作、文化体育交流等多方位、立体化的方向转变,日益成为北京市对外交往的重要渠道,对外交流的层次从市级扩大到市属局级单位、各区县和民间团体;对外交流的范围从以人员往来、物品互赠扩展为主发展为以信息交流、技术合作为主;对外交流的领域从传统的文化、体育、教育、经贸逐渐扩大到环境保护、市政管理、城市交通、社会福利等领域。

表2 北京市友好城市统计表

顺序	城市	国家	所属洲	缔结日期
1	东京都	日本	亚洲	1979-03-14
2	纽约市	美国	北美洲	1980-02-25

[1] 北京市外事办公室.友好城市名录[EB/OL].(2015-05-13)[2016-01-21].http://www.bj-fao.gov.cn/yhjw/city/sistercity/10230.htm.

专栏四：组织管理

续表

顺序	城市	国家	所属洲	缔结日期
3	贝尔格莱德市	塞尔维亚	欧洲	1980-10-14
4	利马市	秘鲁	南美洲	1983-11-21
5	华盛顿特区	美国	北美洲	1984-05-15
6	马德里市	西班牙	欧洲	1985-09-16
7	里约热内卢市	巴西	南美洲	1986-11-24
8	巴黎大区	法国	欧洲	1987-07-02
9	科隆市	德国	欧洲	1987-09-14
10	安卡拉市	土耳其	亚洲	1990-06-20
11	开罗省	埃及	非洲	1990-10-28
12	雅加达省	印度尼西亚	亚洲	1992-08-04
13	伊斯兰堡市	巴基斯坦	亚洲	1992-10-08
14	曼谷市	泰国	亚洲	1993-05-26
15	布宜诺斯艾利斯市	阿根廷	南美洲	1993-07-13
16	首尔特别市	韩国	亚洲	1993-10-23
17	基辅市	乌克兰	欧洲	1993-12-13
18	柏林市	德国	欧洲	1994-04-05
19	布鲁塞尔大区	比利时	欧洲	1994-09-22
20	河内市	越南	亚洲	1994-10-06
21	阿姆斯特丹市	荷兰	欧洲	1994-10-29
22	莫斯科市	俄罗斯	欧洲	1995-05-16
23	巴黎市	法国	欧洲	1997-10-23
24	罗马市	意大利	欧洲	1998-05-28
25	豪登省	南非	非洲	1998-12-06
26	渥太华市	加拿大	北美洲	1999-10-18
27	首都地区	澳大利亚	大洋洲	2000-09-14
28	马德里自治区	西班牙	欧洲	2005-01-17
29	雅典市	希腊	欧洲	2005-05-10
30	布达佩斯市	匈牙利	欧洲	2005-06-16
31	布加勒斯特市	罗马尼亚	欧洲	2005-06-21
32	哈瓦那市	古巴	南美洲	2005-09-24

续表

顺序	城市	国家	所属洲	缔结日期
33	马尼拉市	菲律宾	亚洲	2005-11-14
34	伦敦市	英国	欧洲	2006-04-11
35	亚的斯亚贝巴市	埃塞俄比亚	非洲	2006-04-17
36	惠灵顿市	新西兰	大洋洲	2006-05-10
37	赫尔辛基市	芬兰	欧洲	2006-07-14
38	阿斯塔纳市	哈萨克斯坦	亚洲	2006-11-16
39	特拉维夫市	以色列	亚洲	2006-11-21
40	首都大区	智利	南美洲	2007-08-06
41	里斯本市	葡萄牙	欧洲	2007-10-22
42	地拉那市	阿尔巴尼亚	欧洲	2008-03-21
43	多哈市	卡塔尔	亚洲	2008-06-23
44	圣何塞市	哥斯达黎加	北美洲	2009-10-17
45	墨西哥城	墨西哥	北美洲	2009-10-19
46	都柏林市	爱尔兰	欧洲	2011-06-02
47	哥本哈根市	丹麦	欧洲	2012-06-28
48	新南威尔士州	澳大利亚	大洋洲	2012-08-03
49	德里邦	印度	亚洲	2013-10-23
50	德黑兰市	伊朗	亚洲	2014-02-27
51	乌兰巴托市	蒙古国	亚洲	2014-08-17
52	万象市	老挝	亚洲	2015-04-24

资料来源：北京市外事办公室.友好城市名录[EB/OL].(2015-05-13)[2016-01-21].http://www.bjfao.gov.cn/yhjw/city/sistercity/10230.htm.

在经济交流方面，北京市与友城之间大力开展经贸合作，为北京市各类市场主体开拓国际市场搭建平台，友城成为北京市企业"走出去"和吸引国际资源的重要渠道。郭金龙同志访问友城期间，促成了北京银行与ING国际集团、北汽福田与莫斯科市政府等多个合作项目，并出席在阿姆斯特丹、里约热内卢等友城举办的企业洽谈会、京交会推介会等大型经贸活动，为企业开展国际合作创造条件。刘淇同志任市委书记期间访问缅甸，较好地解决了北汽福田公司在缅投资遇到的经营壁垒问题。王安顺市长深入考察美国风险投资、高科技产业和产学研合作相关情况,推动北京市与美国地方政府、金融机构以及科技企业深入开展互利合作,加快了"环球影城"落户通州的进程。

2009~2014年,北京市共接待市级友城来访团组177批次,取得合作实效。[1]新西兰惠灵顿市市长访京期间,促成大兴庞各庄新西兰农业产业园项目;加拿大渥太华市市长访京期间,促成加方4个高科技项目入驻中关村发展集团渥太华国际孵化中心;在澳大利亚新南威尔士州州长、韩国首尔市市长、瑞士日内瓦州州长和德国科隆市市长访京期间,组织经贸投资洽商和旅游推介等活动,以此推动友城间经贸合作。通过与美国华盛顿的友城关系,促成国航开通北京至华盛顿直航,有力促进了双向旅游和商务活动,推动中关村9家高科技企业在华盛顿开设分支机构,以更好地开拓北美市场。

目前来看,北京市友城工作以促进首都经济社会发展为出发点和落脚点,大力吸引了符合首都功能定位和发展需要的人才、资本、技术、管理等高端资源,为首都经济建设、政治建设、文化建设、社会建设和生态文明建设发挥了更加积极的作用,为落实和强化首都四个战略功能定位创造了有利外部条件。

(三)组织参与大型国际活动,积极参与国际合作与竞争

作为中国的国际交往中心,北京近年来承担了越来越多的大型国际活动的举办,尤其是重要的国际性会议(见表3)。仅以2012年为例,北京市共举办城市可持续发展北京论坛、普利兹克建筑奖颁奖典礼、京交会等51场重大涉外和国际活动。北京市共审复各单位申办、举办国际会议与国际活动的申请56场,为来自33个国家的253批次661名外宾办理来京出席国际

---

[1] 赵会民.关于北京市国际友好城市工作情况的报告[EB/OL].(2014-05-22)[2016-01-21].http://fuwu.bjrd.gov.cn/rdzw/information/exchange/bulletinwords.do?method=showInfoWeb&Id=2014975#.

会议(活动)的邀请函。❶这一增长趋势近年来得以平稳保持。

在国际论坛与峰会涉及的议题上也逐渐呈现百花争鸣的格局,涉及领域极为丰富。

表3 2008~2014年北京市组织、参与的重大国际性会议一览表

年份	重大国际性会议或论坛
2014	APEC峰会、世界旅游城市联合会2014北京香山旅游峰会、世界种子大会、世界葡萄大会、世界广告大会、中国(北京)跨国技术转移大会、2014金融街论坛暨第十届北京国际金融博览会、中国北京国际文化创意产业博览会、中国北京国际魔术大会、北京国际图书博览会、北京国际武术文化交流大会
2013	亚太经合组织(APEC)非正式高管会、中国(北京)国际园林博览会、首届联合国教科文组织创意城市北京峰会、中国(北京)国际服务贸易交易会(简称京交会)、第二届金融街论坛、2013年世界女子水球联赛总决赛(首次落户北京)、第十七届国际"奥林匹克竞技体育与大众体育"科学大会(首次在亚洲召开)、第八届世界数独锦标赛和第二十二届世界谜题锦标赛(中国首次举办)、首届全球学习型城市大会、世界智力精英运动会、中国北京国际科技产业博览会、中国北京国际文化创意产业博览会、北京国际图书博览会
2012	首届中国(北京)国际服务贸易交易会(简称京交会)、城市可持续发展北京论坛、普利兹克建筑奖颁奖典礼、世界草莓大会、世界旅游城市联合会(成立)、世界智力精英运动会、世界知识产权组织保护音像表演外交会议、首届金融街论坛、北京国际数独大奖赛、首届中国北京魔术大会、首届国际动漫博览会、北京国际图书博览会、中国北京国际文化创意产业博览会、北京国际电影节、中国北京国际科技产业博览会

❶ 北京市外事办公室.2013年外事综述[]EB/OL].(2015-08-31)[2016-01-21].http://www.bjfao.gov.cn/zwgk/wsnj/2013n/82608.htm.

专栏四：组织管理

续表

年份	重大国际性会议或论坛
2011	国际休闲产业论坛、世界群众体育大会、首届世界智力精英运动会、世界漫画大会、首届国际学生北京夏令营、北京国际金融博览会、中国北京国际科技产业博览会、北京国际旅游博览会、中国北京国际文化创意产业博览会、北京国际图书博览会、北京国际电影节、北京国际音乐节
2010	首届世界月球会议、世界CBD联盟2010年度峰会、世界奥林匹克城市联盟峰会、世界音乐教育大会、首届世界武搏运动会、北京国际金融博览会、中国北京国际科技产业博览会、中国北京国际文化创意产业博览会、北京·中国文物艺术品国际博览会、北京国际音乐节
2009	北京世界设计大会、世界媒体峰会、世界斯诺克中国公开赛、北京国际马拉松赛、诺贝尔奖获得者北京论坛、北京国际城市友好城市市长会议、北京国际金融博览会、北京CBD国际商务节、中国北京国际科技产业博览会、中国北京国际节能环保展览会、北京国际旅游博览会、中国北京国际文化创意产业博览会、北京国际教育博览会、北京国际音乐节
2008	第七届亚欧首脑会议、北京第二十九届奥林匹克运动会、北京第十三届残奥会、诺贝尔奖获得者北京论坛、中国国际友好城市大会、第十六届国家和地区奥林匹克委员会协会代表大会、71届国际体育记协代表大会、首届世界智力运动会、北京国际音乐节、中国北京国际科技产业博览会、中国国际版权博览会

资料来源：北京市地方志编纂委员会办公室.北京年鉴[M].北京:北京年鉴社,2009-2014。

归纳起来,北京市组织、参与的重大国际性会议主要涉及四个方面。

（1）北京对于自身城市可持续发展的管理与规划,通过举办各类论坛峰会,向友好城市、国际智库等机构借鉴经验,听取意见建议,比如举办北京国际城市友好城市市长会议、中国国际友好城市大会、城市可持续发展北京论坛。

（2）关于北京重点发展产业而举办的国际性论坛,如金融业、国际贸易、旅游等产业,这些论坛如金融街论坛、北京国际金融博览会、京交会、世界旅游城市联合会2014北京香山旅游峰会、北京国际旅游博览会、国际休闲产业论坛等,旨在推动北京自身产业的发展,并进一步巩固北京在该领域的国内以及国际优势地位。

(3)服务国家总体外交,参与有关活动也是重要的议题之一,如政治经济领域的APEC峰会、亚太经合组织(APEC)非正式高管会;文化体育领域的奥林匹克运动会与残奥会、世界奥林匹克城市联盟峰会、中国(北京)国际园林博览会。

(4)在推动文化交流领域中,国际动漫博览会、世界漫画大会、国际学生北京夏令营、中国北京国际文化创意产业博览会、北京国际图书博览会、北京国际电影节、北京国际音乐节的举办也显示了北京对外交流领域的全面性和综合性。

北京通过积极搭建国际性会议这一平台,一方面向世界借力,吸收、汲取国际领先的技术、理念和方法来提高城市发展的质量与速度;另一方面,也凭借这一平台向世界介绍中国、介绍北京,并逐步参与国际游戏规则的制定,为中国打造负责任的大国提供了有力的实践支持。

二、北京市对外交往发展趋势分析

无论从政治资源、地缘优势,还是从人文遗产及其在当今世界经济活动中的地位等方面来说,北京市都是中国最重要的对外交往城市之一,也是世界了解中国最重要的窗口之一。毋庸置疑,随着国家综合国力的不断强大,中国参与世界事务的深度、广度在可预见的将来会越来越深入。在北京与世界其他城市或地区传统友谊和良好的政治关系的坚实基础上,北京市作为首都,其对外交往活动的数量、质量、广度、深度必将有长足的进步,北京市对外交往工作前景广阔。

(一)进一步加大服务国家总体外交力度

地方对外交往始终要围绕着坚持"三个服务","即坚持服务中央总体外交、服务地方经济社会发展、服务地方日益增长的国际交往需求"而开展工作。❶作为国家总体外交的一个重要组成部分,作为首都,北京市对外交往活动是在国家总体外交的统筹下进行的,必须与国家总体外交保持高度一致,从而形成国家的外交合力。

为了更好服务于国家总体外交,今后北京市要在以下四个方面加大工作力度。

(1)全面提升服务于国际交往的软硬件水平,努力为国家总体外交提供高质量、全方位的服务。北京市相关部门要提高政策水平和礼宾接待水平,做好来京重要宾客的接待工作,为在京举行的重要外交外事活动提供优质服务保障,接待应邀到北京参观考察的党宾、国宾,比如高标准服务好2022年北京冬奥会等重要国际活动。

(2)完善现有使馆区及相关区域服务设施,为外国驻华使领馆、国际组织驻华代表机构、外国驻京新闻媒体等国际机构与组织提供优质服务。

(3)在突发事件和重大事件面前,严格按照中央的统一要求和部署,及时妥当处理问题,积极协助开展外交活动,维护国家尊严、社会稳定和首都形象。

(4)充分发挥首都城市的特殊性和对外交往的独特优势,依托友城渠道和友城资源,圆满完成中央交办的各项外交外事任务。

(二)扩大和深化与友好城市的交往范围及领域

北京的友好城市工作不仅在配合国家总体外交方面做出了积极努力,而且已经成为北京市对外交往的主要渠道之一。北京市与其友好城市的交往前途会更加广阔。

今后一个时期,北京应当从五个方面努力,将友好城市交往作为北京走向世界的重要途径。

第一,服务国家总体外交,营造和维护有利的外部发展环境。配合国

---

❶ 赵丕涛.外事概说[M].上海:上海社会科学出版社,1995:8.

家外交部署和对外经济、安全、能源战略,开展友城工作,加强与友城的沟通协调与务实合作,与友好城市围绕国家建交周年策划有关庆祝活动。贯彻落实中央周边外交工作会议精神,加快构建和强化北京同周边国家首都的友好城市网络。

第二,完善友城布局,推动友城工作进一步向全方位、多层次、宽领域发展。按照布局合理、规模适当、重在实效的原则,发展新友城。对外结好充分考虑政治、经济、历史、文化、地缘等因素,重点选择在周边国家、非洲、大洋洲发展新友城,培育和发展与本市互补性强、合作前景广阔的友好城市关系,注重友城数量和质量的有机统一,实现发展一个友城,辐射一片区域。

第三,服务首都经济社会发展。围绕全市中心任务和重点工作,认真做好友城高层互访的事前组织策划、事中统筹协调、事后跟踪落实,充分发挥高层访问在增进友好互信、吸引高端资源、推动重大合作等方面发挥的引领带动作用。通过友城渠道,服务本市举办的京交会、科博会、文博会、电影节等大型国际活动,邀请并协助友城政府、企业和机构参与上述活动。充分发挥本市同各友城的比较优势、竞争优势和互补优势,深化双方在贸易、投资、文化创意、旅游等领域的合作。

第四,改革创新,健全友城工作的体制机制。完善友城统筹协调机制。加强政府对友城工作的统一领导,完善各级外事部门对友城工作的统筹协调和归口管理职能。健全市级和区县友城工作协调机制,调动企事业单位、民间团体和个人参与友城工作的积极性,加快构建上下联动、政经结合、官民并举、互利共赢的"大友城"工作格局。加大对友城资源的整合力度,建立健全友城工作成果共享机制。

第五,加强人员交流与民间交往。北京市可以进一步将友好城市作为沟通的桥梁,让更多市民直接参与到友城交流活动中,有利于夯实对外友好的民意基础。除此之外,北京市还应加强城市间行政人员交流,学习借鉴先进管理经验。

(三)打造高水准国际交流平台,提高北京国际知名度

第一,积极承办重大国际会议。将举办国际会议作为增强城市国际影响力和提高国际知名度的重要渠道。积极申办联合国及附属机构、专门机构和其他重要国际组织的年度大会,争取重大国际会议在京举办。积极筹办有国际影响力的经济、科技、文化等高端论坛。

第二,适时规划建设国际组织机构集聚区,吸引更多更重要的国际组织到北京落户。积极争取中央政策支持,吸引联合国及其专门机构在京设立办事处,有针对性地吸引国际经济、金融组织等经济类国际组织入驻北京,鼓励科技、文化、体育等专业类国际组织在京设立分支机构,使北京成为国际组织的重要集聚地。

第三,承办和培育重大国际体育赛事和文化活动。延伸奥运效应,积极吸引国际大型体育赛事来京举行。扩大中国国际网球公开赛、北京国际马拉松赛、北京国际斯诺克赛等赛事的国际影响力。尤其是利用好冬奥会契机,进一步推进北京国际体育中心城市建设。进一步办好国际音乐节、大学生电影节、国际旅游节等文化交流活动。培育和打造有国际影响力的影视、时装等时尚文化品牌活动。

第四,积极举办具有国际影响力的重大展览活动。加强与国际展览局、国际展览业联盟的协作,大力吸引国内外会议展览组织和会展落户北京。

三、结语

进入21世纪以来,北京市对外交往迅速发展、交流领域不断拓展、涉外环境持续改善、国际影响日益扩大、外事管理规范有序。对外交往总体呈现出全方位开放、多层次交流、宽领域合作、布局合理、形式多样、蓬勃发展的良好局面。通过考察,可以发现:北京市对外交往主要在服务国家总体外交、开展友城工作、积极组织并参与大型国际活动等方面。

无论从政治资源、地缘优势,还是从人文遗产及其在当今世界经济活动中的地位等方面来说,北京市都是中国最重要的对外交往城市之一,也是世界了解中国最重要的窗口之一。可以预见的是,随着国家综合国力的不断强大,中国参与世界事务的深度、广度会越来越深、越来越广。在北京与世界其他城市或地区传统友谊和良好的政治关系的坚实基础上,北京市作为首都,其对外交往活动的数量、质量、广度、深度必将有长足的进步,对外交往工作前景广阔。

北京在展现中国软实力中的独特地位

——以"北京论坛"为例

贾红果

摘要:"话语权"体现着一个国家的软实力。中国的国际话语权有了很大的提升,但是仍然面临困境。中国的发展道路和发展模式有时遭到质疑甚至是歪曲。因此,中国迫切需要展示软实力,提升话语权。北京论坛为中外文明交流搭建了一个平台,中国学者在北京论坛上很好地展示了中华文明的价值,展现了中国的软实力,提升了中国的话语权。北京因其独特的资源优势在中国的话语权建设中具有独特的地位。

关键词:软实力;话语权;北京论坛;北京

自从1979年中国改革开放以来,中国经济飞速增长,目前已经成为仅次于美国的全球第二大经济体,人民生活水平也相应得到大幅提升。短短的三十年中国经济社会事业的全面进步震惊了世界,中国独特的发展道路成为全球关注的焦点,"中国模式"遂成为"华盛顿共识"之外的另一条可供选择的发展道路。中国经济政治实力的增强提升了中国的国际话语权,无论是在全球层面还是在地区层面,中国已经成为议题设定与规则制定的重要参与方。

作者简介:贾红果,山东科技大学讲师。

尽管中国的话语环境得到很大改善,但是也必须清醒地认识到,当前世界话语权格局总体仍未改变,以七国集团为代表的西方发达国家仍然牢牢地掌控着话语权,而中国话语权的分量还很有限。特别是在看待中国模式的成功时,由于意识形态、价值观念、政治体制的差异,西方国家或者是质疑,急切企图用自由、平等、民主、人权的"普世价值"改造中国模式;或者是恶意中伤,将中国模式贴上野蛮资本主义、权贵资本主义的标签,制造中国威胁论、中国崩溃论,甚至还有声音试图要中国承担无法承担的国际义务和责任。因此,为了告诉世界中国发展的实际情况、向世界展示中国的正面形象,也为了在事关中国的国际和地区事务中维护自身的利益,需要提升国际话语权,发出更多的声音,打破在国际话语体系中的困境。

一、软实力与话语权

提"话语权"就必须提"软实力"(soft power),两个概念不能割裂。话语权是指社会成员就社会公共问题和国际事务自由发表意见、立场和主张的权利和资格。它主要包括"谁在说""说什么""怎么说"和"效果如何"等内容。❶软实力概念由美国哈佛大学教授约瑟夫·奈(Joseph S. Nye)提出,是一个与军事实力、经济实力等硬实力(hard power)相对的概念,指的是与诸如文化、意识形态和制度等抽象资源相关的、决定他人偏好的"软性同化式实力",换句话说,就是指通过吸引力而非强制手段,让他人自愿追求你所要的东西之能力。软实力主要包括文化吸引力、意识形态或政治价值观念、塑造国际规则和决定政治议题的能力。❷在软实力三要素中,最重要的是文化吸引力。一个国家的文化吸引力决定着其意识形态或政治价值观念能否被其他国家的人民广为接受,也决定着其塑造国际规则和决定政治议题的能力。联系两个概念,可以得出一个结论,即软实力特别是文化软实力强,则话语权强。因此中国如果想提升国际话语权,就必

---

❶ 张殿军.硬实力、软实力与中国话语权的建构[J].中共福建省委党校学报,2011(7).
❷ 张小明.约瑟夫·奈的"软权力"思想分析[J].美国研究,2005(1).

须首先展示自己的文化软实力。文化软实力的展示需要硬件设施、制度环境、人文历史等各类资源的支撑,而这些资源都集中在城市,所以说,"城市是国家文化软实力的建设主体"。❶作为中国政治经济文化中心,北京在展示中国文化软实力、提升中国国际话语权的历史进程中具有特殊的地位。

从历史角度看,北京是中国最著名的历史文化名城。北京有着3000多年的建城史和860年建都史,被誉为中国的帝王之都、首善之地。作为辽、金、元、明、清五代的国都和统治中心,北京又融合了汉、满、蒙等多个民族的文化,具有独特的多元文化魅力。1949年以后,作为新中国的首都,北京又代表了中国政治经济文化科技全方位各领域的先进水平。也正是因为独特的地位和资源,北京已经成为中国对外交往、中外全方位交流的中心,每年各层次各领域的对话论坛密集地在北京举行。透过这些中外交流与沟通平台,有力地展现了中国的文化软实力、提升了中国的话语权,"北京论坛"就是其中的典型代表。

二、北京论坛的历史与特点

(一)北京论坛的建立、宗旨与组织机构

北京论坛创立于2004年,是由北京大学、北京市教育委员会和韩国高等教育财团联合主办的国际性学术论坛。北京论坛的宗旨是,以北京雄厚的文化底蕴为依托,介绍和发表世界高水平的学术成果,致力于推动亚太地区人文、社会科学问题的研究,促进世界学术发展和社会进步,为人类的发展做出贡献。❷为了实现北京论坛的宗旨,已故原北京大学副校长、著名历史学家何芳川教授特意将北京论坛的总主题设定为"文明的和谐与共同

---

❶ 刘士林.城市是国家文化软实力的建设主体[EB/OL].(2015-11-04)[2016-02-21].http://www.wenming.cn/djw/tbch/dywe/201511/t20151104_2948537.shtml.

❷ 北京论坛秘书处.北京论坛手册[EB/OL].(2013-10-09)[2016-02-21].http://www.beijingforum.org/res/Home/1310/1310995.pdf.

繁荣"。在此主题下,北京论坛每年举办一次年会,邀请全世界的著名学者、政治家、企业家等各界名流来北京进行对话。北京论坛的组织机构包括国际顾问团、组织委员会、学术委员会、秘书处四部分。秘书处成员主要来自北京大学国际合作部、党委宣传部、国际交流中心等行政部门,主要负责与国内外嘉宾学者、校内各院系、组委会及相关单位的沟通协调,论坛议程、论文的编辑整理,以及会务接待等工作。[1]组织委员会主要由北京市委及教育主管部门的领导、北京大学的校领导组成,负责论坛的组织领导工作。国际顾问团是北京论坛重要的战略咨询机构,成员主要为世界各国和国际机构的前任与现任元首政要、大学校长。[2]学术委员会是北京论坛重要的学术决策机构,成员主要是世界知名学者,职责是为北京论坛重大学术问题决策、战略发展方向、主旨报告嘉宾推荐邀请等给予建议和指导。[3]

（二）北京论坛的两大特征

（1）总主题的一以贯之。

从2004年开始至今,北京论坛始终不渝地坚守着创立时的初衷,即推动"文明的和谐与繁荣"。北京论坛的这一纲领准确地把握住了时代的脉搏。当今世界,一方面经济全球化正以不可思议的速度、广度和深度扩展,世界的每一个角落都被拉入到现代世界经济体系中;另一方面,"在历史上第一次出现了多极的和多文明的全球政治。"经济全球化、政治多极化、文明多样化在互联网时代被叠加在一起,既带来巨大的进步,同时又产生种种碰撞、矛盾、动荡和危机,例如国际金融危机、温室效应、生态恶化、能源安全、食品安全、恐怖主义、西亚北非局势动荡,等等,已成为全世界无论哪

---

[1] 北京论坛秘书处招聘启事[EB/OL].(2015-03-23)[2016-02-21].http://www.beijingforum.org/html/report/15030053-1.htm.

[2] 英国前首相托尼·布莱尔加入北京论坛国际顾问团[EB/OL].(2010-12-27)[2016-02-21].http://www.beijingfo-rum.org/html/Report/46-1.htm.

[3] 世界银行高级副行长林毅夫教授加入北京论坛学术委员会[EB/OL].(2012-01-11)[2016-02-21].http://www.beijingforum.org/html/report/765-1.htm.

一个国家、哪一种文明都必须要面对的挑战。面对全球性的挑战,世界各国都认识到,仅依靠某一个国家、某一种文明的单打独斗都无能、无力,需要世界各国结成利益共同体和命运共同体联手应对,诚如中国国务院副总理刘延东在2014年北京论坛开幕式上的致辞所言,"……需要世界各国携手并肩、同舟共济,把握发展机遇,应对风险挑战……"。❶正是基于这样的共识,当前在全球范围内各领域、各层次上的国家间合作也越来越多,但是我们也发现,当前各国之间的合作往往基于现实的经济利益、安全利益。现实永远处于变动之中,仅依赖现实利益推进国家间合作往往会因各种因素的干扰而不稳定,因此迫切需要寻找能够更稳固地构建国家间合作的基础。北京论坛敏锐地看到了国家间合作的本质,主张通过不同的文明打破成见与隔阂,相互交流,相互理解,相互信任,最终能够达成共识,齐心协力应对人类社会所面临的种种挑战。所以这十几年来不管世界经历了什么样的风吹雨打,北京论坛始终坚持"文明的和谐与繁荣"的总主题不变。

(2)学科多元化与重点突出。

虽然十几年来北京论坛的总主题一直没有变化,但是在总主题之下每一届的年度主题却各有侧重。北京论坛通常在每年闭幕后就启动下一年度论坛的主题征集工作。论坛的秘书处会通过各种途径,向历届参会学者、重要嘉宾以及全世界的著名学者专家征集下一届年会的主题建议。北京论坛通过这种方式确保在总主题不变的前提下,每一届年会的年度主题都能够反映当年的全球形势和社会发展趋势的新变化,探讨当年国际社会关注的问题,保证理论性与现实性的结合。❷从"对人类文明方式的思考"到"文明的普遍价值和发展趋向",从"人类文明的多元发展模式"到"为了我们共同的家园:责任与行动",从"全球化视野中亚洲的机遇与发展"到

---

❶ 北京大学新闻中心.共创人类文明和谐繁荣的美好明天——刘延东在北京论坛(2014)开幕式上的致辞[EB/OL].(2014-12-09)[2016-02-23].http://pkunews.pku.edu.cn/xw-zh/2014-12/09/content_286426.Htm.

❷ 北京论坛(2015)年度主题选题会举行[EB/OL].(2015-03-06)[2016-02-23].http://www.beijingforum.org/html/report/15030030-1.htm.

"危机的挑战、反思与和谐发展",从"传统与现代、变革与转型"到"新格局、新挑战、新思维、新机遇",北京论坛做到了学术关怀与全球社会的发展同步(见表1)。

表1 北京论坛主题的演变(2004~2014年)

论坛年份	主题
2004	文明的和谐与共同繁荣
2005	文明的和谐与共同繁荣——全球化视野中亚洲的机遇与发展
2006	文明的和谐与共同繁荣——对人类文明方式的思考
2007	文明的和谐与共同繁荣——人类文明的多元发展模式
2008	文明的和谐与共同繁荣——文明的普遍价值和发展趋向
2009	文明的和谐与共同繁荣——危机的挑战、反思与和谐发展
2010	文明的和谐与共同繁荣——为了我们共同的家园:责任与行动
2011	文明的和谐与共同繁荣——传统与现代、变革与转型
2012	文明的和谐与共同繁荣——新格局·新挑战·新思维·新机遇
2013	文明的和谐与共同繁荣——回顾与展望
2014	文明的和谐与共同繁荣——中国与世界:传统、现实与未来

资料来源:历年年会[EB/OL].(2015-12-10)[2016-02-23].http://www.beijingforum.org/html/folder/10-1.h.

每一届的北京论坛在其年度主题之下又都会分成不同的分论坛,每个分论坛都在"文明的和谐与共同繁荣"的总主题下从一个学科领域探讨一个特定的议题。从2004年到2014年的十一届北京论坛,一共举办了87个分论坛,包括经济、企业、政治、国际关系、法律、哲学、历史、考古、环境保护等,这些分论坛基本涵盖了人文社科领域所有的学科以及部分自然科学学科。仔细观察这些论坛可以发现,在学科领域广泛之下,却显示出对某些议题或者说学科领域更为重视。通过分析数据可以发现有关经济、语言文化、教育、国际关系、历史、哲学等六个学科的分论坛相对于其他学科更加密集,十几年来这六个学科(包括相关学科)共举办了51个分

专栏四：组织管理

论坛，占分论坛总数的62%。历届北京论坛对上述六个学科的重恰好与当前经济全球化、政治多极化、文明多样化的现实相一致，很好地体现了北京论坛对现实的关注。进一步的观察还可以发现，在这六个学科中，十几年来哲学、历史、语言文化、教育共举办了31个分论坛，占到分论坛总数的约38%，可谓是重中之重。究其原因，这四个分论坛之间本质上存在着内在相关性，能够更好地体现北京论坛的"文明的和谐与繁荣"的总主题（见表1与图1）。此外，在正式的分论坛之外，北京论坛从2008年开始举办专场，专门探讨教育以及其他重要议题，从2011年开始又设立了学生论坛，邀请来自世界各地的优秀学生参与讨论，体现了对年轻一代的关注。

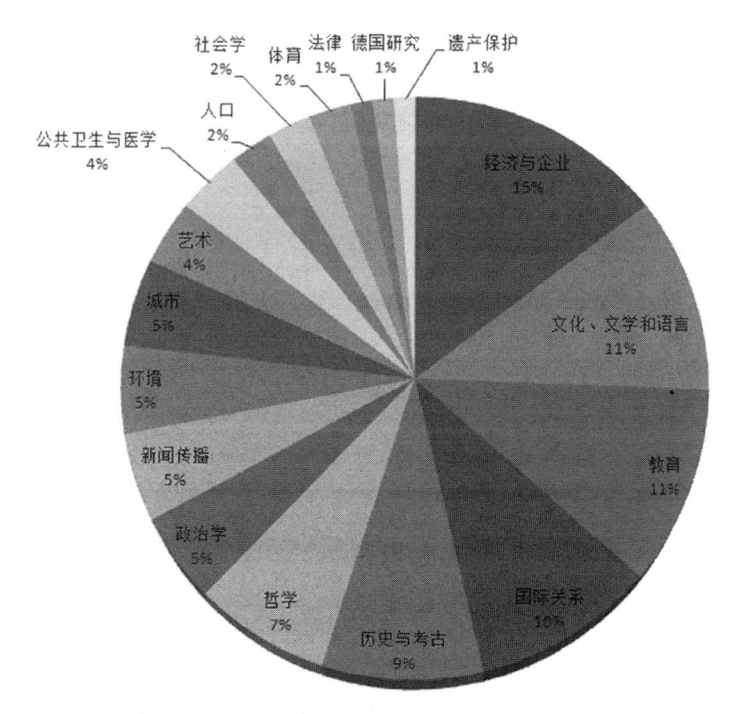

图1 北京论坛分论坛学科构成：2004~2014年

数据来源：历年年会[EB/OL].（2015-12-10）[2016-02-23].http://www.beijingforum.org/html/folder/10-1.htm.

注：此处统计已将部分学科领域相近论坛合并计算。

三、北京论坛与中国话语权

(一)中国学者的参与

北京论坛的参会学者专家来自全球多个国家,都是这些国家的学术界的著名学者和中坚力量。从2004年第一届北京论坛开始至2014年,北京论坛一共举办了十一届。在这十一年中,有超过世界70多个国家和地区的4000多位名流政要和知名学者参加了北京论坛。[1]从参会者的比重来看,来自中国大陆的学者专家在北京论坛中一直占据着很大比重,从2004年第一届北京论坛开始到2014届的第十一届北京论坛,参会的中国大陆学者、专家基本占历届的40%左右(见图2)。来自北京地区的学者是参会中国大陆地区学者专家的最主要的组成部分,对2011年到2014年见四届北京论坛中国学者专家的来源数据统计发现,北京地区的专家学者占到了四届北京论坛中国学者专家的76%(见图3)。当然,不可否认,这其中地理因素的便利是一个不可忽视的原因,但是在更大的程度上这是北京市在全中国学术研究领域内其他地区所无法比拟的资源优势的体现。北京地区一共有89所普通高等院校,其中具有招收研究生资格的普通高等学校52所,北京大学、清华大学、中国人民大学等一批全国知名高校均在北京。[2]除了大学以外,北京还有中国科学院、中国社会科学院,以及大批其他重要的科研机构。毫不夸张地说,北京是全中国智力资源最密集、知识积累最深厚的地区,这也是这样高规格、大规模的高层次的文明对话交流论坛设立在北京的根本原因所在。

---

[1] 严军,谷雪.文明的和谐与共同繁荣——北京论坛创办十年发展回顾[J].北京大学学报(哲学社会科学版),2014(1).

[2] 韩文琰.北京世界城市建设中的新资源发掘问题研究[M].北京:中国金融出版社,2015:143.

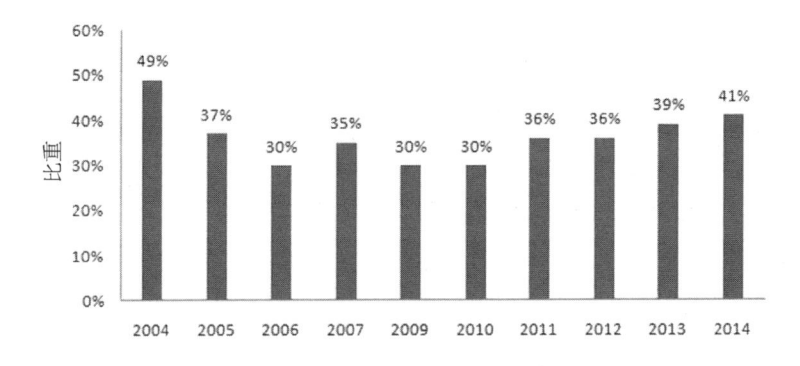

图2 历届北京论坛中国学者比重(2004~2014年)

数据来源：北京论坛.参会学者(2011~2014年)[EB/OL].(2014-12-20)[2016-02-22].http://www.beijingforum.org.

注：本统计缺少2008年数据。

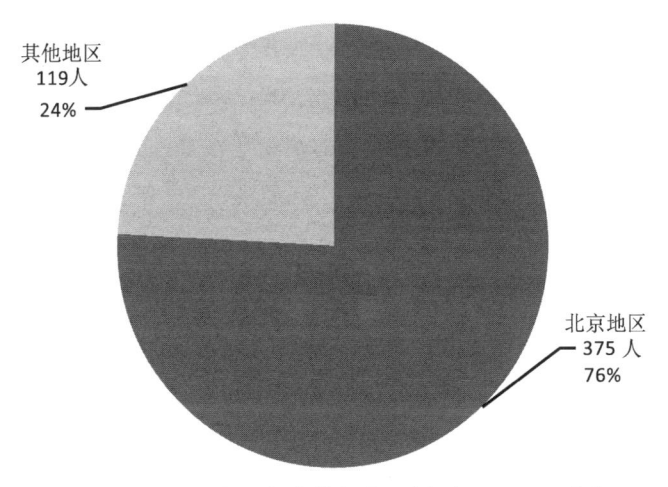

图3 北京论坛中国大陆学者地区来源(2011~2014年)

数据来源：北京论坛.参会学者(2011~2014年)[EB/OL].(2014-12-20)[2016-02-22].http://www.beijingforum.org.

(二)中国学者的声音

中国学者不但积极参加论坛，而且在论坛中也积极发出自己的声音、提出自己的观点和看法，与国际学术同行进行思想的交流乃至碰撞。主旨报告是每届年会的重中之重，它既是对历史的深刻反思，也是对现实的真切关怀。北京大学每年都会有一位知名学者作为主旨报告人之一发表主旨演说。这些北大学者都充分地利用了这一东西方文明交流的重要平台,从不同学科领域代表中国学术界发出了自己的声音。

在历史文化哲学领域内,2004年北京大学汤一介教授在题为《"文明的冲突"与"文明的共存"》的主旨报告中批评了盛行于西方的"文明冲突论",指出当前国际社会中文化表象(包括宗教的和价值观)的冲突本质原因仍是政治和经济问题,反对以"文明冲突"的思维方式处理国家间与民族间的矛盾,倡导"文明共存"论,主张用"文明共存"的理论来引导人类社会走向和平共处,并提出中国文化中的儒道两家可以化解文明的冲突,并能为人类"文明的共存"提供有意义的资源。[1] 2006年在题为《中华文明的历史启示》的主旨报告中,北京大学袁行霈教授通过对中华文明发展史的回顾总结出"和平、和谐、包容、开明、革新、开放"这十二个字的启示,并指出凡是大体上处于这种状况的时候,中华文明就繁荣发展,反之,中华文明就会发展缓慢乃至停滞不前。从中华文明的历史启示出发,袁先生认为,虽然经济全球化将减少民族间文化差异,但是作为历史积累结果的民族文化仍然将是千差万别的,企图凭借强大的经济力量和军事力量将某一种文化强加于人是不可能和不明智的,不同文化互相包容、和谐地相处,才能共同发展、共同繁荣。[2] 2014年在题为《中国文化中以人为本的人文精神》主旨报告中,北京大学楼宇烈教授对"人本主义"进行了正本清源。楼教授指出,"在我们很多人的观念里,现在的人本主义是西方的舶来品,而根本不知道它原来是中国文化的土产、特产。而西方文化中近代以来所高扬的人本主义思想,与中国文化中的人本思想有着密切的关联。"[3] 楼教授进一步指出,中国早在西周就奠定了以人为本的文化精神和文化品格,而西方直至公元后奠定的仍是神本主义的文化。16世纪以后中国的人本主义被传教士们

---

[1] 汤一介."文明的冲突"与"文明的共存"[R/OL]//北京论坛.北京论坛(2004)主旨报告.(2015-01-13)[2016-02-23].http://www.beijing-forum.org/html/report/782-1.htm.

[2] 袁行霈.中华文明的历史启示[R/OL]//北京论坛.北京论坛(2006)主旨报告.(2012-07-03)[2016-02-23].http://www.beijingforum.org/html/report/786-1.htm.

[3] 楼宇烈.中国文化中以人为本的人文精神[R/OL]//北京论坛.北京论坛(2014)主旨报告.(2015-01-13)[2016-02-23].http://www.beijingforum.org/html/report/15010023-1.htm.

专栏四:组织管理

传回欧洲并成为批判中世纪神本文化的武器和启蒙运动的旗帜,所以欧洲的人本主义的根源在中国。在以后的发展过程中,西方的人本主义发生变异,走向了另一个极端,蜕变成了人类中心主义。但是在中国,因为"以人为本"的人文精神与"道法自然""天人合一"的思想的结合,使得中国文化中的人本主义没有异化为"人类中心主义"。楼宇烈教授认为,当前人与自然的关系、人与人(社会)的关系、人自身身心的关系紧张恶化重要原因之一就是异化的"人类中心主义"所致,因此应当正确地阐释和弘扬中国文化中以人为本的人文文化的真正意义和精神以贡献世界。

在经济学领域内,2009 年在题为《中国经济增长的基础》的主旨报告中,针对国际上某些人提出的廉价劳力是中国经济全球竞争力核心要素的观点,北京大学周其仁教授从制度变迁的角度予以反驳,指出改革开放后中国通过重新界定产权降低原有制度运行成本,从而解放了庞大人力资源的生产力与创造力,这才是中国经济全球竞争力的真正秘密。周其仁教授还进一步指出,由于中国、前苏东国家以及印度等国的开放与卷入,第二次世界大战以来形成的全球经济秩序难以继续维系,当下全球经济发生了一系列的"失衡"现象,而重塑全球经济秩序,则需要全球眼光与意识、不同国家利益之间的理解与协商,以及各国学者不同理论与政策主张间的交流与切磋。[1] 在 2011 年题为《21 世纪全球多极增长格局中的中国经济发展和文化复兴》的主旨报告中,北京大学的林毅夫教授提出一个观点,即"文明的先进、落后,强势、弱势以经济为基础"。[2] 林毅夫教授指出,在 2000 年以前西方工业化国家主导着全球的经济格局,但是进入 21 世纪后,中国、印度、巴西、印度尼西亚、俄罗斯、南非等新兴市场经济国家崛起,对全球经济的贡献已经超过传统的工业化国家,而且许多发展中国家很有可能将会继续保持高于发达国家一倍以上的速度增展,实现工业化、现代化。因此林毅夫教授认为,随着经济实力的增长,属于不同文化体系的中国、印度、巴西、

---

[1] 周其仁.中国经济增长的基础[R/OL]//北京论坛.北京论坛(2009)主旨报告.(2012-07-10)[2016-02-23].http://www.beijingforum.org/html/report/799-1.htm.

[2] 林毅夫.21世纪全球多极增长格局中的中国经济发展和文化复兴[R/OL]//北京论坛.北京论坛(2011)主旨报告(2012-07-10)[2016-02-23].http://www.beijingforum.org/html/report/510-1.htm.

印度尼西亚、俄国、南非等新兴市场国家都将实现文化的复兴,21世纪将是不同文明传统的国家共同发展繁荣,相互辉映的世纪。

在国际关系领域,2008年在题为《当代世界政治发展趋势与中国的全球角色》的主旨报告中,北京大学王缉思教授总结出当前世界政治的四个特点,即"非传统安全问题与发展不平衡现象日益突出,宗教势力和民族主义的复苏,全球权力中心、财富中心和发展驱动力的转移,以及国际规则和秩序正在经历重大变革",并提出现存国际机制越来越难以应对新出现的全球问题,迫切需要改革或创新。王缉思教授指出中国现在几乎在所有重要的全球性国际机制中都发挥着积极作用,履行着相应的规则和义务,未来中国将扮演一个更为活跃的角色,积极参与国际规则制订,改良国际政治经济秩序,落实"坚持和平发展道路"和"共同构筑和谐世界"的理念。❶回顾这些主旨报告,我们可以看到老一辈中国学者对人类社会重大问题的关心和探索。这些主旨报告也展现了中国学者深厚的学术功底、广阔的学术视野、博大的学术情怀。

四、小结

北京论坛并非反对西方文明,相反,北京论坛正视西方文明在现代世界形成中做出的贡献。但是北京论坛也认识到,在现行的世界体系中,不仅存在着政治和经济结构的不同,而且也存在着知识结构的差异。❷处于世界知识体系核心区的欧美国家力图通过军事政治经济实力,将所谓的"价值无涉"以及"普适性"的知识向边缘区推广。为了加入现代世界政治经济体系,处于边缘区的国家民族往往接受了西方自然科学与社会科学的概念、理论、思潮、评价标准,成为被动的知识"消费者"而非主动的知识"生产者"。其结果就是西方文明的"一家独大"导致世界文明结构被扭曲。正是看到的上述两方面,北京论坛提出了"文明的和谐与繁荣"的总主题,其

---

❶ 王缉思.当代世界政治发展趋势与中国的全球角色[R/OL]//北京论坛.北京论坛(2008)主旨报告.(2012-07-03)[2016-02-23].http://www.beijingforum.org/html/report/795-1.htm.

❷ 王正毅.成为知识的生产者(代序)[M]//王正毅.世界体系与国家兴衰.北京:北京大学出版社,2006:1-2.

专栏四:组织管理

用意就是以其他文明来平衡文明的"一元化"带来的种种弊端。北京论坛举办以来,不同国家的学者充分利用这一文明对话的重要平台,从各自的文明视角出发,在不同的学科领域内对事关全人类共同利益的重大问题进行摄入的探讨。在不同文明的对话交流中,中国学者展示了中华文明的软实力,发出了自己的声音,提升了中国的话语权,在国际社会中树立了中国的正面形象,也为中国的科学发展、和谐发展、和平发展创造良好的外部环境。北京作为中国政治、经济、文化中心,应该更多地借助自身的资源优势,为国家软实力的增强和话语权的提升做出更多的贡献。

城市基础设施建设视角下的北京市"国资平台"研究

王疆婷 李晗

摘要:城市基础设施建设是城市赖以生存发展的基础性条件。北京市的城市基础设施建设取得令人瞩目的成果,其中"国资平台"发挥了重要作用。"国资平台"以其特殊的定位与优势,为北京市基础设施建设的推进实施提供了有力支持。同时,以"国资平台"为主体的投融资模式也存在一些问题和风险,需要加以关注。

关键词:国资平台;城市基础设施;投融资模式

一、北京市"国资平台"成立背景

城市基础设施是指为城市运行发展以及居民生活工作提供公共服务的物质工程设施,是城市赖以生存和发展的基础性条件。城市基础设施具有前期投资巨大、建设周期较长、涉及方面较广、投入产出率较低,以及公共性和服务性较强的特点,因此一般被认为应由政府提供相应的建设及运营服务。

作为我国的首都,北京市的城市基础设施建设尤为重要,特别是2008年奥运会前期,北京市的基础设施建设更是进入一个前所未有的高速发展

作者简介:王疆婷,大公国际资信评估有限公司公用事业部。李晗,大公国际资信评估有限公司公用事业部。

专栏四：组织管理

阶段，建设领域涉及城市交通、水资源、城市环境、"城中村"改造以及郊区市政基础设施建设等多个方面。但是，如前文所述，基础设施建设具有前期投资巨大、建设周期较长等特点，在实施推进过程中需要大量的资金支持，然而政府财政资金是有限的；同时，由于基础设施建设投入产出率较低，因而社会资本往往又缺乏积极性。也就是说，城市基础设施建设的特点决定了在推动实施过程中存在资金方面的困难，基础设施建设的必要性与实际可行性之间存在矛盾。在实践过程中，北京市政府逐步找到一种以"国资平台"为企业主体向社会融资的模式，有效缓解了这些困难和矛盾。

所谓"国资平台"，即由国有资产监督管理委员会（以下简称"国资委"）出资组建的国有建设性投融资集团。它们一方面承担着对国有资产进行重组、运营，完成国有资产保值、增值的职能，另一方面作为基础设施建设与投融资平台，推动实施基础设施建设，并作为企业面向社会融资，为基础设施的开展提供资金支持。本文将从城市基础设施建设的视角，对北京市"国资平台"的特点及其发挥的作用、存在的问题等进行分析。

北京市及各区县国资委基本上都成立组建了此类"国资平台"，专门负责北京市及各区县区域范围内的土地开发整理、城市基础设施建设等投融资工作。本文将选取北京市的十三家"国资平台"作为分析样本，它们分别是：北京国有资本经营管理中心（以下简称"国资中心"），北京市国有资产经营有限责任公司（以下简称"国资公司"），北京市朝阳区国有资本经营管理中心（以下简称"朝阳国资"），北京市海淀区国有资本经营管理中心（以下简称"海淀国资"），北京金融街资本运营中心（以下简称"金融街中心"），北京市顺义区国有资本经营管理中心（以下简称"顺义国资"），北京市丰台区国有资本经营管理中心（以下简称"丰台国资"），北京市石景山区国有资产经营公司（以下简称"石景山国资"），北京昌鑫建设投资有限公司（以下简称"昌鑫建投"），北京京西鑫融投资管理有限公司（以下简称"京西鑫融"），北京兴展国有资产经营公司（以下简称"兴展国资"），北京市谷财集团有限公司（以下简称"谷财集团"），北京新城基业投资发展有限公司（以下简称"新城基业"）。以上十三家"国资平台"均在债券市场公开发行过各类债务融资工具,因而财务数据等信息披露较为完整、及时、透明❶,同时它们是北京市及各个区的"国资平台",涵盖范围比较全面,基本能够反映出北京市的整体情况。

二、北京市"国资平台"的特点

(一)基本上由北京市及各区国资委100%控股,北京市及各区政府是其实际控制人

北京市"国资平台"基本上由北京市及各区政府100%出资组建,北京市及各区县政府为其实际控制人。例如,国资中心由北京市国资委100%控股,金融街中心、京西鑫融、海淀国资、朝阳国资、兴展国资、丰台国资和顺义国资分别由西城区国资委、门头沟区国资委、海淀区国资委、朝阳区国资委、大兴区国资委、丰台区国资委和顺义区国资委100%控股。十三家"国资平台"中,也有非国资委100%控股的特殊情况。例如,截至2014年末,新城基业由北方国际信托股份有限公司(以下简称"北方信托")持股92.48%,北京通政国有资产经营公司(通州区政府投资设立的国有独资公司,以下简称"通政公司")持股5.98%,通州区国资委持股1.54%。也就是说,目前北方信托是新城基业的最大股东,原则上对通州区国资委的实际控制权产生一定影响,但是由于通州区国资委及通政公司在董事会中占有绝对多数,因而实际控制着公司的经营管理权,并且北方信托所持股权将由通州区国资委逐步回购。

总体来说,北京市"国资公司"基本上都受北京市及各区政府实际控制,自组建成立起,其职能范围、业务开展、经营管理、战略规划等各个方面都体现了政府意志,自始至终同地方政府保持着极为密切的联系。"国资平台"就是北京市及各区政府实施推进基础设施建设及投融资活动的代理

---

❶ 由于京西鑫融成立于2003年,石景山国资2010年财务数据未在Wind资讯公开披露,因而文中涉及的2010年财务数据平均值均由其他十一家"国资平台"财务数据计算得出。

人,具有准政府部门性质。

(二)业务范围基本按照区域划分,承担该区域范围内基础设施建设投融资等重要职能

北京市及各区国资委组建"国资平台"的主要目的就是对各自区域范围内的国有资产进行整合、运营,同时承担各自区域范围内的基础设施建设投融资任务,其职能定位与业务范围基本上都是按照行政区域划分,非常明晰。例如,兴展国资作为大兴区的基础设施投融资主体与市政项目代建主体,为大兴区政府投资的基础设施建设项目、公共服务设施及土地一级开发项目融资;新城基业作为通州区重要的基础设施投融资及市政项目代建主体,根据城市建设总体规划,完成通州区政府授权的土地一级开发及保障房建设工作;石景山国资作为石景山区唯一的投融资平台,承担石景山区范围内的土地一级开发、基础设施建设投融资以及房屋租赁等业务。同时,根据特定范围的开发建设需求,也会成立负责特定区域的土地开发及基础设施建设的平台公司,如2009年成立的北京未来科技城开发建设有限公司(以下简称"科技城开发")就是受昌平区政府委托承担未来科技城规划范围内的土地一级开发等工作的重要主体。科技城开发由昌平区国资委持股76.40%,昌平区"国资平台"昌鑫建投持股6.01%,昌平区政府是其实际控制人。

(三)资产规模较大,合并范围内的子公司较多,且不乏行业内具有较强竞争力的子公司

作为北京市及各区国资委100%控股的平台公司,"国资平台"能够获得北京市及各区政府的大力支持,其中重要表现是国资委将大量优质资产划拨注入给"国资平台"。以本文所选取的十三家"国资平台"为例,2010年末,"国资平台"平均总资产为1094.17亿元,2014年末迅速增加至1675.62亿元,资产规模之大、增长速度之快,远远超出一般地方政府投融资平台平均水平。北京市"国资平台"纳入合并报表范围的子公司数量较多,其中不乏

行业内极具竞争力的大型公司、上市公司,整体资产质量较好。例如,国资中心下属二级企业包括首钢总公司、北京京煤集团有限责任公司、北京首都开发控股(集团)有限责任公司、北京汽车集团有限公司、中国北京同仁堂(集团)有限责任公司等;金融街中心下属企业包括北京华天饮食集团公司、北京市金正资产投资经营公司等;顺义国资下属企业包括顺鑫农业股份有限公司、空港科技园区股份有限公司以及大龙伟业房地产开发股份有限公司等上市公司;海淀国资下属企业包括北京海国鑫泰投资控股中心等。

(四)营业收入中土地业务和基础设施建设收入占比较大,但收入结构较为多元化

如前文所述,北京市"国资平台"一方面在政府授权下进行土地一级开发、基础设施建设等任务,另一方面还承担着对国有资产进行整合、运营的重要职能,这与专门负责土地开发整理、基础设施代建业务的城投公司有所不同。因此,相较于城投公司,尽管土地业务和基础设施建设业务仍是营业收入的主要来源,但是"国资平台"的收入结构更加多元化。以2014年的情况为例,十三家"国资平台"中,大部分平台的营业收入主要来自土地业务和基础设施建设业务。例如,新城基业营业收入8.59亿元,其中自营土地开发收入5.85亿元;丰台国资营业收入26.04亿元,其中园区建设和建筑工程收入合计20.98亿元。但同时,"国资平台"的收入结构也表现得较为多元,例如,海淀国资营业收入142.71亿元,主要来自能源净化产品及服务(占比21.06%)、百货零售(占比37.16%)、土地开发及转让(占比10.19%)、商品销售(占比12.43%);顺义国资营业收入94.63亿元,主要包括白酒业务(占比43.54%)、猪肉业务(占比27.59%)、建筑与房地产开发(占比22.22%)。

(五)由于承揽的业务公益性、服务性较强,因此盈利能力普遍较弱

北京市"国资平台"资产规模较大,具有市场竞争力的子公司较多,且收入来源较为多元,因此具有较强的财富创造能力。2014年,北京市十三

家"国资平台"平均营业收入达到564.29亿元,而同期全国范围内地方政府投融资平台平均营业收入仅仅约为29.24亿元。但是,由于"国资平台"的职能定位,其所承揽的基础设施建设、市政项目建设等业务均具有较强的公益性和服务性,因此收益水平受到一定限制。2014年,北京市十三家"国资平台"总资产报酬率平均值为1.78%,净资产收益率平均值为2.31%。同期,全国地方政府投融资平台总资产报酬率平均值约为2.18%,净资产收益率平均值约为2.79%。虽然北京市"国资平台"营业收入规模远远超出全国平均水平,但是盈利能力普遍较弱。

三、北京市"国资平台"在城市基础设施建设中发挥重要作用

北京市的城市基础设施不断完善,规模大、速度快,取得令人瞩目的成果。其中,北京市"国资平台"发挥了重要作用,可以从融资和建设运营两个方面加以认识。

(一)融资方面

从融资方面来说,通过"国资平台"能够以较低成本、大规模地获取资金,为基础设施建设的实施推进提供充足、有力的支持。"国资平台"的职能定位,使其能够获得政府在政策安排、项目回购、财政补贴等方面的有力支持。北京市作为我国首都,同时也是全国经济、文化中心,经济财政实力很强,具有极强的人才、技术及政策等优势。总体而言,北京市及各区政府能够为各自的"国资平台"提供良好的外部发展环境以及有力的偿债支持;同时,如前文所述,北京市"国资平台"资产规模较大;且不乏行业内具有较强竞争力的子公司。以上这些因素使得北京市"国资平台"能够在银行拥有较高的授信额度,在债券市场拥有较好的信用等级,也就是说,能够大规模地、以较低成本进行直接或间接融资。

从债券市场信用评级结果来看,北京市十三家"国资平台"信用等级集中在AA及以上,其中AAA有四家、AA+有五家、AA有四家(见表1)。总体而言,以上平台均具有很强或者极强的偿债能力,能够在债券市场得到投

资者的高度认可,从而获得较低成本的融资,为北京市城市基础设施建设的快速有序推进提供强有力的资金支持。

表1 北京市主要国资平台信用评级相关信息

最新评级	受评主体	评级机构
AAA	国资中心	大公国际资信评估有限公司
	国资公司	
	朝阳国资	
	海淀国资	
AA+	昌鑫建投	上海新世纪资信评估投资服务有限公司
	金融街中心	联合资信评估有限公司
	丰台国资	大公国际资信评估有限公司
	顺义国资	
	兴展国资	
AA	京西鑫融	联合资信评估有限公司
	石景山国资	中诚信国际信用评级有限责任公司
	新城基业	大公国际资信评估有限公司
	谷财集团	

资料来源:Wind资讯。

(二)建设运营方面

城市基础设施具有地域性、长期性的特点,投资项目、设施布点确定建成后将长期存在。同时,城市基础设施发挥功效也具有系统性和协调性。北京市"国资平台"的成立能够很好地与以上特点相呼应,使城市基础设施建设运营更加高效。

"国资平台"代表政府职能部门,履行城市基础设施建设投资管理和建设运营的责任与义务,对纯公益性项目和准公共品进行投资,有效确保了城市建设投资的协调统一和运营管理;"国资平台"能够有效调动资源、统筹把握项目进度,针对特定的基础设施项目建设,在其直接管辖范围内包揽设计、施工、监理"一条龙"作业的状况,提高基础设施建设的效率;"国资平台"以市场运作为基础,积极践行政府投资工程"代建制",能够在基础设施项目投资全过程(如前期设计、施工及后期运营、维护等阶段)、多领域(与设计、监理、材料采购等方面)引进竞争机制,建立健全专业化建设运营模式,取得良好成果。

四、"国资平台"存在的问题与风险

通过"国资平台"面向社会为基础设施建设进行融资,发挥"国资平台"在推动基础设施建设中的政府代理人作用,能够有效缓解资金短缺、融资难等问题,同时极大程度地提高城市发展建设的步伐与成效。然而,这种"国资平台"式的投融资建设模式并非百利无害,在实践过程中也存在着一些问题与风险,需要多加关注。

第一,由于"国资平台"承担的基础设施建设项目较多,资本支出压力较大,因此债务规模增速很快,债务负担较重,借新还旧现象比较普遍。

如前文所述,"国资平台"在城市基础设施建设中发挥了重要作用,其所承担的基础设施建设项目很多、工程量很大,因此普遍存在较大的资本支出压力。"国资平台"主要通过举债为工程建设项目筹集资金,随着项目建设的不断推进,债务规模不断增大,债务负担不断加重。2010年末,北京市"国资平台"有息负债总额为3891.45亿元,平均有息负债为353.77亿元,资产负债率为72.52%;而截至2014年末,北京市"国资平台"有息负债总额达到6445.46亿元,平均有息负债为495.80亿元,资产负债率为60.57%。从有息债务增速来看,四年内北京市"国资平台"平均有息负债增长了1.40倍,债务规模增速很快;从存量债务规模来看,北京市"国资平台"负债规模大幅增加,债务负担远高于全国平均水平,2014年末,我国地方政府投融资平台公司平均资产负债率为48.89%;从资产负债率水平来看,近年来有所下降,其中负债率过高的仅丰台国资,达到85.01%,其余"国资平台"均保持在70%以下。同时,"国资平台"经营性现金流获取能力较差,依靠筹资活动实现资金平衡,借新还旧现象比较普遍。2014年,北京市"国资平台"平均营业收入564.29亿元,而经营性净现金流仅为7.47亿元,无法形成有效的

偿债来源。2014年,偿还债务支付的现金平均为302.51亿元,取得借款收到的现金为364.31亿元,当期融资/当期还本达到1.20倍。

第二,资产规模增速较快,但土地类资产的增加使得资产流动性受到一定限制,进而对偿债能力产生影响。

从2010年末至2014年末,北京市"国资平台"平均资产负债率从72.52%下降至60.57%。表面上的债务压力减轻主要是由于资产规模快速增加所致,而使得资产规模上升的主要原因是土地类资产的增加。2010年末,北京市"国资平台"平均总资产为1094.17亿元,2014年末增加至1675.62亿元,增长了1.53倍。与此同时,2010年末,以土地为主的存货和无形资产平均值分别为173.55亿元和32.18亿元,2014年末分别为318.22亿元和48.78亿元,存货和无形资产分别增加了1.83倍和1.52倍。由于土地类资产的变现能力较多地受到国家政策、土地市场环境等因素影响,因此"国资平台"的资产总规模虽然增加,但是资产流动性却受到一定限制。2010年末,北京市"国资平台"平均流动比率和速动比率分别为4.03倍和2.61倍,而截至2014年末,平均流动比率和速动比率分别降至2.46倍和1.64倍。

第三,子公司数量众多、类型各异,实施有效管理、管控存在一定难度,管理风险加大。

为扩大"国资平台"的资产规模,提高其融资能力,降低融资成本,北京市及各区国资委将大量资产包括整个公司划拨给下属的"国资平台"。这样一来,"国资平台"普遍体量很大,拥有多个层级、数量众多的子公司,而子公司的经营范围、所属行业也各不相同,直接导致管理、管控难度加大。比如,各公司由于历史渊源、发展情况不同,管理理念方法、企业文化以及战略规划等都相异,双方要努力磨合,找到新的融合点。同时,还存在一种情况,很多公司被划拨进来,其实质上仅仅是财务报表的并表而已,母公司对划拨进来的子公司管控力度非常有限。可以说,一个庞大的平台可能就是由很多各自独立运营的子公司组成的,不是一个有机结合的整体。母公司对子公司的管控效果直接影响着整个平台的管理效率、经营安全和战略发展。如果无法对子公司实施有效管控,那么将存在很大的管理风险和投资风险;而且,尽管最初融资时子公司的存在是发挥了作用的,但是一旦发生债务偿还风险等特殊情况时,母公司是否有能力对子公司的资产进行处置还有待商榷。

北京市在实施推进城市基础设施建设过程中逐步摸索形成的"国资平台"投融资模式有效地缓解了资金短缺等实际困难,"国资平台"在北京市的城市建设和发展中发挥了重要作用。"国资平台"具有很多优势特点,也必然存在一些问题,而这些问题将在未来实践中逐步得到解决。需要注意的是,在城市基础设施建设过程中,越来越多的投融资模式相继涌现,如BOT(建造—运营—移交)、BT(建设—移交)、TOT(转让—经营—转让)、TBT及PPP模式等,这些新型模式充分发挥了社会资本参与城市基础设施建设的积极性,使得融资方式和手段更加灵活丰富,同样在城市建设发展中发挥了重要作用,值得认真关注。

专栏五：国际会展

专栏五：国际会展

消费者法律在会展活动中的法律适用研究

张万春

摘要：会展活动中作为重要参与方的普通观众，其权益保护在业界一直不受重视，而观众也感觉对自身的权益侵害无处可诉。其实，普通观众与会展组织者之间的法律关系，作为最基本的会展法律关系，属于消费者法律关系的范畴。因而，通过"消费者""展品"等有关概念的解析、会展法律关系分析以及可适用的范畴列举，消费者法律群完全可以用来保护普通观众在会展活动中的权益。

关键词：会展法；会展活动；会展法律关系；消费者；消费者权益

一、问题的提出

会展活动中，主办方和承办方往往是比较活跃的会展活动主体，也是关系会展活动能否顺利开展的最重要群体。会展活动中，一般观众往往都是被忽视的群体。其实，就绝大多数的会展活动而言，一般观众恰恰是会展活动得以开展的根本保证。如果没有一般观众的参与，不用说赛事活动、演出活动和节事活动，就是展览活动也会失去人气和活力。

作者简介：张万春，北京联合大学副教授，中国会展经济协会会员，首都法治研究中心成员，北京联合大学国际商务研究所、会展经济研究中心成员，北京科博会和文博会数据统计组法律顾问。

然而,恰如上面所说,普通观众往往是会展活动中的弱势群体和被忽视群体。很多会展活动中的观众的权益受到了侵犯,但是往往无处可诉,忍气吞声。例如,观众在活动现场的安全保障问题,展销会或其他活动中购买产品的质量责任和产品责任问题,购买商品或服务的单据提供问题,观众的隐私权保护问题,观众的维权渠道问题,等等。长此以往,观众对某个会展活动的兴趣也会因此失去,会展活动本身也会因此而萎缩。因而,如何维护会展活动中观众的权益不仅仅是观众关注的问题,也应当是会展活动的主办方、承办方以及其他会展活动参与方都应当密切关注的问题。

尽管没有专门的法律来保护会展活动中普通观众的权益问题,但是,就我国目前法律而言,仍然有众多法律可以对会展活动中普通观众的众多权益进行保障。这就是以《消费者权益保护法》为核心的一组法律群。前提是,会展活动中的普通观众是否能构成消费者,能否在会展活动中形成消费者权益保护法律关系。另外,除了《消费者权益保护法》外,其他还有哪些法律能够提供更加全面的权益保护。最后,这些观众的哪些权益或者问题可以受到消费者权益保护法律群的保护。

二、围绕会展活动的消费者法律群

这里所说的消费者法律群,是指能够适用于构成消费者的会展活动中观众能够适用的以《消费者权益保护法》为核心的法律群。这个法律群除了包含确认保护公民人身自由以及人格尊严不受侵犯的宪法外,主要是围绕着"消费者"以及"产品"或"服务"而展开的一组规范性法律文件。

综合而言,主要包括以下几类法律:①最基本的《消费者权益保护法》;②围绕着会展活动中商品和服务方面的法律《产品质量法》《食品安全法》《药品管理法》等;③围绕着会展活动中观众的交易而有关的《民法通则》《合同法》《反不正当竞争法》《价格法》《计量法》和《标准化法》等;④围绕着与会展活动或会展活动中产品或服务的宣传有关的《广告法》《专利法》《商标法》和《著作权法》等;⑤与会展主体承担责任有关的《侵权责任法》《行政处罚法》和《刑法》等。

除了宪法外,以上法律在会展活动中的地位并无不同。但是,基于会展活动中普通观众的视角,它们在保护消费者权益的方面的次序或侧重点会有所不同。基于篇幅需要和论述需求,本文将重点围绕第一层次和第二层次的法律展开,其中尤以《消费者权益保护法》为重。我国目前的《消费者权益保护法》已历经三版。1993年10月31日,第八届全国人民代表大会常务委员会第四次会议通过了《消费者权益保护法》,并于1994年1月1日起施行。2009年8月27日,第十一届全国人民代表大会常务委员会第十次会议对《关于修改部分法律的规定》进行第一次修正。2013年10月25日十二届全国人大常委会第5次会议对《关于修改的决定》第2次修正,2014年3月15日正式实施。这也是目前为止最新的版本。

三、适用主体分析:对会展活动中"消费者"的理解

会展活动中的普通观众能否构成"消费者",应是适用消费者法律群的最重要问题。

(一)英国消费者法律的修改及有关理念和概念

(1)2015年《消费者权益法》(《Consumer Rights Act 2015》)。

2015年3月26日,英国新《消费者权益法》通过,自2015年10月1日起正式实施。新法包括3部分,10个附件(schedule),共计101条。第一部分为消费者合同,这种合同的买卖对象分为货物、数字产品和服务,因此这部分标题为消费者货物合同、数字内容合同和服务合同(consumer contracts for goods, digital and services)。第二部分为不公平条款(unfair terms),主要是消费者合同(consumer contract)中不公平条款的认定及其效力问题。这部分内容也就是我们国内通常所说的霸王条款内容。第三部分为杂项和一般规定(miscellaneous and general),涉及法律执行、竞争上诉法庭(competition appeal tribunal, CAT)等。新的《消费者权益法》将与2013年的《消费者合同规则》[1]以及2014年的《消费者保护规则》一并构成英国消费者权益

---

[1] The Consumer Contracts (Information, Cancellation and Additional Charges) Regulations 2013[EB/OL].(2013-01-31)[2016-02-24].http://www.legislation.gov.uk/uksi/2013/3134/contents/made.

保护法的核心规范，从而成为调整企业与消费者之间法律关系的基本规则。❶

2015年《消费者权益法》合并和修改了英国以前很多有关消费者法律的内容。❷第一，新《消费者权益法》扩展了调整对象，将原来的商品和服务扩展到数字产品。《消费者权益法》第三章专门以包括计算机或手机应用软件、电影、电视节目和电子书等在内的数字产品为标的的合同责任进行了规范，引入了数字产品和数字内容的定制权和相应救济程序。第二，在维护消费者权益的集体诉讼中，英国1998年《竞争法》只允许经过批准的机构代表已知的消费者提起代表性赔偿诉讼，新《消费者权益法》改变了做法，引入以美国为代表的"选择性退出"集团诉讼模式。另外，新法还在竞争上诉法庭（CAT）中引入快速处理程序及替代性纠纷解决机制，这为企业尤其是中小企业处理消费者权益纠纷提供了一个更为快速和省钱的解决方式。必须说明，新《消费者权益法》的修改是全面和广泛的，远不限于以上几个方面。

新《消费者权益法》是整合和优化国内有关立法以及并入欧盟有关立法❸的综合性法律文件。在消费者权益保护和工商业发展的利益平衡中更倾向于消费者。这种以保护消费者为核心的立法理念尤其值得我们吸取。

---

❶ 黄忠.英国颁布消费者权益新法[N].法制日报,2015-04-14(011).

❷ 这些法律主要是：《Supply of Goods (Implied Terms) Act 1973》《Sale of Goods Act 1979》《Supply of Goods and Services Act 1982》《Sale and Supply of Goods Act 1994》《Sale and Supply of Goods to Consumers Regulations 2002》《Unfair Contract Terms Act 1977》《Unfair Terms in Consumer Contracts Regulations 1999》《Unfair Terms in Consumer Contracts (Amendment) Regulations 2001》《Competition Act 1998,Enterprise Act 2002》。

❸ 该法律中执行的欧盟有关法律文件为：《Directive 99/44/EC of the European Parliament and of the Council on Certain Aspects of the Sale of Consumer Goods and Associated Guarantees》《Directive 93/13/EEC of the Council on Unfair Terms in Consumer Contracts》《Some Provisions of Directive 2011/83/EU of the European Parliament and of the Council on Consumer Rights》。此外，该法律还执行了欧盟下列文件中关于执行方面的条款：《Regulation (EC) No. 2006/2004 of the European Parliament and of the Council on Cooperation Between National Authorities Responsible for the Enforcement of Consumer Protection Laws》《Regulation (EC) No. 765/2008 of the European Parliament and of the Council Setting out the Requirements for Accreditation and Market Surveillance Relating to the Marketing of Products》《Directive 2001/95/EC of the European Parliament and of the Council on Eneral Product Safety》《Directive 98/27/EC of the European Parliament and of the Council on Injunctions for the Protection of Consumers' Interests》。

(2)英国法的"消费者"概念。

2015年《消费者权益法》中,消费者的概念是与商人(trader)并列进行定义的,二者都属于该法律的关键术语。《消费者权益法》对于这个关键术语的定义,其目的并不在于独创,而是更加容易理解和更加清晰,并且与其他消费者法律相统一。为了尽可能保持统一性,"消费者"在定义上保持了与欧盟《消费者权利指令》(《Directive 2011/83/EU of the European Parliament and of the Council on Consumer Rights》)的一致。所谓消费者,是指行为目的全部或主要不属于贸易、商业、行业或职业范畴的自然人。

关于2015年《消费者权益法》中消费者的概念,应把握以下几点。第一,英国法律也将消费者界定为"自然人"个人,因此小企业或者法人团体都不适用。第二,消费者的行为必须全部或部分与贸易、商业、行业或职业无关。例如,有人买了一把水壶放在家里,每周有一天在家上班,在家上班的时候会使用水壶。针对购买该水壶而言,这个人仍然为消费者。相反,如果一个个体商人买了一台打印机放在私人住所里,并且在家里使用打印机,但该打印机95%是办公之用。这种情况,这个个体商人也不是消费者,不能获得消费者的权益保护。[1]

(二)我国"消费者"概念

我国《消费者权益保护法》并没有界定消费者的概念。但是,从该法的适用范围可以推断,消费者是指为个人生活消费需要购买、使用商品和接受服务的自然人。企业、机关、事业单位和社会团体即使从事消费活动也不是本法意义上的消费者。[2]消费者是经营者的对称,是在市场中处于受保护地位的弱者。只要自然人从事了购买或者使用商品行为之一的,都应当是消费者。如果自然人不是为了"生活消费"而购买商品,也不是消费者。

农民购买、使用直接用于农业生产的生产资料,例如化肥、种子和农药

---

[1] Explanatory Notes for Consumer Rights Act 2015[EB/OL].(2015-12-31)[2016-02-20]. http://www.legislation.gov.uk/ukpga/2015/15/notes/contents.

[2] 也有学者认为消费者还包括单位。——肖平.中国经济法[M].北京:中国政法大学出版社,1994:248.

等,常常遭遇假货劣货之困,而且很难找到合适的保护渠道。《消费者权益保护法》的宗旨在于保护市场经济中弱者的合法权益。因此,农民在购买生产资料直接用于农业生产过程中,作为市场弱者的地位是显而易见的。在这种意义上,农民也应是广义上的"消费者"。

与英国2015年《消费者权益法》相比,我国对于消费者概念的界定本身既显得有些过时,又不够明确。第一,我国法律并没有明确"消费者"概念。我国的法律工作者也只是通过该法的法律适用范围来诠释和理解"消费者"的概念。这可以从当年王海打假案前后不同的法院判决得到证实。作为一部保护消费者权益的基本法,如果连消费者的概念都无法明晰,应当是一种比较明显的缺憾。第二,消费者的消费对象理应扩展,不应再局限于"商品"和"服务"。在信息社会中,作为无体物的"数字产品"(digital content)也应该在消费者权益保护法中加以突出和明确。第三,"个人生活消费"的含义。与"个人目的"相比,"个人生活消费"的范围显然狭窄很多。只要为了个人目的,则无须进一步去区分生产资料或生活资料,而且再进一步区分生产资料或生活资料的难度也很大。

四、与展品有关的范畴:展品与产品、食品和药品

关于消费者的法律,绝不仅仅只是一部《消费者权益保护法》的概念,还有《产品质量法》《食品安全法》《侵权责任法》等。实际上,关于消费者的法律,世界上很少国家有一部法律可以概括。英国如此,美国如此,中国同样如此。

(一)《产品质量法》中"产品"的解析

《产品质量法》中所称产品是指经过加工、制作,用于销售的产品。

首先,产品是经过加工或者制作程序的物。各种直接取之于自然界,未经加工制作的天然物和自然生长物不属于产品。因此,农业中的初级农产品,畜牧业、渔业等所生产初级农产品、狩猎品、原始矿产品(如原煤、铁矿石、原油等),原始森林及其他野生植物、地下矿藏、海洋、空气等,都不是

产品。如果不是产品,则不能适用《产品质量法》,但并不意味着不可以买卖,也不意味着买卖后生产商或销售商就不承担责任。如果标的物与合同约定不符的,则应承担违约责任或者侵权责任,适用《合同法》等有关法律,而不适用《产品质量法》的规定。当然,如果购买的物品侵害了消费者的权益,则当然可以适用《消费者权益保护法》。

其次,这里的产品必须是用于销售的,不是用于销售的,也不属于本法的调整范围。因此,这里的产品不包括未投入流通的生活自用品、农民自给自足的物品。这里所说的"用于销售"并不意味着产品已经销售或者正在销售,只要生产、加工和制造产品的目的在于销售即可。有人认为,既然只有"用于销售的产品"才是产品,那么"赠与品"就不是产品。"赠与品"属于无偿赠与,不属于"销售"。当然,赠与品可能没有经过"销售"。但是,"用于销售"不一定是经过"销售"这个环节。只要产品是以销售为目的加工、制作,无论是否经过销售渠道,只要进入消费者手中,都属于《产品质量法》规定的"产品"。如果该产品存在缺陷,消费者当然可以提起产品责任诉讼。因此,商场里进行促销时的"买二赠一""买三赠一"等赠与品,无疑属于《产品质量法》中的"产品"。当然,也并非所有的"赠与品"都属于《产品质量法》规定的"产品"。有的物品,从一开始生产就不是用于销售的"非卖品",不是"产品"。

最后,建设工程不适用《产品质量法》。建设工程,例如房屋、公路、铁路、隧道等工程建设,不适用该法。所以,会展场馆建设工程不适用该法。之所以如此规定,是因为建筑工程作为不动产的质量监督与一般的产品不同,需要专门的标准。但是,建设工程使用的建筑材料、建筑构配件和设备,可以适用。另外,军工产品在质量监督管理方面存在特殊性,所以也不适用本法,其质量监督管理办法,由国务院、中央军事委员会另行制定。但是,军工企业生产的民用产品可以适用。

(二)展品与产品的交叉关系

展品,也即展览品,是指会展活动中向观众展示的产品、艺术作品、文物等物品。展品范围非常宽泛,因不同的展会主题和内容而有所不同。

一般情况下,凡是参展商展出的商品,都是用来推销和宣传的,最终目的在于同类或相关产品的销售。但是展品本身是否销售,则存在两种情形。一种情形是展销会等消费类展会,这类展会中的展品,完全可以在活动现场进行销售。第二种情形为贸易类展会,展品本身的目的在于展示,因而其目的并不在于销售。而且在国际展览的情况下,如果展品仅仅用于展示,则无需关税;但是如果展品本身还需要进行销售,则涉及税收问题。

在展销会中,很多展品即为产品,适用《产品质量法》的规定。但是,有的展品则不是。例如野生植物果实、初级农产品和原始矿产品等,都不属于产品,不适用《产品质量法》。非展销类展会以及其他会展活动中的展品,不管生产之初的目的是否用于销售,由于是用来展示,最终无法形成买卖关系,因而也不可能是产品,不受《产品质量法》调整。

因此,并非所有的展品都是产品,也并非所有的产品都是展品。对于属于产品范围内的展品,应当适用《产品质量法》的规定。

五、适用法理解析:作为基本会展法律关系的消费者法律关系

按照会展活动主体地位和功能的不同,这里将会展法律关系分为基本会展法律关系和其他会展法律关系两类。所谓基本法律关系是举行任何一个会展活动都会存在的法律关系;除此以外,都属于其他会展法律关系。而会展活动中的消费者法律关系属于基本会展法律关系,是最为基本最为重要的会展法律关系。

观众是会展活动的参观者,是会展活动的参与者。根据其参与会展的目的不同,可以将观众分为普通观众和专业观众。专业观众多是与会展活动有关的专业人士,多为相关领域的职业人员,参加会展活动的目的是基于职业或商业需求。而普通观众一般没有专门的职业或商业目的,多是出于单纯观赏、享受会展活动的目的。对于节庆活动、演艺活动和赛事活动而言,普通观众是最重要的群体;而对于商业展览或专业展览活动而言,专业观众是参展商最期望的参与群体。但是无论是哪种会展活动,普通观众

的参与都不可或缺,其参与性是展会重要的活性、竞争力和综合品牌影响力的统计指标。

会展组织者的重要任务是提供展场和展位,建立会展平台。但是,会展平台没有观众的参与是不可能的。因此,会展组织者除了需要组织展商外,还需要组织观众。观众进入会展场馆,一般有两种方式:一是付费凭票进入,二是免费进入。在付费进入的情况下,会展组织者与观众自然是合同法律关系。会展组织者提供适合的展览项目,观众支付入场费进行参观。问题是,在免费入场的情况下,会展组织者与观众之间是否存在合同法律关系或者是否存在法律关系。前已分析,观众是一个会展活动的必备要素或主体,没有观众参与的会展活动是不存在的。在提供免费票入场的情况下,会展组织者的权益在门票收入方面会受到减损,但这是基于会展组织者开展会展活动的需要而做出的一种权利放弃或承诺。从营销角度而言,这是促销需要。会展组织者的义务不能因此而受影响。例如,我国《侵权责任法》第37条规定:"宾馆、商场、银行、车站、娱乐场所等公共场所的管理人或者群众性活动的组织者,未尽到安全保障义务,造成他人损害的,应当承担侵权责任。因第三人的行为造成他人损害的,由第三人承担侵权责任;管理人或者组织者未尽到安全保障义务的,承担相应的补充责任。"可见,对于观众而言,无论是否付费,会展组织者对于观众的安全保障义务是应当承担的。因此,如果违反了此项义务规定,也就违反了观众与会展组织者的合同法律关系。如果观众因此而受到侵害,可以从合同法律关系或者侵权法律关系中择一维权。

在此基础上,我们可以进一步分析,其实会展组织者与观众之间的法律关系应属于消费法律关系,属于《消费者权益保护法》的范畴。因为,无论付费还是免费,会展组织者提供给观众的是可以供观赏甚至购买的一种活动现场,这种现场中应当有展卖活动、赛事活动、节庆活动或演出活动等。如果没有这种活动,观众的观赏或参观目的则落空。尽管这种活动本身还必须依赖观众的参与方可完整,但是观众在此种意义上仍然是被动参与者。从法律关系客体的角度看,会展组织者提供的应当是一种行为,是行为过程或行为结果。因此,如果没有上述各种活动,则观众的权益必然遭受侵害。设想,如果观众购买了汽车展会门票,但是活动现场几乎没有几个汽车展商,那么观众的观展权益则在某种程度上受到损害。尽管观众不一定因此而提出争议,但是观众会选择放弃本次继续参与展会乃至下次拒绝参与展会的权利。同样,如果观众进入赛事活动的现场,而如果赛事活动无法进行或取消,会展组织者都必须给予观众相应的补偿。在演出活动中,如果观众看到的并非是此前活动组织方承诺的演员表演,则观众的权益同样受到减损,活动组织方也必须进行相应的赔偿。

当然,展商与观众之间并没有直接的法律关系。但是,如果在展销会上,观众购买了展品,则展商与观众之间构成消费法律关系。当然,展商与观众之间也属于合同法律关系。如果一旦展品存在质量问题或产品责任问题,则展商与观众之间的法律关系可以选择合同法律关系或侵权法律关系进行救济。

六、消费者法律群的适用范畴

会展活动中涉及消费者权益保护法律问题的领域主要集中在展销会中。另外,在节庆、赛事活动和演出活动中也都涉及消费者权益保护法。

(一)安全保障问题

这里的安全保障义务包括三个方面:一是会展场馆的安全保障问题,二是展台设计和搭建的安全保障问题,三是展览商品或者服务的安全保障问题。

首先,会展活动场馆的安全保障是会展组织方必须优先考虑的问题。场馆本身的安全涉及参展方和观众等所有参与者。这是属于场馆提供方和场馆承租方的问题。

其次,在保障会展场馆整体环境安全的情况下,每个具体的展位安全就是要重要考虑的问题。展位的规模和面积虽然比展馆小,但是基于参观人群的流动性等特点,一旦展位出现安全问题,也容易造成部分参观者的人身或财产损害。这会涉及展位设计和搭建方。如果是主办方提供的标准展位,则也涉及会展主办方的责任问题。

最后,展品以及服务的安全尤其是食品类交易会食品的安全,节庆、赛事等活动中食品的安全也是会展组织方必须重点考虑的。要严格审查经营者是否具有食品经营者许可证,否则会承担连带责任。这是会展组织者与参展方的共同责任问题。

(二)单据提供问题

会展活动中,场馆内的经营者提供商品或者服务,应当按照国家有关规定或者商业惯例向消费者出具发票等购货凭证或者服务单据;消费者索要发票等购货凭证或者服务单据的,经营者必须出具。这种单据提供义务对于展销会尤为重要,因为现实中展销会的经营者往往不提供这种票据,从而导致消费者维权难的问题。

(三)观众的隐私权和信息保护问题

现在越来越多的会展活动要求参与者预先登记和注册,主办方也因此获得观众的诸多个人信息。但是个人信息的收集和保护涉及个人隐私权问题。在网络环境下,这种个人数据的保护就显得尤为必要。新修订的《消费者权益法》对于个人信息保护加以确认。对于会展组织方而言,应当按照法律规定制定相应的规则和制度,保护会展活动中消费者的隐私权。

(四)组织方与参展方的连带责任问题

消费者在展销会购买商品或者接受服务,其合法权益受到损害的,可以向销售者或者服务者要求赔偿。展销会结束后,也可以向展销会的举办者要求赔偿。展销会的举办者赔偿后,有权向销售者或者服务者追偿。

客观上,组织方与参展方的连带责任加大了会展组织方的义务和责任,但是这是为了保护消费者的合法权益,从长远看也利于提高会展活动的品质和质量。

(五)会展活动消费者维权问题

消费类展会中购买商品或者服务的观众,演出活动中购买门票的观众,赛事活动中购买门票的观众,以及会奖旅游中的旅游者,这些主体都属于《消费者权益保护法》中的消费者,因而享有消费者的权益,也可以依据消费者的权益保护途径来维护自己的权益。大型会展活动中的商品经营者或者服务提供者,资质往往都是经过审核的,侵害消费者权益的可能性较小。例如奥运会或者世博会中的饮料或者食品经营方,往往都是比较可靠的大公司企业。但在消费类展会中,因为现实中存在诸多展会招展困难等问题,所以参展方也参差不齐,甚至很多参展方的资质还存在问题。这种情形下,展品质量往往比较差,侵害消费者权益的情形也较多。而且,消费类展会的展商一般不给提供票据,消费者也很难索要到票据,这时消费者的维权便存在取证难问题。例如,节庆活动中商品经营者,由于人流和顾客较多,让经营者提供有关票据不太现实。这也就给消费者维权带来很大障碍。因此,活动主办方对于经营者的资质审核和保证金缴纳就非常必要,而消费者应当保存好活动门票,在遭受权益损害时可以保护自己权益。

(六)会展场馆店堂告示问题

在会展场馆内,经常看到很多声明和店堂告示,这些店堂告示的内容不一,但多为警示类内容。例如,"货物售出,概不退还""偷一罚十""小心地滑""谢绝未成年人购买香烟",等等。《消费者权益保护法》规定:"经营者不得以格式条款、通知、声明、店堂告示等方式,做出排除或者限制消费者权利、减轻或者免除经营者责任、加重消费者责任等对消费者不公平、不合理的规定,不得利用格式条款并借助技术手段强制交易","格式条款、通知、声明、店堂告示等含有前款所列内容的,其内容无效"。

因此,并非所有的店堂告示都一律无效。经营者如果以店堂告示减轻、免除自己的责任,对消费者不公平、不合理的才无效。如果店堂告示没有侵害消费者合法权益,则不会无效。例如,"谢绝未成年人购买香烟",这种声明符合未成年人保护法,也不违反消费者权益保护法。

七、小结

通过对会展活动中涉及的消费者权益保护有关法律群的明晰,会展活动观众作为适用主体消费者的分析,尤其是作为会展活动中作为基本会展法律关系的消费者法律关系的解析,会展活动中观众作为"消费者"寻求有关法律保护的可行性显而易见。在此基础上,哪些会展活动的观众权益容易受到侵犯并且进而寻求保护,也是会展活动中消费者法律群在适用上的重要内容。

北京会展经济面临的问题与对策

施昌奎

摘要：会展经济是会议经济、展览经济、大型活动经济和奖励旅游经济的总称，北京会展经济在全国具有重要地位，也是北京发展"高精尖"的重点之一，但目前还存在着经济下行、交通拥堵和空气污染等外部环境困扰，以及内部体制机制障碍等问题，只有内外兼修才能做强做大北京的会展经济。

关键词：会展经济；大型活动；奖励旅游；外部环境；体制机制

2014年2月26日，习近平总书记在北京市考察工作时，分别就做好北京发展和管理工作、推动京津冀协同发展做了重要讲话。习总书记的讲话标志着北京经济社会发展进入了一个新常态，北京的会展经济发展也步入了一个新常态发展时期。在这一时期，北京的会展经济要以邓小平理论、"三个代表"重要思想、科学发展观为指导，深入贯彻党的十八大、十八届三中全会、十八届四中全会精神，以贯彻落实习近平总书记视察北京工作时重要讲话精神为主线和统领，围绕把北京建设成国际一流的和谐宜居之都为总体目标和推进首都治理体系和治理能力现代化的最终要求，围绕深入实施"绿色北京、科技北京、人文北京"战略，围绕北京作为"四个中心"（即全国政治中心、文化中心、国际交往中心、科技创新中心）的城市战略功能定位，围绕京津冀协调发展、错位发展的工作要求，加强顶层设计，发展会

作者简介：施昌奎，北京市社会科学院管理研究所所长，研究员，博导，主要研究方向：公共管理、会展经济。

展经济中的"高精尖"产业,为打造国际一流的会展经济中心,为建设国际一流的和谐宜居之都做出贡献。

一、北京会展经济面临的主要问题

北京正在向"亚洲会展之都"迈进,北京会展经济正迎来了前所未有的重要战略机遇期和新的快速增长期,但也应该看到,北京的会展经济还存在着不少的外部环境和内部体制的隐忧。

(一)北京会展经济发展的外部环境有待进一步改善

(1)经济低迷的形势有待扭转。和全国一样,北京的经济低迷形势依然没有太多起色,居民消费价格涨幅低位运行,工业生产者价格持续下降。北京市统计公报显示,2014年,全市居民消费价格比上年上涨1.6%,12月份,居民消费价格比上年同月上涨0.8%(见图1)。2014年,全市工业生产者出厂和购进价格分别比上年下降0.9%和1.2%;12月份,工业生产者出厂和购进价格比上年同月下降0.9%和3.7%。❶

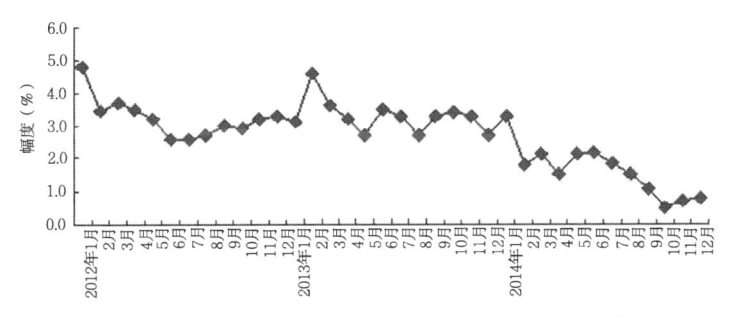

图1 北京市2012年以来居民消费价格当月同比涨跌幅度

(2)交通拥堵状况急需改善。2011年以来,北京全市中心城路网工作

---

❶ 北京市统计局,国家统计局北京调查总队.2014年全市经济运行情况及近年调结构、转方式取得的进展[EB/OL].(2015-01-22)[2016-02-20].http://finance.sina.com.cn/china/dfjj/20150123/150521382974.shtml.

日高峰时段交通指数长期维持在高位运行,2011~2014年工作日高峰时段平均交通指数为4.8、5.2、5.5、5.5,交通拥堵形势不容乐观(见图2)。

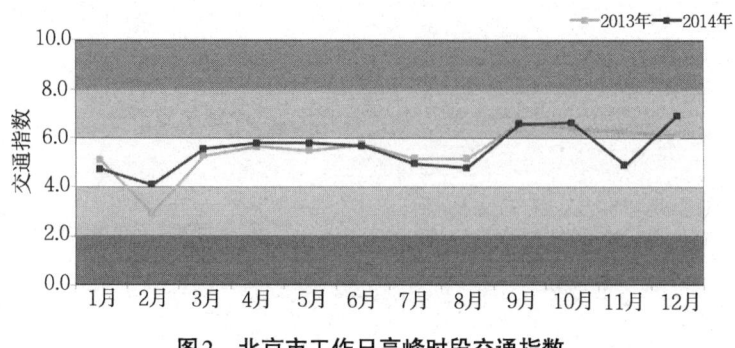

图2 北京市工作日高峰时段交通指数

(3)雾霾治理任重道远。从全国2014年1~10月的数据来看(见表1),北京市的整体空气质量情况仍然不乐观,在全国190个省份的排名中始终居后。特别是2014年7月,空气质量为良的天数仅为9天,北京空气污染的治理工作面临巨大压力。

表1 2014年1~10月北京空气质量指数　　μg/m³(CO为mg/m³)

月份	AQI排名	190个城市	AQI	PM2.5	PM10	CO	NO₂	SO₂	O₃-1h	O₃-8h	达标天数
1	83	北京	128.71	96	128	1.962	66	52	22	22	5/12
2	178	北京	183.68	147	180	2.15	69	57	27	27	5/9
3	163	北京	131.9	94	139	1.377	63	34	47	47	4/15
4	176	北京	128.03	89	147	0.922	58	17	67	71	0/13
5	139	北京	108.65	61	123	0.84	48	15	88	90	2/14
6	164	北京	115.07	55	83	0.799	41	7	98	103	0/12
7	190	北京	141.77	90	121	0.936	39	7	96	102	0/9
8	185	北京	118.74	63	95	0.842	43	6	94	98	1/10
9	178	北京	100.2	66	96	0.975	50	7	54	56	1/16
10	182	北京	157.42	120	157	1.338	70	9	27	28	3/15

数据来源:http://www.pm25s.com。

(二)北京会展经济发展的内部隐忧亟须克服

(1)北京展览经济的国际化水平有待进一步提高。第一,北京会展经营机构国际竞争力不强。经营机构的实力是推动一个城市会展业持续发展的关键,综观世界各大会展名城,其会展业的高度发展莫不依赖于有实力经营机构的支撑。香港作为世界著名的会展之都,在长期的发展过程中培养了一批实力雄厚的会展经营机构。香港本土机构在香港这个国际性的贸易大都市中占有半壁江山,一年的营业额达7亿多港元,位居亚洲第一位。随着新展馆的不断落成和众多国际展览业巨头的不断加盟,香港会展经营机构的实力会越来越强。目前,尽管北京拥有经过外经贸部审定可以举办国际展会资格的企业130多家(占全国的一半以上),以及1700余家会展经营企业,但长期以来,北京的会展活动主要还是依靠各行业协会和政府部门来承办,会展业的市场化程度较低,再加上政府相对滞后的扶持意识和优惠政策,使得北京有实力的会展经营企业难以产生和发展。而在引入国际展览机构方面,北京也没有什么重大举措,尽管一些国际知名的展览业公司在北京也设立了分公司,如励展公司和法兰克福公司,但真正开展业务的还不多。第二,北京的会展通关手续还没有与世界接轨。一些重要的展品通关手续繁琐,审批流程过长,捆住了着一些国际会展的手脚。

(2)北京的会议和展览设施运营需要社会资本参与。目前,世界上展览场馆利用率大多处在30%以下,大多数展览场馆达不到盈亏平衡点,只有为数不多的展览场馆能够做到自负盈亏甚至盈利。为了提高展览场馆的经济效益,发达国家政府对展览场馆普遍实行了"民营公助"的管理体制。民营机制在市场经济体制下显现出更强的适应性和灵活性,一些政府所有的展览场馆实行"民营公助"的管理体制之后,不仅节省了政府大量的财政津贴,还创造了大量新的就业机会,为整个社会的稳定与和谐贡献了力量。展览场馆实行民营之后并不是说政府就可以放手不管了,因为展览场馆自身的盈利能力是受客观环境制约的,有的展览场馆能够做到自负盈亏,有的展览场馆达不到盈亏平衡点,所以,采取适当的政府补贴手段和社会资助政策还是非常必要的。例如,新加坡目前就制定了相应的法律法规,明确展览场馆周边的酒店和餐馆必须拿出收入的10%补贴展览场馆,另外,政府还从财政收入中拿出补助资金支持展览场馆,有的展览场馆每举行一次展览就能从政府手中获得2万新币的补助。目前,北京的会议和展览经济处于低迷时期,会议和展览设施运营更需要社会资本的参与。

(3)北京奖励旅游经济亟需转型和升级。在转型方面,推动由观光游向观光与休闲、度假相结合的深度体验游转型任务艰巨,旅游与相关产业的融合发展还需进一步加强,对首都文化、皇城文化旅游资源的深度挖掘还不够。世界经济低迷,入境旅游持续下降。2014年前三季度,北京市接待入境过夜旅游者332.5万人次,比去年同期下降12.9%,保持和扩大入境游、国际高端游、会展会奖游市场规模难度加大。在升级方面,北京作为国际知名的旅游胜地,还需进一步提高满意度和美誉度。景区、旅行社、宾馆饭店作为行业主体,还需在环境、管理、服务、素质、设施等方面进一步提升。景区周边一公里的环境设施、服务管理等还不同程度存在着不统筹、不适应问题。治理非法"一日游"的问题尚未破解。旅游综合配套改革面临机遇和挑战。

二、北京会展经济的发展对策

北京会展经济的发展既需要良好的外部环境来呵护,更需要消除内部体制机制障碍,只有内外兼顾,才能做强做大市场运营主体,发展壮大会展经济产业。

(一)以轨道建设为核心缓解北京交通拥堵状况,满足会展经济发展的城市交通需求

城市交通,15公里半径以内的核心区以地铁为主,15~30公里近郊区以快线铁路为主,30~70公里远郊区以市郊铁路为主,70公里以上以城际高铁为主。东京在这方面做得最好,目前东京的轨道交通系统承载着85%

的出行总量。与世界城市东京相比,北京的地铁、快线铁路和市郊铁路缺口依然巨大,北京轨道交通系统目前只承载着37%的出行总量,因此,构建"轨道上的北京"是缓解北京交通拥堵的治本之策。

(1)增加核心区地铁密度,提高地铁运力和效率。一是进一步加快城市核心区地铁建设步伐,城市核心区地铁站密度要达到每2平方公里一个站,进一步加密城市核心区的地铁路网。二是在四环和五环之间,再规划建设一条环城地铁。三是改扩建现有地铁线路、站点和出入口。通过改扩建进一步扩大地铁各站点的空间,改善优化地铁换乘条件,进一步提高地铁换乘和通行效率。在完成站点扩建之后,对地铁列车实行动态编组,高峰时段单车加挂至12节车厢,进一步增加地铁的运力。尽快将地铁一号线建成复线,可考虑将复线建立在地铁一号线的正下方,以提高地铁运营效率。制定地铁站出入口优化规划,大规模改造、优化、增加地铁站出入口,地铁出入口借鉴国外经验接入各大型商场、写字楼和居民小区,进一步便利市民的出行和换乘。

(2)加快快线铁路和市郊铁路建设步伐。第一,尽快完成新机场与核心区的快线轨道交通线,加快两个机场之间快线铁路的勘验与建设。第二,加快北京市郊铁路S6线的勘验与建设步伐。S6线全长超过100公里,途经顺义、通州、大兴、亦庄等11座新城,是北京市最长的一条外环市郊铁路大动脉。鉴于S6线在提升全市通勤效率方面具有全局性的作用,建议2016年前完成试运行。第三,加快推进北京市郊铁路S3线的建设进程。S3线主线南起北京南站,经北京东站、顺义、怀柔,北到密云县密云镇。S3支线西起顺义区仁和镇,经杨镇、张镇、平谷,东到平谷区金海湖。鉴于S3线对北京东北郊地区的交通枢纽作用,建议2018年前完成试运行。第四,创新民间资本参与北京市郊铁路建设和运营的体制机制。创新PPP投融资模式,制订灵活的票价政策,改进各种服务模式,激发社会资本参与北京市郊铁路建设和运营的积极性。建议将沿线土地开发、站点物业经营交付建设、运营单位,增加民间资本投资收益。

(二)以落实首都"清洁空气行动计划"为核心改善北京大气环境,满足会展经济发展的城市空气质量需求

(1)综合治理以PM2.5为核心的城市空气污染。北京的大气污染具有复合型、紧急性、压缩性等特点,成因复杂,根据北京市环保局发布本市PM2.5源解析最新研究成果,机动车排放占31.1%,燃煤占22.4%,工业生产占18.2%,扬尘占14.3%,其他14%来自餐饮、汽修、烧烤、畜禽养殖等。治理从压减燃煤、控车减油、控制扬尘、治污减排等多方面着手,对污染实行总量控制。一是明确提出建立排污许可证制度,要求排污单位必须主动向环保局申领排污许可证,明确不得超种类、超总量排污,并逐步减少排放总量。二是实施总量控制前置审批,严格控制新增量。对于新建、改建、扩建的建设项目,如果属于总量控制范围,应当在进行环境影响评价审批前取得重点大气污染物排放总量指标,否则不予批准。新、改、扩建项目可以通过企业自愿削减现有项目的排放量而获得替代指标,也可以购买其他排污者自愿削减的排放量而获得替代指标。三是建立区域和行业限批制度。这是一项惩罚性措施,对于某行政区域或行业来说,如果没有完成年度大气污染物排放总量控制任务,环保部门将暂停该区域或行业排放该项污染物的建设项目(民生工程除外)环境影响评价文件的审批,同时要求各审批部门不得批准其建设。

(2)京津冀区域协同合作,联防联控治理环境污染。根据测算,北京市的颗粒物的来源,28%~36%来自于区域传输,因此区域共治、联控联动就是治理污染的理性选择。一是成立区域大气污染防治专家委员会,对大气污染开展基础性的研究,掌握区域大气污染的成因规律,为治理区域污染提供科学指导。二是联防联控、统一行动。就优先共同控制重点污染源达成共识,实施区域内燃煤电厂、水泥厂及大型燃煤锅炉脱硝治理工程,控制氮氧化物;推进区域内重点石化企业挥发性有机物综合治理;加快区域内机动车油品升级。三是区域内联动执法、同步执法,共同组织区域大范围联动合作态势,扩大影响和声势。四是建立联合宣传机制。通过媒体共同宣传区域大气污染治理的进展和成效;普及大气污染防治知识,引导公众参

与,自觉践行绿色生活模式。五是建立知识分享与信息共享机制。建立协作小组工作网站,共享区域空气质量监测、污染源排放、气象数据、治理技术成果、管理经验等信息。六是搭建空气质量预报预警平台,会同气象部门建立区域空气重污染预警会商机制,针对区域空气重污染天气,共同启动应急联动机制。

(三)以培育会展经济实体为核心制订相应的产业发展优惠政策,"做强做大"会展经营机构

北京有众多的研究和咨询机构,政府应该拿出部分资金来开展对会展经济的相关研究活动,特别是对会展业产业关联效应和扩散效应的研究,这一方面可以进一步搞清楚会展经济的产业关联效应和扩散效应究竟是多少的理论问题,另一方面还可以提高政府工作人员的认识水平,使他们能够充分了解和认识到发展会展业的重要性,以便制订出更加切实可行的优惠政策来。

要"做强做大"会展机构,除了要创造良好的外部发展环境之外,还应该在企业的体制和管理方式上下功夫。在体制上,首先,要大力发展民营会展企业,向民营会展企业开放所有的会展领域,鼓励民营会展企业到海外参与国际市场的竞争。其次,要对一些国营会展企业实行股份制改造,实现现代企业制度,建立健全法人治理结构,使企业的CEO真正地能够放开手脚为自己和股东的权益尽心尽力。在管理方式上,要逐步克服"官僚式"管理陋习,尽快建立和适应现代企业制度化的管理方式。

(四)以会展经济国际化为核心完善通关审批制度,为国际会展在北京举办创造良好的进出口检验检疫条件

(1)建立以展会经济为单元的检验检疫管理机制。北京检验检疫局应探索开展国际展会风险分析机制,根据展会规模、影响力、入境展览品检疫风险和质量风险等因素对国际展会进行科学评价,实施分类管理。针对重要品牌国际展览会,积极参加展前协调会议,加强与会展管理部门、口岸联

检部门、会展行业协会、中介组织等部门的沟通配合,共同促进北京地区会展业的举办。对属于鲜活易腐商品和急于布展的展览品,提供24小时预约查验服务,开通报检绿色通道。在风险分析基础上深入机制研究,制定更加有针对性的管理措施。

(2)简化行政审批项目和管理方式。展览品作为暂时进出口货物的一种,具有其特殊性,因检验检疫迄今尚未制定专门的管理规章,对进出境展览品往往是参照一般贸易性货物对应的检验检疫法规及规章制度。行政审批项目和管理方式沿用一般贸易的管理方式,没有考虑参展货物暂时进出境的特点,对国外参展商的参展积极性带来了限制。针对入境参展食品,应根据涉及种类、合理数量、安全责任主体等因素进行风险分析分类管理,建立一套适合入境参展食品检验检疫管理模式,通过展前、展中、展后的全过程管理风险,简化审批环节,并通过"出境时备案查验+入境时查验核销"的方式控制风险。

(五)以吸引社会资本为核心完善北京展览经济管理模式,提高北京展览场馆运营效率

借鉴国际先进经验,引社会资本参与展览场馆管理,提高北京展览场馆运营效率,具体模式可参见表2。

表2 展览场馆运营管理模式

运营方式管理方式	纯场馆经营	场馆经营与自办展结合
民有民营	A	B
民营公助	C	D
公有国营	E	F
公有托管	G	H
公有民营	I	L

模式A为"民有民营的纯场馆经营模式"。在这种模式中,相关法律法规只允许场馆所有者经营场地出租及其相关业务,而不能从事自办展,从

而为更多的会展企业提供公平竞争的机会。例如,目前法国的私人展览场馆就是采取这种经营管理模式。

模式B为"民有民营的场馆经营与自办展结合模式"。在这种模式中,相关法律法规允许场馆所有者不仅可以经营场地出租及其相关业务,而且还能从事自办展,这样就为展览场馆提供了更多盈利或减少亏损的机会。比如,目前德国的许多私人展览场馆就是采取这种经营管理模式。

模式C为"民营公助的纯场馆经营模式"。在这种模式中,相关法律法规只允许场馆所有者经营场地出租及其相关业务,而不能从事自办展。但这些私人展览场馆可以从民间和政府财政收入中获得相应的补助和津贴,这些补助和津贴虽然不多,但也能为展览场馆减少部分经营风险,从而为盈利创造条件。比如,目前新加坡就制订相应的法律法规,明确展览场馆周边的酒店和餐馆必须拿出收入的10%补贴展览场馆;另外,政府还从财政收入中拿出补助基金支持展览场馆,有的展览场馆每举行一次展览就能从政府手中获得2万新币的补助。

模式D为"民营公助的场馆经营与自办展结合模式"。在这种模式中,相关法律法规允许场馆所有者不仅可以经营场地出租及其相关业务,而且还能从事自办展。不仅如此,展览场馆还可以从民间和政府财政收入中获得相应的补助和津贴,这些补助和津贴虽然不多,但也能为展览场馆减少部分经营风险,从而为盈利创造条件。

模式E为"公有国营的纯场馆经营模式"。在这种模式中,相关法律法规只允许场馆经营场地出租及其相关业务,而不能从事自办展。在经营的过程中,展览场馆经营公司的盈利与亏损都由政府承担,当然,经营活动和定价也由政府相关部门来管理。例如,中国在计划经济时代就是采取这种经营管理模式。

模式F为"公有国营的场馆经营与自办展结合模式"。在这种模式中,相关法律法规允许场馆不仅可以经营场地出租及其相关业务,而且还能从事自办展。在经营的过程中,展览场馆经营公司的盈利与亏损都由政府承担。

模式G为"公有托管的纯场馆经营模式"。在这种模式中,相关法律法规只允许场馆经营场地出租及其相关业务,而不能从事自办展。在经营的过程中,政府并不直接经营和管理,而是委托一个专业委员会来从事管理和监督,这也被称为"委员会管理模式"。比如说,美国麦考米克展览馆就是采取委员会管理模式。

模式 H 为"公有托管的场馆经营与自办展结合模式"。在这种模式中,相关法律法规允许场馆不仅可以经营场地出租及其相关业务,而且还能从事自办展。在经营的过程中,政府并不直接经营和管理,而是委托一个专业委员会来从事管理和监督,委员会具体对政府和议会负责。

模式 I 为"公有民营的纯场馆经营模式"。在这种模式中,相关法律法规只允许场馆经营场地出租及其相关业务,而不能从事自办展。在经营的过程中,政府以公开招投标的方式选择民营企业对展览场馆进行经营,目标根据需要来确定,这些目标可以是减亏目标,也可以是政府委托的其他公益展览活动目标。这种经营管理模式目前应用的比较广泛,其好处是政府可以缩减大量隐性和不可预知的成本开支。

模式 L 为"公有民营的场馆经营与自办展结合模式"。在这种模式中,相关法律法规允许场馆不仅可以经营场地出租及其相关业务,而且还能从事自办展。在经营的过程中,政府以公开招投标的方式选择民营企业对展览场馆进行经营。目标根据需要来确定,这些目标可以是减亏目标,也可以是政府委托的其他公益展览活动目标。这种经营管理模式比模式 I 更为优越,目前德国大多数公有展览场馆都是采取这种模式。

(六)以完善奖励旅游经济体制机制为核心,推动北京奖励旅游经济实现行业转型升级

(1)推动传统旅游业向旅游与历史文化、科技等相融合转型。充分发挥北京深厚的文化积淀,深度挖掘皇城文化、首都文化、老北京文化等文化内涵,展示和扩大北京传统文化的魅力,为市民和游客提供具有北京特色旅游产品。鼓励开辟以名人故居、会馆、胡同和传统街区为核心的历史文化旅游街区,形成集观光、文化、休闲、商务、美食、购物等为一体的旅游休闲产业链。

（2）推动从一般观光游向观光与休闲、度假、养生体验游等相结合的方向转型。集中打造19个旅游功能区，全面提升郊区休闲度假品质，着力推动密云古北水镇、大型主题公园等落地，培育旅游新业态。推动北京中医养生基地建设。建设城市旅游休闲公园、山区郊野公园，形成以健康、养生、休闲、娱乐为主体的休闲产品。

（3）推动景区旅游品质和环境升级。深入实施景区环境服务五大提升工程，继续深入开展A级景区环境整治和景区标识系统建设，完善景区旅游产品创意研发体系，提高现有景区的游览品质，不断提升全市景区环境和服务品质。

（4）推动旅游公共服务水平全面升级。大力发展智慧旅游，建设智慧旅游服务监管平台。加快旅游道路、停车场等旅游基础设施建设，积极推进浅山、深山旅游环线建设。建立和完善旅游集散体系，形成以公共交通为基础，旅游集散中心和集散地为节点，通达各旅游目的地的便捷的集散服务体系。建立和完善旅游公共信息和咨询服务体系。

国际大都市东京会展业浅析

张 暄

摘要：日本是位居世界前列的会展业大国和强国,会展聚集地主要集中在关东、中部和近畿三大区域,其中以关东特别是东京展览业最为发达。作为国际化大都市,东京不仅拥有世界顶级的会展场馆和会议中心,拥有众多世界知名的品牌展会,而且在长期实践中形成了一套独特的操作管理规范,保证了会展业的可持续发展。

关键词：会展业经济；会展服务设施；品牌展会

一、日本会展业概述

日本是位居世界第七位的展览大国和展览强国,每年要举办的各类展览约600个,参展商超过7000家,标准展位数近15万个,净面积超过3000万 m^2,观众人数更高达2000万人左右。

日本会展业的主办单位通常由政府、行业协会和企业担当。政府部门负责会展业管理的主要是日本贸易振兴会(JETRO)和日本观光振兴会。其中日本贸易振兴会设有专门的会展部。与会展有关的协会包括日本大型活动振兴会和日本展示会协会(英文简称JEXA,日文简称日展协)等。与会议有关的协会有日本专业会议主办商协会和日本会议营运事业者协

作者简介：张暄,北京市社会科学院外国所副研究员。

议会等,专门负责会议的运作。

日本展览业体现出空间集群化发展趋势,会展聚集地主要集中在关东(主要包括东京、神奈川、琦玉、千叶)、中部(主要包括名古屋、静冈、爱知)和近畿(主要包括大阪、兵库)三大区域,其中以关东特别是东京展览业最为发达。

据日本POP株式会社出版的《商品交易展览会总览》显示,关东、中部和近畿这三大区域展馆面积占据日本全国展馆总面积的近75%。而其中东京一地举办的展会数量就约占日本全国的55%,展会净面积占全国60%以上。

根据日本POP提供的资料,日本全国共有各种会展设施291个,总可用面积为106.4万 m²。上述三大地区的面积占日本全国的74%,其中以东京为中心的关东区占35.4%,名古屋、静冈周围的中部地区占21.6%,而以大阪、神户为中心的近畿地区占到17%。这三大地区迅速发展的日本展览业所产生的强大产业带动效应,推动着信息流、技术流、商品流和人才流向展览城市和地区积聚,而这种趋势又尤以东京最甚。

会展业作为"城市经济的助推器"和"走向世界的窗口",它在东京城市国际化进程中起到了不可替代的作用。现如今,城市会展业已作为国际化大都市重要的支柱产业。国际会议和展览举办的数量、规模和水平也已经成为衡量国际化都市的一个重要指标。

二、东京会展业优越的服务设施和知名的品牌展会

会展业是一座城市国际化的重要体现。世界著名的国际化大都市凭借其场馆规模大、设施全、品牌展会多、专业化和国际化运作程度高等优势,通过频繁举办大型国际会议和展览活动,既促进了商品、技术、信息、资本、人才的国际流动,又大大提升了城市的知名度和国际影响力。

(一)东京大型国际会议会展设施

会展业是提升城市国际化功能的直接推动力。会展业的发展,要求城

市的软硬环境都必须适应配套。国际化大都市为举办国际会议和展览而兴建的场馆、交通设施、物流中心等,作为城市基础设施建设的重要组成部分,也为城市现代化、国际化水平的提高起到了积极的促进作用。

国际大都市所拥有的大型会议展览设施,其规模和水平反映了这座城市举办国际会展活动的能力。日本东京拥有10万m^2展场面积的特大型国际展览中心,还有若干1万m^2的大型现代化会展中心和众多中小型展览馆,形成比较合理的会议展览馆设施结构。

(1)东京国际展览中心。

东京国际展览中心是日本规模最大、功能最为完备和设施最为先进的展览中心,其现代化水平在世界展览馆中也是屈指可数的。整个展馆位于东京都江东区东京港镇海区临海副都中心中央,占地面积24万m^2。展馆由东京都政府建于1996年4月,建成后的第一年,就接待了1150万观众。

展馆所处地区呈L型,东南面海,有明南路呈S型从中穿插而过,将其分成东西两部分。整个建筑由四个相互连接的倒立式金字塔组成,展览中心总建筑面积230873m^2,展览空间分室内和室外两部分,室内展览面积80660m^2。总造价1890亿日元。展厅分西展馆和东展馆两部分,东展馆包括6个90m×90m的大跨度展厅,每3个一组。东走廊的侧面有3个展馆,用自动隔墙分开,且可分可合。展馆中每6m有一由钢板盖住的沟,水和电及数据线可以很方便地到达展馆的任何角落。展馆也设置了大型运货通道,重型卡车可以方便地开到展场之中装卸。这里的展览常年不断,通常施工只给1天时间,而拆馆时间只有一晚的时间,高效率使东京国际展览中心成为世界上使用率最高的展馆之一。

东京国际展览中心西展馆90m×90m的大厅是一个休闲场地,大约占5800m^2,可以用来做展场开幕式活动。一层由8个45m×45m的单元组合成U形的展厅。四层由5个45m×45m的单元组合成的L形的展厅,并与6000m^2的展顶室外展场连接,可通向13000m^2的室外地面展场。

作为东京大展馆象征的是高立的会议楼,其建筑造型独特,给人一种挺拔向上的感觉。形状又像古代人的大帽子,很有东方气息。建筑内有规模不一的会议室。最大的国际会议厅可容纳1000人,配置有一个250英寸高清晰度的录像放映机、音响灯光设施、会议系统、高新视听系统和8语同声翻译器。

东京国际展览中心采用最新的视听和数据信息传送系统来连接展览厅和会议中心。计算机系统可处理并提供展览信息、会场信息、地方交通及天气、新闻等其他信息。在入口广场安装有大型屏幕,播放大量与展览有关的图像资料。在展览中心的主要通道安有六个大型电子信息牌,引导观众快速达到目的地。在展览中心内还通过67个小型电子信息牌,也是为了引导观众、疏导交通。设在一楼的演播室则控制整个视听信息。此外,馆内还设有接待室、会客室、餐厅、休息室、购物中心等。位于展览馆二层的餐饮一条街,可使参展观众不出展览馆就可方便地品尝来自世界各地的美味佳肴。

东京国际展览中心展馆内的绿化也非常讲究,庭院的设计到位,给参展者轻松自然之感,为市民提供了一个新的开放空间,走在其间可以领略到艺术的气息。而由7位艺术大师设计的展馆外空间,雕塑、喷泉和壁画等等体现了人与建筑相互融和的理念,开创了未来都市设计的新概念。

作为国际知名展馆,拥有便捷的交通十分重要。东京国际展览中心周围配备了先进的交通系统,不光有轻轨、地铁、大型停车场,还有海上运输线,乘坐高速汽船不仅能快速到达目的地,还可欣赏东京港美景。

(2)东京国际会议中心。

东京国际会议中心位于东京都千代田区,1996年5月完工,历时近4年,1997年1月正式使用。该会议中心占地面积2.7万 m^2,建筑面积14.5万 m^2,投资高达1650亿日元。场馆建筑采用美国 Rafael Vinoly 设计所的设计方案。该设计荣获1989年11月国际设计竞赛优秀设计奖。本设计大赛共有来自50个国家和地区的395项设计方案参赛,是为东京国际会议中心建筑专门举办的国际设计大赛。

东京国际会议中心有着极富象征意义的外观,整座建筑呈弯曲的船型,由玻璃和钢材制成。整个建筑包括可容纳5012名观众剧场式大会堂、拥有1502个座位的剧场式中会堂、5000m^2的展示厅、1400m^2和340m^2的会议厅及600m^2的招待厅等。另外,还包括34个面积不等的会议室以及信息中心、地下停车场等。

除会议之外,东京国际会议中心还是音乐、演剧、美术、企业宣传等活动的重要场地。诸多古典音乐会和国内外音乐家的专场音乐会也经常在此举办。比如,每年举办的古典音乐会"狂热日音乐节",会吸引大批市民及国内外艺术家参与。

东京国际会议中心地处有乐町的中心位置,银座的边缘,JR线和地铁从旁穿过,从JR线有乐町站步行1分钟即可到达,交通十分便利。

(二)著名的品牌展会

东京作为国际化大都市,其会展业非常成熟,这里每年举办的展会名目众多,从传统的五金到时尚的化妆品再到高科技的动漫,内容五花八门。知名品牌展会在吸引世界各国人士参展的同时,也成功地将全世界的目光和媒体的关注度聚焦到东京。东京国际服装展览会、东京国际礼品展览会、东京电玩展等都是知名的国际性展会。

(1)日本东京国际服装展。

日本东京是世界时尚之都,全球服装设计之都。日本东京国际服装展览会(IFF)是日本最高级别的服装展览会,也是世界顶尖级别的服装展会之一。

东京国际服装展览会由日本纺织服装行业最权威的专业报社"纤研新闻"报社主办,是目前亚洲地区最大的集男装、女装、童装、前卫时装及面料、服饰箱包鞋类为一体的专业服装服饰展览会,也是亚洲服装业界公认的亚洲服装市场的"风向标",是亚洲服装市场最为重要的市场信息发布中心和交易场所。展会周期为每年两届。

2015年1月举行的第31届东京国际服装展览会上,1400多家参展商分别来自中国、日本、韩国、比利时、奥地利、捷克、芬兰、法国、德国、英国、希腊、意大利、立陶宛、卢森堡、荷兰、波兰、葡萄牙、白俄罗斯、西班牙、瑞典、瑞士、土耳其、乌克兰等20多个国家,超过四万名专业客商前来参观和洽谈贸易,这是亚洲最大型的以商业为主导的时装展,展会效果非常显著,参展企业均有大量订单。随着以定牌贸易、加工生产为主要参展目的的参展商数量的不断增长,展会同期同馆举办"国际服装定牌贸易展",展会方面特别邀请了专业的服装进口商、批发商、大型超市、服装连锁店及服装品牌持有商等到会参观及洽谈贸易。

东京国际服装展览会的主要特点就是展出了所有与时尚服饰有关的产品。近年来尤其是采用日本本土面料制作而成的女装、性感和时尚混搭的男装产品的参展商数量大增,成为该展会最大的亮点。此外,不断增加的个人参展单位面积更提高了展会的知名度和受欢迎度。当然,更多的参展公司通常是通过同期举行独特的专场活动使观众了解和记住他们的品牌特点。

(2)东京国际礼品消费品博览会。

东京国际礼品消费品博览会创办于1976年,每年分春秋两季举行,是日本最大的礼品、日用品和装饰物的贸易展览会,由日本贸易振兴会、日本百货商场协会、日本日用品进口商协会和日本制成品进口促进会联合主办。主办方在鼓励外国企业参展的同时,也力求各国参展商品推出高档次和好质量的展品。该展的宗旨是实实在在看样订货,促贸易成交。由于日本是一个非常重视交换及赠送礼品的国家,每年都会有许多人选择在圣诞节、母亲节、情人节及生日时向自己的亲朋好友赠送礼物,因此日本礼品市场拥有非常广阔的前景。目前市场容量大约为1200亿美元。

2015年9月举行的第80届东京国际礼品消费博览会展出面积达116000m^2,参展商数量达3100家,其中有400家来自海外,有20多万观众到场参观。参展商普遍认为该展览是外贸企业、工厂进入日本的最好途径。展会期间,还同时举办一系列的研讨会和主题讲座。

据展览会提供的资料显示,83%的观众把东京礼品展看作是能够成功交易和搜集有价值市场信息的最值得参观的贸易展览会。其中,96%的观众是负责公司采购或是对公司决策有重大影响的人物。由于该展览会的良好效果,东京国际礼品展的展期由3天延长为4天。

(3)东京电玩展。

东京电玩展,也简称为TGS,是在日本千叶市幕张展览馆举办的大型视频游戏展览。由日本计算机娱乐供货商协会(CESA)主办,日经BP社协办。

东京电玩展的内容以各类游戏机及其娱乐软件、电脑游戏以及游戏周边产品为主。东京电玩展创办于1996年,从1997年开始每年在春秋两季各举办一次,在2002年改为每年举办一次,至今已经发展成为亚洲最大的游戏展览会。现在通常每次展览举办三天,第一天为专业人士参观日,只对游戏业内人士和媒体开放;第二天和第三天为一般开放日,对所有参观者开放。自2007年开始展期由3天延长为4天。

东京电玩展不仅是亚洲最大的游戏展览会,其规模也是仅次于美国E3游戏展的全球第二大游戏展会。历届东京电玩展都确定有不同的主题,如,2005年东京电玩展的主题是"站在最前列展望未来",2006年主题是"新兴奋、新感动、新时代",2009年主题为"游戏是活力",2011年主题是"让你心动的,就是游戏"等。

三、东京展会的主要特点

日本作为世界展览业强国,所举办的展会不仅频次密、档次高,涉及的行业也十分广泛、服务设施也齐全,加上其制造业高度发达,科技水平领先全球,自然会吸引来自世界各国企业和商家前来参展和观展。

日本东京会展业具有以下几个特点。

(一)以专业化展会为主,从业人员专业化水平高

据统计,日本每年举办的展会,80%以上为专业化展会,在十大代表性展会中,专业展会占到9个,充分体现日本展览业的专业化程度。此外,在展览业运营管理方面,日本十分注重对会展业专业人才的培养,日本展示会协会对展览从业人员实行资格准入和法人资信评估,拥有一批高素质、高能力的专业展览人才,是提高展会专业化水平的重要保障。

(二)在政府行政指导下,充分发挥行业协会作用

日本政府通过机构改革与职能调整,将部分职能下放给行业协会,形成政府行政指导,大型展览企业和行业协会主导,中小展览企业广泛参与

的官民协调的宏观管理模式。日本展览业注重效果评价,主办方一般会采取完整先进的展会分析评价系统对材料和数据进行事前、事中和事后的总体评估,将相关信息和最新动向以报告和建议方式反馈给参展商和观众,以提高办展参展针对性,提升展会实效。

(三)国际化程度高

一般而言,国际化程度越高的展会,就会有越多的海外参展商参加,相应的信息流、技术流和产品流就更加密集,成交机会就越大。日本主要展会作为推动国际贸易和经济技术合作的重要平台,国际化程度都很高。例如,日本国际食品饮料展(FOODEX)参展国家和地区超过70个;东京国际时装展各国参展商近2500家,分别来自日本、中国、韩国、法国、意大利、芬兰、希腊、土耳其、印度等;国际汽车售后市场展有日本、中国、美国、韩国等国的汽车零部件、汽车用品和汽车附件企业参展。这些展会均拥有完善的海外招展招商网络,通过日本展示会协会等渠道与海外行业协会、商会保持密切联系;利用完备的服务体系和服务手段扩大其国际知名度和美誉度。

(四)通过机制化建设,完善行业管理体系

为促进展览业有序发展,提高行业活力,规范行业秩序,日本十分重视通过机制化建设完善行业管理体系。政府层面成立"展览业活性化政策研讨委员会",实施展会第三方统计认证制度,提高展会透明度和信誉。具体行业管理方面,主要通过日本贸易振兴机构(JETRO)和日本观光振兴会进行。JETRO内设展览部,专为日本国内举办展会以及本国企业和机构赴外国办展提供支持。这一管理体制保证企业间、行业间、经济界与政府间形成通畅的对话渠道和有效的协调机制。

中国会展业"十三五"时期要体现五大发展理念

陈泽炎

摘要：本文根据党的十八届五中全会确立的"创新、协调、绿色、开放、共享"五大发展新理念，对《国务院关于进一步促进展览业改革发展的若干意见》(国发〔2015〕15号)进行深入解读，逐一回答了"十三五"时期中国会展业如何体现这五大发展新理念的问题。

关键词："十三五"规划；中国会展业；发展理念

2016年是中国"十三五"的第一年。2015年11月党的十八届五中全会确立了"十三五"规划所遵循的五大发展新理念，即"创新、协调、绿色、开放、共享。"2016年3月第十二届全国人民代表大会第四次会议正式通过了《中华人民共和国国民经济和社会发展第十三个五年规划纲要》(以下简称《规划纲要》)。

《规划纲要》第一篇就是指导思想、主要目标和发展理念。其中在"第四章发展理念"中明确提出，实现发展目标，破解发展难题，厚植发展优势，必须牢固树立和贯彻落实创新、协调、绿色、开放、共享的新发展理念。创新是引领发展的第一动力。协调是持续健康发展的内在要求。绿色是永续发展的必要条件和人民对美好生活追求的重要体现。开放是国家繁荣发展的必由之路。共享是中国特色社会主义的本质要求。

当然，我们也注意到这个《规划纲要》并没有对会展业进行具体的表

作者简介：陈泽炎，中国会展经济研究会学术指导委员会常务副主任。

述。这与"十一五"规划纲要、"十二五"规划纲要中曾经分别提到的"合理规划场馆布局,发展会展业"和"促进会展业健康发展",有所不同。

其实早在一年以前,2015年3月国务院就发出了《关于进一步促进展览业改革发展的若干意见》(国发〔2015〕15号)(以下简称国务院15号文件),已提出中国展览业2020年的发展目和一系列相关措施。国务院15号文件就相当于中国的展览业"十三五"规划。而国务院15号文件的内容与"十三五"时期的五大发展新理念也是非常契合的。这个文件是中国展览业在"十三五"时期具有指导性、纲领性的文件。以下,我们就分别论述中国会展业在"十三五"时期将如何体现"创新、协调、绿色、开放、共享"这五大发展新理念。

一、关于"创新"的发展理念

国务院15号文件由五项大标题、22个分标题所组成。其中"三、推动创新发展"开宗明义讲的就是"创新",并展开为5个分标题:"(八)加快信息化进程""(九)提升组织化水平""(十)健全展览产业链""(十一)完善展馆管理运营机制""(十二)深化国际交流合作"。如果进一步分析,我们还可以看到各分标题之下都包含了若干"创新点"。

"(八)加快信息化进程"的创新点包括:服务创新、管理创新、市场创新和商业模式创新;发展新兴展览业态,形成线上线下有机融合的新模式;推动云计算、大数据、物联网、移动互联等在展览业的应用等。

"(九)提升组织化水平"的创新点包括:鼓励多种所有制企业公平参与竞争;引导大型骨干展览企业组建国际展览集团;打造龙头展览企业,提升行业核心竞争力等。

"(十)健全展览产业链"的创新点包括:以展览企业为龙头,发展有支撑有配套的产业集群;形成展览业服务体系;增强协同能力,带动各类展览服务企业发展壮大等。

"(十一)完善展馆管理运营机制"的创新点包括:推进展馆管理体制改革和运营机制创新;制订公开透明和非歧视的场馆使用规则;鼓励展馆运

营管理实体通过品牌输出、管理输出、资本输出等形式提高运营效益;提高场馆设施的使用率等。

"(十二)深化国际交流合作"的创新点包括:建立合作机制,引进国际知名品牌展会;配合实施国家"一带一路"等重大战略;用好世博会等国际展览平台;培育境外展览项目;构建境外参展办展新格局等。

此外,十八届五中全会还提出了"不断推进理论创新、制度创新、科技创新、文化创新等各方面创新"的要求。这也要在会展业"十三五"时期的发展中有所体现。

譬如,在理论创新方面,国务院15号文件所提出的展览业"已经成为构建现代市场体系和开放型经济体系的重要平台"的论断就值得进行深入的理论创新研讨。

在制度创新方面,国务院15号文件所提出的"健全行业统计制度"的要求,就需要一系列的制度创新予以保证。为此,商务部经委托部流通促进中心完成关于会展业统计制度改革创新的课题,以及商务部要求中国会展经济研究会提出《关于开展〈国民经济行业分类〉修订工作中会展业统计分类的建议稿》,都是为完成这一创新任务的具体措施。

在科技创新方面,国务院15号文件所提出的"专业化、国际化、品牌化、信息化"发展方向中的"信息化"就包含着许多会展业科技创新的内容。其中,国务院15号已经具体指明"推动云计算、大数据、物联网、移动互联等在展览业的应用"。

在文化创新方面,国务院15号文件中有:"明确展览业经济、社会、文化、生态功能定位"的要求;并提出"对属于《国务院关于推进文化创意和设计服务与相关产业融合发展的若干意见》(国发〔2014〕10号)税收政策范围的创意和设计费用,执行税前加计扣除政策,促进展览企业及相关配套服务企业健康发展"。此外,对于我国展览业的从业人员,国务院15号文件也规定,要"鼓励展览人才发展,全面提升从业人员整体水平"。其中会展业的文化建设自是题中应有之义。

二、关于"协调"的发展理念

国务院15号文件明确要求:"各地区、各部门要充分认识进一步促进展览业改革发展的重要意义,加强组织领导,健全工作机制,强化协同配合","商务部要会同相关部门做好指导、督查和总结工作,共同抓好落实,重大事项及时向国务院报告"。为此,国务院办公厅于2015年9月30日发出《关于同意建立促进展览业改革发展部际联席会议制度的批复》(以下简称《批复》)。其主要职责之一就是:"统筹协调和深入推进促进展览业改革发展的主要工作任务,促进展览业向市场化、专业化、国际化、品牌化、信息化方向发展;加强展览业发展战略、规划、政策、标准等制订和实施。"

根据上述《批复》,促进展览业改革发展联席会议由商务部、发展改革委、教育部、科技部、公安部、财政部、海关总署、税务总局、工商总局、质检总局、新闻出版广电总局(版权局)、统计局、知识产权局、贸促会等部门和单位组成,商务部为联席会议牵头单位;商务部主要负责同志担任联席会议召集人,分管负责同志担任副召集人,其他成员单位有关负责同志为联席会议成员。显然,有了这样一个涉及全国展览业的多部门组成的联席会议制度,在协调全国展览业发展方面就有了一个切实有力的组织保障。

关于这一联席会议的召开,业界都在翘首以待。本文认为,从联席会议的职责看,会议所议定的应该属于宏观政策层面的内容。既是联席会议,其议题也一定要涉及大多数部门的业务。因为如果只是商务部与个别部门可以协商确定的事情,通过对口联系就能解决了。这些都应是在设定议题时予以考虑的。

三、关于"绿色"的发展理念

国务院15号文件在"指导思想"部分明确提出"倡导低碳、环保、绿色理念","加快制修订和推广展馆管理、经营服务、节能环保、安全运营等标准"。这些都是对"十三五"时期会展业发展中关于"绿色"的新要求,体现了"绿色"发展的新理念。

我们都知道,现在会展活动"不绿色"的表现有很多。其中尤以布展期间和撤展期间的问题为甚。

在场地布置方面,展览项目比会议项目的问题更突出。其中:空气污染主要是由现场装修大量使用化学涂料所造成。现在虽有一定程度的改观,但还时有发生(譬如补漆)。材料浪费则主要是由大量现场木结构施工造成的,也会随之带来一些粉尘污染。奢华追求则主要体现在展台特装设计过分追求"奇特""高大""炫酷""华丽",以至于可拼装变化的金属构件展具被认可的程度还不高,使用还不普遍。

在展示演示方面,问题更多地集中于某些灯光音响、舞台设备、动漫游戏类的展会现场。其参展商为吸引人气,烘托气氛,就极力加大灯光亮度、音响强度,并配有炫目刺激的音乐和影像,而且还常常相互攀比。

值得注意的还有,在展会现场大量纸质宣传品的随意发放和胡乱丢弃,以及无关人员的收集转卖等行为,也都是极为不环保、极其浪费的行为。

到了撤展阶段,由于大量场地布置装饰物没有做回收复用处理,致使破坏性、野蛮性的拆解成为主要手段,并由此造成大量的废弃物垃圾。而这又是与举办单位、会展场馆、搭建公司、服务商家等方面有关。正是由于展台设计装修设计时大量采用木结构和一次性用品,其撤展时的结果必然就是破坏性、野蛮性的拆解。再加上撤展时限紧张的因素,以上行为更显得"理直气壮""无所畏惧"。以广交会为例,其每届三期之间的间隔只有二至三天,必须连夜施工。以至每次形成的撤展垃圾竟达到三千多卡车。一般来说,木结构为主的撤展垃圾不进行再加工处理,而是直接付之一炬或者填埋。由此,还带来"二次污染"。

为贯彻"绿色会展"的新理念,就要实施"5R"布展原则,即:Reduce(减量)、Reuse(复用)、Recycle(循环)、Replace(替代)、Reform(改造)。其中前3个R的提法是比较广泛的;后2个R的提法是本文予以特别补充的。此外,广交会按照商务部的要求已经提出"到2017年全部实现绿色布展"的目标。

四、关于"开放"的发展理念

"开放"可以分为"对内开放"和"对外开放"两个方面。其中"对内开放",国务院15号文件在"基本原则"中已经明确指出,要"坚持深化改革。全面深化展览业管理体制改革,明确展览业经济、社会、文化、生态功能定位,加快政府职能转变和简政放权,稳步有序放开展览业市场准入,提升行业管理水平,以体制机制创新激发市场主体活力和创造力"。而关于"对外开放",国务院15号文件则有"深化国际交流合作"的专项论述。以下本文主要谈"对外开放"的问题。

应当说,中国会展业是对外开放的受益者。正是在与海外会展业的合作与竞争中,中国会展业得以发展和壮大。现在的形势是,中外会展业都在努力寻找市场的新蓝海和合作的新伙伴。

外资会展企业在中国寻找新蓝海的一个重要方向是向"北京、上海、广州、深圳"以外的会展城市进军。譬如,成都就是一个热门城市。2013年这里举办了世界财富论坛,2015年举办了世界机场城市大会,2017年还将举办世界旅游组织年会等。当前,德国汉诺威、法兰克福展览公司,意大利米兰展览公司等都在成都扩展合作的范围。其他一些城市,诸如南京、武汉、昆明、哈尔滨、银川、佛山等,其各自新的国际会展合作项目也均有成功的进展。

与此同时。中国会展业在积极"走出去"的过程中,已把"一带一路"作为重要的蓝海方向。从中国贸促会《中国展览经济发展报告2015》的数据中分析,2015年我国出国展览项目中,前往亚洲、非洲、欧洲等与"一带一路"有关国家的比例占68.6%,展览面积占74.9%,参展企业数占70.2%。在出国自办展的项目中,前往亚洲、非洲、欧洲等与"一带一路"有关国家的比例也占到了67.1%。

这里再提供一个具体案例以做说明。上海米奥兰特展览公司成功围绕"一带一路"建设国际展贸平台,创出新的经验。他们集中力量办好每年固定设在约旦、土耳其、印度、哈萨克斯坦、埃及、阿联酋、南非、波兰、巴西等九个国家的"家居用品"和"机械设备"两大品牌系列展会;既以中国产品为主,也招徕其他国际商家参展;办展总面积达10万 m²。其中约旦、阿联酋、波兰、印度四国的展会都获得国际展览联盟(UFI)认证,这在中国是个首创。该公司于2015年还成功地在新三板上市。其中"围绕'一带一路'建设国际展贸平台"就是一个好题材。目前,该公司的业绩良好,属新三板中的绩优股。

五、关于"共享"的发展理念

十八届五中全会提出的"共享发展"理念是:"必须坚持发展为了人民、发展依靠人民、发展成果由人民共享,做出更有效的制度安排,使全体人民在共建共享发展中有更多获得感。"那么,我国会展业在"十三五"时期如何体现这一理念呢?

国务院15号文件在"导语"部分就指出,"要进一步促进展览业改革发展,更好发挥其在稳增长、促改革、调结构、惠民生中的作用"。会展业从产业性质上主要归属于生产性服务业。当会展业为各产业发展助推助力的时候,其"稳增长、促改革、调结构"作用就得以体现,并间接地有利于社会民生。此外,会展活动中还有相当多一部分是B2C的形式,也就直接服务于广大民众。

2015年11月国务院办公厅《关于加快发展生活性服务业的指导意见》列举了10项生活性服务业的类别,即:居民和家庭服务、健康服务、养老服务、旅游服务、体育服务、文化服务、法律服务、批发零售服务、住宿餐饮服务、教育培训服务。我们可以看到,在上述类别的生活性服务业中几乎都有相应的会展活动。即使像"居民和家庭服务""法律服务"这样的专业性会展项目还没有,但在一些综合性的展览会中(譬如"京交会")也会有相关的展览展示。此外,在一些中小城市,其展会活动的主体往往就是那些B2C形式的展会。特别是今后在发展O2O形式的会展活动中,生活性服务业的内容也会是最为广泛展现的部分。因此,通过发展B2C形式的会展活动乃是体现会展业"共享"理念的一个重要方面。

"十三五"时期已经开始了。我们相信在国务院15号文件和"创新、协调、绿色、开放、共享"新理念的指引下,中国会展业的发展必将进入一个更好更快的发展时期。

专栏六:服务设施

专栏六：服务设施

北京国际交往中心的城市软环境建设

——大型国际会议开展公共文明引导行动的经验与启示

孙　平　李建国

摘要：城市文化软实力是一个城市综合实力的重要组成部分，精神文明则是城市文化"软实力"的核心要素，精神文明建设是塑造城市形象，提升市民文明水平的中坚力量。北京国际交往中心建设，不仅需要一流的涉外硬件设施，同时还需要文化、文明等软环境建设。首都公共文明引导行动在奥运会、APEC峰会等重大国际赛事、会议的实践中探索，在创新中发展，不断取得创造性的突破，形成了精神文明建设的品牌效应，打造出推进社会服务治理创新的新模式，探索出公民道德建设的新途径，为进一步深化城市精神文明建设积累了宝贵经验，也为北京国际交往中心建设提供软环境支撑。

关键词：公共文明；国际交往中心；城市治理

美国现代哲学家路易斯·芒福德说："城市是一种特殊的构造，这种构造紧密而紧凑，专门用来交流人类文明的成果。"文化文明是城市外交的灵魂，北京国际交往中心建设从软件方面来说，其根本任务就是要提升市民的公共文明素质。

作者简介：孙平，北京市公共文明协调办主任。李建国，首都文明办调研处处长。

北京市公共文明引导行动伴随着首都城市国际化发展进程应运而生，是新形势下深化群众性精神文明创建、拓展社会志愿服务、推动学雷锋活动常态化的生动实践。自2001年建立第一支公共文明引导员队伍以来，这一活动坚持不懈并不断发展和完善，经受住了北京奥运会残奥会、庆祝新中国成立60周年、APEC会议、"九三阅兵"等重大活动的锻炼和检验，成为广大群众参与社会治理与创新的重要途径，成为推动公民道德建设的有效抓手，也有效地服务了北京国际交往中心建设。公共文明引导员队伍也从无到有，达到现在9000人的建制，在推动城市治理现代化进程中发挥着越来越重要的作用。如今，有序排队、文明礼让已经成为北京城市生活的一道靓丽风景，成为展示北京精神文明创建活动的一大亮点，受到社会各界和市民群众的广泛认可和好评。关注公共文明引导行动，深入思考和分析其在北京这样的超大型城市取得成功的经验，对于提高城市治理水平，塑造"美丽北京"形象，完善北京国际交往软环境有所借鉴。

一、抓小、抓实——引入现代精细化管理模式

习近平总书记在谈及改革时强调："谋划改革要注重实际操作性。不能只强调宏观大原则，必须具有操作性。细节决定成败，必须周全具体，让所有人看得懂、能理解、能实施。""注重实际操作性"即抓实，"细节决定成败"即抓细、抓小。对于作为改革组成部分的精神文明建设而言，在抓大、抓总的同时，也应深刻认识到抓实、抓小的重要意义。

抓实，就是要把各项工作切实落到实处。衡量一项工作该不该办应该以是否惠及人民为标准，将"为民"作为出发点、"惠民"作为落脚点，着力解决人民群众最关心、最直接、最现实的利益问题。我们应该千方百计多办顺应民意、化解民忧、为民谋利的实事好事。只要是惠及百姓的，无论事情大小，都应该尽力、尽早做好。提升一座城市的文明程度是一项复杂、系统的工程，涉及社会管理、城市管理和市民素质培养等方方面面的内容，需要解决的问题也很多。检验我们的工作是否做到位，就是要看市民群众反映的环境卫生、交通秩序、社会服务等热点难点问题是否得以解决，精神文明

建设的成果是否更广泛地惠及百姓。

抓小,就是从小处着眼。"天下大事必作于细",无论多么伟大的成就都是由细节积累起来的,无论多么卓越的成绩都需要从点滴做起。从细微着手,防微杜渐的管理方式已逐渐成为适应城市发展需要、强化城市管理工作、满足高层次高标准管理的必然要求。人们对一座城市文明程度的感知,往往就是通过是否乱扔垃圾、上车是否排队、看到需要帮助的人是否有人上前搭把手等细节和小事来获得的。事情虽小,却在一定程度上影响着人们的幸福感、归属感和认同感。

基于以上认识,在2001年中央颁布《公民道德建设实施纲要》的背景下,北京市以申奥成功为契机,由市委宣传部、首都精神文明办等部门和单位共同组建了"北京市共建文明乘车秩序协调小组",正式成立了1300多人的文明乘车监督员队伍,以城八区为主(含当时的崇文区、宣武区)启动"文明乘车从我做起"主题宣传实践活动,开始在全市重点大街的430多个站台疏导维护秩序,同时对随地吐痰、乱扔废弃物、乱贴小广告等不文明行为进行劝阻。十五年来,公共文明行动从城区到郊区,领域不断延伸,队伍从1300多人到9000人,规模不断扩大,引导员的服务范围也不断扩展,从单纯的疏导乘车秩序到广泛开展学雷锋活动,进而发挥了精神文明宣传员、文明礼仪示范员、排队乘车引导员、站台环境维护员、交通文明协管员、治安防范信息员、群众困难排解员以及公共文明观察员的"八大员"。仅2014年,共帮助寻找走失人员2141起,捡拾物品1921件,照顾老幼病残孕人员48.6万余人次,服务外宾2280人次,协助排解公共场所纠纷5149起。开展公共文明引导行动通过从小处着眼、从基层抓起,真正为市民群众办了好事、办了实事,不断夯实了文明城市的根基。据中国人民大学对市民的抽样调查和实地观测,北京市民公共文明素养持续上升,2005年市民公共行为文明指数为65.21,2013年上升为83.91。

二、建立长效机制——推动实现制度化常态化

"机制"一词,出自晚清爱国诗人丘逢甲《汕头海关歌寄伯瑶》:"西人嗜

糖嗜其白,贱买赤砂改机制。"原意是指有机体的构造、功能及其相互关系。现在常被用在社会学领域,指在正视事物各个部分的存在的前提下,协调各个部分之间关系以更好地发挥作用的具体运行方式。建立长效机制对于高效地开展工作具有十分重要的意义。

公共文明引导行动从倡议到发展,公共文明引导员队伍从无到有、从小到大,并能坚持十余年,离不开对建立长效机制工作的重视。正是因为建立了相对完善的长效机制才实现了工作的常态化、规范化、制度化。在推进这项工作的过程中,既设立专门的组织协调机构,又制定政府财政保障方案;既明确公共文明引导员日常上岗职责,又设立每月"公共文明引导日"进行集中宣传推动;既建立招募、录用、注册、培训制度,又出台督查、考评、激励等相关细则;既组建专家顾问队伍给予智力支持,又发动热心市民参与公共文明引导社会监督,等等。

2010年底,首都精神文明办、市交通委、市财政局联合发文,调整建立北京市公共文明引导行动协调指导小组,交通、市政市容、财政等22个部门成为成员单位,小组办公室设在文明办,统一协调指导公共文明引导工作,直接承担公共文明引导员队伍管理任务。2011年5月,在充分调研论证的基础上,首都精神文明办正式印发《北京市公共文明引导行动管理暂行办法》及实施细则,进一步明确公共文明引导行动的中心工作和重点任务,并建立了工作督察检查考评机制。公共文明引导员是社会公益性岗位,在招募录用、任务职责、纪律要求、学习培训方面都有着严格的规章制度。目前,全市已形成由公共文明引导员专业队伍、基层组织管理、社会志愿组织、专家指导监督四支队伍的公共文明志愿服务组织管理格局。同年,"发展公共文明"还被列入《北京市国民经济和社会发展第十二个五年规划纲要》,"持续推进公共文明引导工程"被《首都"十二五"时期精神文明建设规划》列为六大重点任务之一,明确了具体的任务项目,使工作有了更明确的遵循和依据。

健全完善的工作机制保障了公共文明引导行动的持续健康发展,在推进形成文明有序的社会秩序方面取得了明显成效。以秩序文明引导为例:十年来,北京市因乘车拥挤造成的重大意外伤害事故几乎为"零",2007年

专栏六：服务设施

至今地铁23次缩小列车运行间隔得到保障,北京站、北京西站地区春运秩序状况达到历史最好水平。截至2011年12月,全市工作日平均拥堵持续时间较上年度减少了1小时左右,公交出行比例提高到40.9%。

三、管理与激励并重——加强队伍建设

公共文明引导员是公共文明行动的具体执行者,是直接与市民群众打交道的一群人。在一定程度上,能否充分调动这支队伍的能动性直接影响着公共文明行动的成败。

在公共文明行动开展伊始,相关部门就制定管理制度,使公共文明引导员的招募录用、岗位补贴、服务管理、服务绩效考核实现规范、有序、科学、高效,促进队伍建设走上正规化。

近9000名公共文明引导员,是一支非常特殊的队伍,对素质要求很高。首都精神文明办以精神文明建设基本理论、文明礼仪、岗位规范、安全防范、简单英语、手语对话、网络信息、医疗急救等为重点,每年开展集中培训,定期组织全市公共文明引导员服务技能竞赛,提升队伍整体素质。

公共文明引导员大多都是"40""50"人员和退休人员中还有工作能力的人。他们年龄大了,在市场经济里就业没有优势,但还有热情、有能力,愿意为社会做贡献,更希望得到大家的认可。因此,在加强公共文明引导员队伍建设时,既注重工资、着装等物质保障,同时注重对他们的精神激励。近年来,首都文明办大力表彰先进典型,在全市开展了评选表彰"十大金牌引导员""星级引导员""十大品牌站台",和多种类型的"名牌团队"等活动,命名推广一批"自觉排队示范站台"并给予挂牌,形成队伍示范引领的先进群体。同时创作团队歌曲、团队誓言,使引导员铭记于心。征集评选文明引导员优秀征文、服务心语等,激发公共文明引导员热爱团队、爱岗敬业、争先创优的热情。2011年,北京市举办《感动——纪念北京市公共文明引导行动十周年》主题晚会,6700名文明引导员齐聚一堂,10名金牌引导员、10个品牌站台以及135名"十年贡献奖"引导员受到隆重表彰。2012年,举办"跃动——首届公共文明引导员运动会",在入场仪式上一展各区

县引导员的英姿。2013年,组建公共文明艺术团,举办公益音乐会,引导员走进国家大剧院演出。正如有的引导员说,虽然报酬不高,但这个岗位让自己找到了自信和成就感,精彩的团队活动让自己找到了归宿感,引导员在服务他人、奉献社会的同时,也赢得了他人尊重,增强了自信心、荣誉感,以更加积极乐观的态度投入公共文明引导行动中。

四、充分发动群众——发挥市民主体作用

人民群众是历史发展的真正动力,是推动人类社会文明进步的决定力量。人民群众既是物质财富的创造者,又是精神财富的创造者;既是物质文明建设的主体,又是精神文明建设的主体。总结北京市多年来精神文明建设的成功经验,不难发现,这些成绩的取得在相当程度上是将精神文明建设诉诸首都市民的主体性基础上,都是依靠群众的广泛参与,都要最大限度地动员、吸引每个社会成员参与共建共享。而公共文明引导行动自开展以来,就将动员市民、依靠市民、造福市民作为目标和宗旨。

公共文明引导行动自开展以来,就非常重视调动广大市民群众的积极性,使更多的人参与到这样活动中。从2007年开始,北京市结合"迎奥运、讲文明、树新风"活动,确定每月11日为"排队推动日",文明引导员在公交站台引导市民排队乘车。目前,已有80%的站台实现了排队候车。2011年4月,为扩大宣传覆盖面和社会影响力,将"排队推动日"扩展延伸为"公共文明引导日",广泛发动社会单位和志愿者踊跃参与。

2014年5月,按照市委市政府部署,全市以APEC领导人非正式会议在北京举办为契机,广泛开展"迎接APEC精彩北京人"市民群众文明实践系列活动,其中"文明有礼好乘客推举"活动作为系列活动之一,充分发挥全市9000名公共文明引导员的作用,以推举"好乘客"为切入口,积极动员社会群众取得了初步成效。这次活动由各区县文明办、协调办精心组织、广泛发动,所有文明引导员和广大市民踊跃参与。许多站台上披红挂彩,悬挂起大小横幅,各种展板,各个文明引导员宣传讲解、编排快板、填表拍照。广大乘客纷纷推荐,主动填写推举表,为此甚至一度排起了长队。

2015年,全市以"迎接冬奥会,精彩北京人"为主题更大声势开展"文明有礼好乘客推举"活动,截至2015年11月11日,共有54200人被社会群众提名,1800名被命名区县级"文明有礼好乘客"。

公共文明引导行动在奥运会、APCE等北京国际大型会议实践中探索,在创新中发展,不断取得创造性的突破,形成了精神文明建设的品牌效应,打造出推进社会服务治理创新的新模式,探索出公民道德建设的新途径,为进一步深化城市精神文明建设积累了宝贵经验。今后,随着公共文明引导行动的不断深入,随着市民群众关注和参与热情的不断提高,公共文明引导行动必将不断开创首都精神文明建设和城市社会治理现代化的新局面,更好地推动北京国际交往中心软环境建设。

建设首都国际交往中心的国际会议产业经济研究

闫苗苗

摘要:《北京城市总体规划(2004~2020年)》指出,要"以建设世界城市为努力目标,不断提高北京在世界城市体系中的地位和作用,充分发挥首都在国家经济管理、科技创新、信息、交通、旅游等方面的优势,进一步发展首都经济,不断增强城市的综合辐射带动能力"。举办大型国际会议数量是城市对外交流频度的重要标志,被国际上公认为现代国际交流的重要渠道和高级形式,国际上也把会展业列为三大无烟产业之首,被喻为"城市的面包""城市的名片""城市经济的助推器"。全球国际会议在各洲召开的比例为:欧洲57%,亚洲19%,北美9%,大洋洲和中美洲各6%,非洲3%。从国际会议的数量和世界排名可以看出,那些重要的国际会议城市并不一定是世界最现代化的城市,但的确是最重要的国际交往中心城市,国际会议的多少成为衡量一个城市是否符合国际大都市的标志之一。本文就建设首都国际交往中心的核心命题国际会议产业经济的特征及现状做出分析。

关键词:首都;国际交往中心;会议会展产业;国际会议

作者简介:闫苗苗,维也纳大学经济学博士,国家开发银行中级经济师,联合国工业发展组织研究员。

专栏六：服务设施

一、国际会议的定义及分类

国际会议，主要是指数国以上的代表为解决互相关心的国际问题、协调彼此利益，在共同讨论的基础上寻求或采取共同行动而举行的多边集会。国际相关组织以及各国协会对国际议的定义和标准不尽相同，以下是三大会议组织对国际会议所下的定义，本文阐述的数据及标准来源于更加权威的国际发布机构——国际大会和会议协会（ICCA）。❶

国际大会和会议协会（International congress and Convention Association，ICCA）：固定性会议，至少3个国家轮流举行，与会人数至少在50人以上。国际协会联盟（Union of International Associations，UIA）：至少5国参与且轮流举行会议，与会人数300人以上，外国与会人士占全体与会人数40%以上，会期3天以上。国际会议中心协会（International Association of Convention Centres，AIPC）：固定性会议，至少5个国家参加且在各国轮流举行，会期1天以上，与会人数至少在50人以上，外国与会人数占25%以上。

ICCA定义国际会议的分类标准有以下三个：
①与会人数；
②与会者的工作背景及社会影响；
③会议目的。

以主办单位来区分，国际会议可分为：
①企业会议：跨境企业召开的工作会议、行业同业会议；
②非企业会议：政府间组织的会议以及国际非政府组织的会议。

按照ICCA分类标准遵循国际惯例可统计的国际会议包括以下几种类型（见表1）。

---

❶国际大会和会议协会，简称ICCA，创建于1963年，是全球国际会议最主要的机构组织之一，是会务业最为全球化的组织，ICCA在全球拥有76个成员。ICCA将国际会议界定为由国际专业协会组织的、在三个以上国家定期轮流举办的、规模在50人以上的会议。这已成为世界上最广泛接受、最权威的国际会议统计标准。

表1 可用于数据统计的会议类型

国际分类	国内分类	说明
Meeting	小型会议	特定时间、地点聚集,含义最广,为会议的总称
Assembly	集会	正式的全体集会,参与者以组织成员为主
Conference	大中型会议	非定期举行,多数conference通常是传达某些特别研究和发现,并且希望与会者有主动贡献;含义较高,信息交换较易
Congress	大会	定期举行的会议,讨论特定主题,由各团体派正式代表参加
Convention	大会	非定期举行,参加者是依指示参加,目的是为了组织特定目的或商讨政策
Colloquium	讨论会	非正式不定期会议,学术研究座谈为主
Lecture	演讲	报告会
Panel discussion	座谈	座谈成员是专业团队组成,对于专门课题提出观点再进行座谈
Seminar	研究会	专业报告,达到训练或科研目的
Forum	论坛	既定主题、公开讨论,与会者的身份需要被确认
Symposium	专题研讨会	专家集会,类似论坛,但参与人数较多,会期2~3天,而且较正式

二、国际会议的产业特征

根据ICCA发布的数据显示,全世界举办的国际会议中,参加国超过4个、参会外宾人数超过50人的各种国际会议近年来保持在40万场左右,总开销超过2800亿美元。在过去几年中国际会议场所约43%选择在酒店,25%在会展中心,22.8%是各类高校及研究机构,其他类别占比9.1%(见图1),产业联动效应明显,具体表现在以下几个方面。

专栏六：服务设施

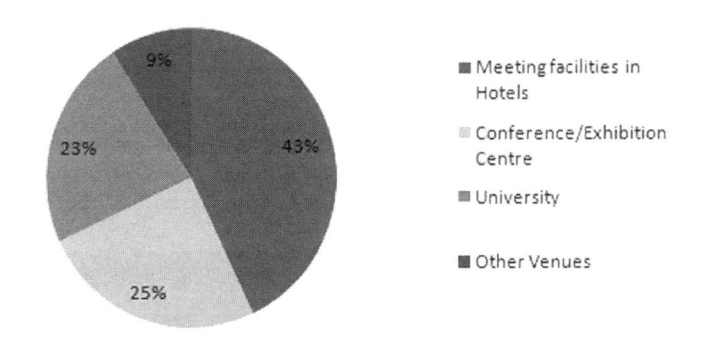

图1 ICCA会议场所分布(2009~2014)

（1）会议会展业本身产生的经济效益与关联行业的收入之比一般在1:9左右，国际上很多以会议闻名的城市本身也是著名的旅游区，会展业直接带动餐饮、旅游业发展。以美国为例，作为世界最大的国际会议主办国，其航空客运量的22.4%、饭店入住率的33.8%来自国际会议及奖励旅游。

（2）进一步促进消费和第三产业发展，参会人员的吃、穿、住、行无疑给召开会议的城市带来了可观的经济收益。会议旅客的消费是一般游客的2~3倍，对于快销品、娱乐业等消费市场有进一步的促进作用。

（3）对于会场建设行业的推动作用，如建筑装饰类企业、会议电子类器材、新媒体技术等。

（4）举行国际会议还可增加就业机会，全球举行国际会议最多的欧洲，每增加20位出席会议代表就可创造一个全职的就业机会。

除直接经济收益外，国际会议市场还能够带来以下非经济效益。

（1）提高城市品牌，会议产业产生的非经济效益往往高于经济效益。国际会议是最大、最有特色、最有意义的城市广告，它能够向与会人员展示城市的风采和形象，提升城市形象，提高城市在国内外的知名度和美誉。

（2）数据交流、技术交流的实效大大增强，国际会议产业的形成是因它传递信息最快、最直接，就是在信息化时代，报纸和网络也无法取代会议的这种功能。所以，西方的经济学家把它称之为"信息冲浪""知识会餐""财富平台""城市经济的拉力器"。

（3）国际会议能够提供最新信息，促进学术、科技、文化以及产业的交流。国际会议的与会者往往是该行业领域内的重要因子，举办高质量的国际会议是获取信息、吸取知识的有效途径。国际会议产业的发展必然会带动周边经济的发展产生集群效应。

三、北京国际会议的ICCA统计

《北京举办国际会议ICCA数据指标统计分析报告》中有关国内数据显示,自2009年至今,中国国际会议总收入已超过1.2万亿大关,就国家当量来讲2014年共举办332场国际会议,在亚太排名第二,在全球排名第8位。而在城市排行榜中,2009~2014年,北京承接会议呈上升趋势,居中国城市首位,亚洲第二,仅次于新加坡,排全球第10位。北京接待会议量占全国当年的33%。北京承接国际会议选择的场地以专业会议中心为主,例如国家会议中心、北京国际会议中心、北京会议中心;其次是某些品牌酒店,例如北京友谊宾馆、中国大饭店、香山饭店等。另有一部分学术会议选择在北京大学、清华大学、北京师范大学、北京交通大学、中科院等相关的大学、单位的会议中心举办。

表2 北京承接国际会议的规模

年 份	总人数/人	场均人数/人
2009	48979	510
2010	47269	482.3
2011	29727	285.6
2012	31131	285.6
2013	47300	449.5
2014	>28000	472.1

结合ICCA同期数据,北京国际会议规模比较过去几年虽然总人数会根据国家政策会有明显浮动,但整体趋势平稳,从数量上来看,带有住宿设施的会议场所接待的会议占总量的95%以上。北京的会奖场所仍以酒店为主。2014北京会议酒店年接待会议类型及其所占比例则没有发生明显变化,企业会议仍是北京会议市场最大的一部分,占约60%,社团会议占25%,

政府会议占15%;从会议的平均规模来看,100人以内的小型会议仍是主流,占比超过73%;其中,1.5天和2天的会议比例有所下降,2.5天的会议比例上升5.5%,会期为3天的会议比例增长了8.4%。从上面数据不难看出,北京国际会议的总量庞大,酒店承接占比集中,会议型饭店包含3个特征:第一,功能上,可以独立举办会议;第二,客源中,以会议为主要市场;第三,收入中,会议综合收入占到总收入的相当份额。北京独特的首都地位、国际古都及政治、文化中心的城市功能,使得北京的国际会议产业非常发达,成为会议型酒店的集中地。

四、北京国际会议产业的区域经济分析

大力发展会议产业,是北京发展旅游服务业、促进产业转型升级的重要抓手。早在2012年,北京市旅游委便在全国率先发布《关于促进会议与奖励旅游发展的若干意见》,支持会奖旅游机构申办重要国际会议。在此之前,北京高端旅游与会议产业联盟成立,对接各项国际会议需求。除了政府的引导,会展企业起到了重要纽带作用。

影响会议产业、会议中心产业发展的区域经济要素有:

(1)宏观经济环境与经济发展的基本走势。由于会议产业是现服务业的一个重要组成部分,国家宏观经济走势对会议产业、会议中心产业将会产生重要影响。

(2)会议产业属于大的旅游产业的一个组成部分,国内外旅游业发展态势对会议产业、会议中心业的走向也会产生较大的影响。

(3)会议产业与旅游业一样,是一个比较脆弱的产业,国际国内的政治、经济、社会等方面的政策调整、重大事件等,都会对其产生不同程度的影响。

(4)由于国际会议产业的投资也属于地产业投资的一个领域,国家的土地政策、房地产业的发展态势也会对会议中心业的发展产生直接的影响。

(5)政府机构与国际会议组织方的关系将日趋密切。在传统的旅游业

和展览业遭遇到一定的增长瓶颈的情况下，国家及地方政府把关注的重点放在属于高端旅游业范围的会议产业上面，越来越多的地方政府把会议产业作为拉动区域经济发展新的增长点，并采取各种有力措施加以扶持。

国际会议产业未来的走势，宏观上是区域政治经济的大环境和国际环境的"晴雨表"；微观上随着市场经济的发展及对外开放程度的扩大，频繁的对外经济、贸易、文化交往将推动国际会议市场需求的增加。在现代经济发展过程中，伴随着社会经济、科学技术、优越的自然条件，国际会议产业可以广泛吸引区内外的投资，通过与其他部门紧密联系，促进各部门的协调发展，使社会的整体经济维持较高的经济增长率。国际会议产业的成长和发展对区域经济的快速发展有着至关重要的作用，就北京的国际会议产业而言其直接经济效益显而易见，如去年热议的"APEC蓝"就是产业升级的需要。国际会议产业对于周边环境已经提出了具体要求，国际会议产业结构也会逐渐形成，即：

(1) 作为区域核心的现代化都市的形成；

(2) 周围区域商品经济的发展；

(3) 联系区域内各地域网络系统、电子商务系统形成与发展；

(4) 旧工业经济区域与新国际中心功能区域相关产业的影响与作用；

(5) 舒心的自然环境；

(6) 北京国际会议产业对新工业、新技术、新原料、新能源的出现具有引导作用，改变现有产业结构；

(7) 国际会议产业对北京经济具普遍影响，如对旅游业、餐饮服务业、基础设施的建设与完善有重要影响。

五、未来国际会议产业发展的新趋势

从国际市场来看，国际会议产业的未来可持续发展的战略重心趋向于融合新科技、新技术产品到会务活动中，带动科技产业服务转化、提高服务质量。结合世界国际会议产业的最新动态，未来产业发展的趋势值得北京国际会议产业从业的企业参考、学习。

专栏六：服务设施

（1）如前文所述，在经济会议中，跨境企业会议越来重要。跨境国际会议对企业未来的发展起到强有力的助推，这集中表现在激励员工、提升境外品牌影响力、创意性商业运作、客户关系维系等方面。

（2）目前国际会议入境市场正在遭受强烈的阵痛期。这主要体现在业态、环境与汇率上，基于国内入境游整体市场开发的滞后，在市场运营、品牌设立与完善基础性设施方面仍需要一段时间，受国际金融货币市场的影响，汇率也是制约中国会奖入境市场发展的关键因素。

（3）环境优雅带有浓郁地方特色的小镇成为新宠。随着资源全球化，一系列的全球性高端会议成为拉动地区经济的重要活动，这些国际高端会议的承办地每年也会成为世界的焦点。例如瑞士的达沃斯、中国的雁栖湖与博鳌。这说明，具有显著区域化与承载体量大、服务多元化的小镇将会成为会议目的地的新宠。吃、住、行、游、购、娱，在未来将成为国际会议生活重要组成元素，并随着硬件的发展以及会议形式的多样化，国际会议的组成形式趋于化零为整。

（4）资源的垄断优势将不复存在。在"国八条"出台以前，业内多数企业都以资源垄断、信息不对称作为优势条件独立发展。现在，随着互联网技术应用的快速发展，信息的透明化使这种资源垄断的优势不复存在。因此，以往那些依靠信息不对称去获取利润的时代将一去不复返。

（5）App会议应用将会普及。当下在国际其他会议主办地的国际会议现场，参会人的信息均在会议App上可以得到，新兴技术手段在国际会议的运用上也已趋于成熟，移动终端会在国际会议中的各个环节提供更多的便利。

（6）互联系统针对国际会议的精细化管理。对于会议系统，目前在国内只有少数几家公司在产品研发与制作上做到非常完善。但反观国际市场，会议行业的系统化管理已经有30年的历史，非常成熟。目前已经进入会议系统精细化管理的时代。

（7）本地服务优势。在国际会议举办的整个过程中，本地服务的特殊性将成为标签。

六、应对重心

(1)规划建设的理念将会发生变化。如果说前一阶段的规划建设在一定程度上是被动地跟在国际会议产业发展潮流的后面亦步亦趋的话,那么,随着人们对于产业市场认识、研究的不断深入,规划建设的理念将会发生较大的变化。

(2)投资、规划阶段理念的变化,促使投资商在前期就会更多地考虑日后管理与运营工作。这样,新建、改扩建会议中心硬件设施在日后运营方面的实用性会进一步增加。

(3)郊区及旅游度假区以会议接待为主体的大型综合体将成为亮点。由于国际会议产业的迅速发展,再加上政府的高度重视以及地产投资的驱动,北京用于国际会议的建设还将保持较快的增长速度。随着经济发展、社会进步以及人们生活水平的不断提高,人们对于自然、绿色、健康、休闲等的追求将会更加强烈。

(4)在规划设计方面,环保、绿色、节能、生态等国际先进理念应当逐步重视。

(5)进一步推广新技术和移动终端应用,提高通信、视听等方面的科技融合速度。

(6)国际会议市场竞争日趋激烈,优胜劣汰速度加快。

(7)政府对国际会议产业高度重视。在这种情况下,北京应成立一个以政府主管部门为核心的"会议服务联盟"性质的机构,一方面加强内部的协调、扶持,另一方面可以自身形成合力,与其他城市展开竞争。

(8)进一步提高管理与服务水平。服务质量和专业化程度问题一直是首都国际会议面临的主要挑战之一,尽快提高国际会议中的管理与服务水平,满足会议组织者与会议代表不断提高的需求,是必须要优先解决的一个重要课题。

七、总结

北京国际会议产业的发展,得益于国家、社会的稳定和国民经济持续快速增长,也受益于经济全球化对国际会议市场大融合的有力推动。国际会议产业的成长已经成为独立的产业,具有广阔的发展空间和增长潜力。发展国际交往相关的行业而放弃高污染、高能耗的工业,并不意味着经济增速必然减慢,这是一次对于北京区域经济的博弈,博弈论点产生在当下,盈利取决于未来。在非首都核心功能调整疏解中,产业转移的减法,同样也能为财税收入带来增益。

北京国际交往中心服务设施建设研究

袁 蕾

摘要：国际交往中心城市具有服务设施规模大、档次高、服务系统完善等特征。北京国际交往设施水平提升明显，表现在城市基础设施、商务中心区发展、会展设施、旅游设施以及外国人接待服务设施等各个方面。但是与发达的国际交往中心城市相比，"城市病"较为突出，大型会展设施和旅游设施不能满足需求，涉外接待服务设施和能力仍然存在差距。据此提出从国际交往的承载能力和交往环境两个方面着手提高服务设施建设水平，并对会展和旅游设施的提升提出了更为具体的对策建议。

关键词：国际交往中心；服务设施；北京；对策

国际交往中心是指在国际交往中具有一定影响，能够在地区或全球发挥重要作用的城市。建设国际交往中心，是中央赋予北京的首都城市功能之一。

一、国际交往中心服务设施的主要特征

国际交往中心城市通常拥有众多大型的国际交往设施，特别是大型会议展览设施，其规模和水平反映出城市举办国际活动的能力。20世纪80年

作者简介：袁蕾，北京市社会科学院城市所副研究员，研究方向为城市经济与城乡发展。

代以来,许多城市重点加强了大型会议展览设施的建设,成为会议展览业的"航空母舰"。涉外饭店的规模和档次是反映城市接待能力和水平的重要指标。

国际交往中心服务设施一般集中布局,一方面便于规划建设,另一方面使得国际交流活动易于组织和更有效率,因此许多国际交往中心城市集中规划建设相对集中的国际交流中心区。如纽约的曼哈顿、东京的新宿、巴黎的拉德芳斯等都形成相对独立的商务中心区(CBD),华盛顿、莫斯科和柏林等建有会议和展览中心区。

国际交往中心城市一般都有完善的专门接待服务系统,通常由政府服务系统和社会服务系统组成。①政府服务机构。政府服务机构指专门从事涉外管理的部门。许多城市设立专门机构负责管理和推进国际交流工作,有许多城市政府设立了外国人信息服务中心,能用多种语言提供天气、医疗急救、旅游购物、住宿、出行、法律等问讯和咨询服务。②社会服务机构。一些城市建有相当完善的社会服务系统,可以为外国人提供工作、生活和交流等方面的中介和直接服务。国际交往中心城市要求出入境手续方便。世界上许多国家实行有限免签和落地签证制度,如欧洲申报协议规定协议签署国实行相互免签,亚洲的新加坡、日本、韩国和中国香港地区有7日免签和落地签证的规定。

为了便于外国人交往,国际交往中心城市一般都建有规范的标识系统,交通系统、旅游服务设施系统、提示警示系统和公共服务系统等都有双语(通常为本国语和英语)标识牌。

二、北京国际交往服务设施的发展现状和问题分析

北京已经是一个现代化国际大都市,发展优势明显、前景广阔,特别是国家实施"一带一路"战略,部署筹办2022年北京冬奥会,推进北京服务业扩大开放综合试点,支持办好世界园艺博览会等,有利于我们更好地落实城市战略定位,提升北京在国际交往中的地位和作用。

（一）基础服务设施承载能力增强，但"大城市病"阻碍国际交往功能的提升

基础设施是城市国际交往功能的重要支撑，是城市安全高效运行的基本保障。北京市以举办奥运会、中非合作论坛和亚太经合组织会议等重大活动为契机，全面提升基础设施水平，实现了跨越式发展，承载能力大幅增强，服务水平显著提升，支撑了北京国际交往中心功能的实现。突出表现在北京国际航空枢纽地位的不断提升，2014年，北京首都机场共完成旅客吞吐量8612.8万人次，连续五年稳居世界第二，仅次于美国亚特兰大机场。在首都机场运营定期商业航班的航空公司共有96家，其中内地航空公司26家，外国航空公司及香港、澳门、台湾地区航空公司共70家。通航54个国家和地区的111个航点，国内通航133个航点，已构建成遍布全球的航线网络。首都机场运行资源整体处于超饱和状态，部分航班被迫"溢出"到京津冀周边机场。北京新机场的开工建设将进一步巩固北京作为国际航空枢纽的地位，提高对北京国际交往活动的承载能力。持续治理交通拥堵，轨道交通新增运营里程218公里，总里程达到554公里。南水北调中线一期工程建成通水。基本建成四大燃气热电中心，陕京三线等重大能源基础设施建成投用，能源运行保障能力进一步增强。建成鲁家山垃圾焚烧厂等一批垃圾处理设施，城市生活垃圾基本实现全处理。全部完成中心城骨干污水处理厂升级改造，全市污水处理率达到87%。完成中心城77座下凹式立交桥区积水治理，城市防洪排涝等防灾减灾和应急管理水平明显提高。多措并举、多方合力，重拳治理大气污染，压减燃煤近1400万吨，核心区基本实现无煤化，淘汰老旧机动车183.2万辆，淘汰全部黄标车，细颗粒物浓度比2012年下降15.8%。城市生态空间大幅度增加，完成平原地区造林105万亩，建成11个滨河森林公园和158个城市休闲公园。加强重点流域治理，实施1460公里中小河道治理，加大环境整治力度，城市环境更加整洁干净。

但是，北京自身发展中还面临着一些突出矛盾和困难，特别是人口与资源、环境矛盾突出，出现了人口过多、交通拥堵、房价高涨、环境污染等

"大城市病",阻碍了国际交往功能的提升。北京基础设施需要继续加强能力建设,完善体系结构,加快解决交通拥堵、水资源紧缺等突出矛盾,增强基础设施综合承载能力和资源配置能力,更加注重提高服务质量和运行管理水平,建设国际一流的和谐宜居之都。

(二)商务中心区快速发展,国际交往设施水平大幅提高

北京商务中心区(CBD)经过近20年的发展建设,产业形态、空间形态初具规模,现代商务功能日益完备,成为国际商务、金融、国际组织和要素市场的集聚地,国际影响力逐年提升,成为北京市国际交往中心建设的主要承载空间,成为首都国际交流的重要窗口,成为中国与世界经济联系的重要结点。

1993~2000年,CBD处于一种自发成长的状态,商务办公设施达到一定规模,初具商务中心区雏形;2000年政府启动全面建设,国际形象和区域功能渐趋突出,功能完善的国际化现代商务中心区加快形成;2009年实施东扩,现在进入到拓展空间、规范管理、提升品质的发展阶段。

北京商务中心区高端产业聚集效应日益明显。目前CBD中心区集中了北京市50%以上的甲级写字楼和星级酒店,入驻企业达19000家,规模以上企业8900家,年均增长27%;注册资本过亿元企业184家。已形成以国际金融为龙头、高端商务为主导、国际传媒聚集发展的产业格局。拥有普华永道、麦肯锡等200余家世界级高端服务企业,聚集了惠普、三星等近百家跨国公司研发机构,是最大的服务外包承接区和需求提供区域;区域内聚集了壳牌、丰田、通用等近50家跨国公司地区总部;区域内共有文化传媒企业1800余家,包括中央电视台、北京电视台、凤凰卫视等大型传媒企业,入驻阳狮集团、电通广告、WPP集团等全球知名传媒集团,聚集华尔街日报、VOA、CNN、BBC等169家国际传媒机构。

CBD国际化特征突出。区域内国际化资源聚集,集中了北京市约90%的国际传媒机构169家,约80%的国际组织、国际商会110家,约80%的跨国公司地区总部50家,约70%的世界500强企业160家,约70%的国际金融机构252家,约30%的五星级酒店17家。北京市约50%以上的国际性会议、

90%的国际商务展览在这里举办。

(三)会展设施和国际化水平提高,但现有设施难以满足需求

北京的会展设施水平、会展层级与国际化水平不断提高。根据国际大会与会议协会(ICCA)发布的数据,北京2014年共举办国际会议104场,占我国举办的国际会议总数的31.1%,在全球各城市中排名第14,在亚洲地区仅次于新加坡,超过首尔、香港和台北。会展的质量和效益日益提高。北京会议市场结构发生变化,根据《2014~2015年度北京酒店会议市场调查报告》,2014年北京会议酒店接待的会议中,企业会议占约60%,社团会议占25%,政府会议的比重下降到15%。会议场所利用率上升。2014年北京有38.4%的会议场地利用率超过50%,整体平均利用率为42.9%。展览的数量减少,但展览规模越来越大。2014年,北京举办的展览平均面积(含室外展览面积)达到9194m^2,比2009年增长60.5%。

但是,近年来北京一些多年培育的品牌会展外移,上海成为会展业的龙头,而广州已超过北京,占据全国展览业第二的位置,北京退居第三。如"中国国际服装博览会""中国国际汽车商品交易会""Intertextile 中国国际纺织面料及辅料(春夏)博览会"等会展转移到上海或其他城市。

北京现有展览场馆在规模和设施条件上难以满足大型国际品牌展会的需求,是造成北京品牌会展外流的一个重要原因。主要表现在三个方面:一是总体规模落后。2014年北京专业展览馆室内面积总计为44.79万m^2,仅相当于上海的53.7%、广州的83.8%。二是老场馆设施陈旧,新场馆配套设施尚未跟上。北京一些会展场馆建成时间久远,比如北京展览馆建成于1954年、全国农业展览馆建成于1959年、中国国际展览中心(老馆)建成于1985年,设施设备比较陈旧,且多位于市中心,展品进出、展馆层面承重等都存在问题。另外,2008年建成的新国展,具有现代化会展设施,但周边配套设施不完善,交通不便,给参展商和观众带来不便,影响出租率。三是单体场馆面积较小,且难以组合使用。北京单体场馆多属于3万m^{2}以下的中小型场馆,目前最大场馆新国展的室内展厅面积为10.68万m^2,与国内外大型展馆相比还有很大的差距。上海最大的展馆国家会展中心的室内展厅

面积为40万 m²,广州最大的展馆中国进出口商品交易会展馆室内展厅面积33.8万 m²,德国汉诺威展览中心展厅面积达49.7万 m²。缺乏大规模场馆严重制约北京会展业的发展,北京一批品牌会展活动规模不断扩大,已经超出了最大场馆的容量。另一方面,由于会展场馆布局分散,相互之间距离较远,难以组合使用。比如2014年北京国际汽车展展出面积为23万 m²,使用了新、老国展的全部17个室内展馆和新国展室外展场,增加了交通协调成本,带来了交通拥堵问题,也给参展商和观众带来不便,影响了展览效果。

(四)国际旅游服务和配套设施水平提升,与世界城市仍有差距

北京是世界著名历史文化名城,有着3000多年的建城史和800多年的建都史,已成为世界著名的观光旅游城市,每年都举办大量的国际文化、艺术、体育等交流活动,在亚洲乃至世界具有一定影响。

北京市入境旅游客源远程化、多元化和全球化的特征日益明显。旅游旺季时间持续延长。2015年北京市共接待入境游客420万人次,其中,接待外国人357.6万人次,接待香港同胞34.9万人次,接待澳门同胞2.1万人次,接待台湾同胞25.4万人次。入境旅游者在京旅游人均花费1097美元,增长1.7%,人均天花费258美元,平均停留4.25天。

北京旅游服务配套水平大幅提升,旅游接待能力显著增强。截至2011年2月底,全市共有星级饭店725家,其中五星级59家、四星级139家,三星级262家;全市共有旅行社1002家;已建成110个旅游咨询站,前门、宣武门、北京南站三个旅游集散服务站投入运营。伴随着首都机场T3航站楼的启用、北京南站的建成和轨道交通的拓展,交通服务水平得到提高。

但是,北京的国际旅游业与世界城市仍然存在差距,服务水平相对落后。从入境旅游对比分析,伦敦、纽约和东京三个世界城市每年都吸引了大量的游客从世界各地赶来一睹它们的风采。在三个世界城市中,东京的国际游客规模相对较小,但是比起历史文化资源远远超过自己的北京还是要大一些。三个世界城市市场机制完善,旅游业的发展与交通、餐饮、住宿、通讯、会展以及商务等行业有效地衔接起来,集团化运作,以市场需求

为导向,不断提高服务的水平。近年来更是与互联网相融合发展智慧旅游、深度体验旅游等。与世界城市相比,北京的国际旅游业产业结构布局不合理,产业化运作程度不高。虽然观光游发展迅速,但休闲度假旅游产品供给不足,商务、会展等高端旅游发展滞后。

(五)国际化服务设施和管理服务水平有所提升

北京市公安局结合外籍人士需求,全面推出七项涉外便民服务举措:一是在有条件的社区实行境外人员在社区就近办理住宿登记;二是为有实际困难的境外人员提供电话或短信预约办理住宿登记、上门送证服务;三是发放使用中英文对照的警民联系卡;四是使用中外文对照的报警求助服务卡;五是发放"来京外国人生活服务手册";六是利用短信平台对签证、住宿登记即将到期的境外人员进行主动提醒;七是对中外居民进行日常涉外警情提示,采取多种形式开展涉外法制宣传。

2013年1月1日起,对美国、英国、加拿大等45个国家持有第三国签证和机票的外国人,在北京口岸实行72小时过境免签政策。此前,乘航班经北京中转前往第三国或地区的外国旅客,在北京最多只能停留24小时,且活动范围仅限机场内。而从2013年起,只要来自政策允许范围内的45个国家的过境人员,都可以走出机场,在北京畅游72小时,尽情参观游览,购物娱乐。

三、北京加快建设国际交往服务设施的对策建议

强化国际交往功能、服务国家开放大局是北京的重大任务。要适应国家对外开放新形势,完善外事服务设施,优化国际化服务环境,持续提升服务国际交往的软硬环境水平,把北京建设成高端资源聚集、国际交往活跃、国际化服务完善、国际影响力凸显的国际活动聚集之都。

(一)强化国际交往的承载能力

认真落实中央城市工作会议精神,尊重城市发展规律,坚持"五个统

筹",把加强城市治理放在更加重要和突出的位置,建管并重、适度超前、提升品质,高标准规划,高质量建设,精细化管理,加快改善硬环境,着力提升软实力,全面提高城市治理水平,有力支撑首都城市功能,让城市更好地为国家的国际交往服务。

提高中心城特别是东城区、西城区综合服务保障能力,重点服务好国家重大外交外事活动,扩展国际科技与文化交流合作,形成具有高品质综合服务保障能力的国际交往核心区。引导国际交往功能向新城拓展,提升怀柔雁栖湖生态发展示范区配套服务水平,积极承接高端国际会议;依托国际航空港优势,完善顺义、大兴国际化综合配套服务设施。加强京津冀区域国际交往功能协作,探索京津冀重大国际活动联合承办和协同保障机制。打造商务中心区国际高端品牌形象。高标准建设东扩区基础设施、商务楼宇及配套服务设施,加快涉外服务窗口、国际化医疗、国际化教育、国际社区等适宜国际服务资源的软环境建设,打造双向国际化示范区和具有国际影响力的现代商务中心。大力发展总部经济、国际金融、商务服务、国际传媒,吸引世界500强企业和跨国公司设立高层级总部,集聚国际性组织、国际性金融机构及现代传媒机构,支持有实力的本土商务服务机构品牌化、国际化发展,打造北京CBD国际商务节等区域性品牌活动,塑造国际高端商务区品牌形象。

以更大的决心、更严的要求、更高的标准治理环境污染,要坚持源头防控与末端治理并重,集中治理与强化管理并重,打好环境污染治理攻坚战,切实解决好大气、污水、垃圾等突出的环境问题,形成政府、企业、公众共治的环境治理体系,努力使环境质量得到有效改善。加强京津冀生态保护协作,努力增加绿色生态空间和环境容量,健全生态文明制度体系,加快建设资源节约型、环境友好型社会,努力把北京建设成为绿色低碳生态家园,改善北京的环境质量,为建设国际交往中心创造必要的自然环境。

(二)营造良好的国际交往环境

打造和培育符合首都城市战略定位的特色品牌活动,进一步提升京交会、科博会、文博会、金博会、北京国际电影节等品牌活动的国际影响。增强世界旅游城市联合会的国际影响力。深化城市间国际合作和友城交流，支持民间社会团体开展对外交流。

充分发挥国家"一带一路"战略向北开放重要窗口和中蒙俄经济走廊重要节点城市作用，主动融入和服务国家"一带一路"战略，高水平规划建设北京新机场口岸及配套海关特殊监管区，建设空港贸易便利示范区，强化与天竺综合保税区港区联动效应；推动平谷国际陆港申请正式对外开放，打造以食品、农产品进出口为主的特色口岸；加强与津冀海运口岸协作，加快推进通州口岸功能区建设。巩固京津冀区域通关一体化改革成果，为总部企业提供一揽子通关服务。大力推动跨境电子商务发展，推进监管模式创新，打造立足北京、服务京津冀、辐射全国的跨境电子商务公共服务大数据平台，推动形成京津冀跨境电子商务园区政策共享、关联企业互助、物流配送互动的协同发展格局。

打造国际化公共服务体系。在出入境、金融、教育、医疗、交通等方面为外籍人员提供更加便利的工作和生活环境。在国际交往活动集中区域，打造一批具有示范效应的国际化社区。大力推广APEC商务旅行卡，共同推动在京津冀区域开展72小时过境免签异地出入境政策试点，进一步完善离境退税政策及其配套服务环境。加强外语广播、电视等外语公共服务，主要公共场所外语标识基本达到全覆盖。加强国际文化、礼仪的宣传，营造开放、文明、包容的人文环境。

（三）完善大型专业会展设施

适应国内外会展行业规模化发展趋势，北京应启动建设一座20万m²以上的大型专业展览场馆建设。《北京市新增产业禁止和限制目录（2015年版）》规定，禁止在城六区新建会议及展览服务中的展览类设施。再考虑交通、区域环境等因素，建议在通州行政副中心或北京新机场附近，靠近轨道交通线路进行选址，规划建设一处大规模会展产业基地。与此同时，加强新国展周边地区设施配套和功能完善，创新发展服务餐饮、住宿、会务服务等业态。推动城六区规模较小、年代久远的会展场馆进行功能改造，逐渐退出会展市场。

专栏六：服务设施

积极转化会展的配套服务设施为旅游所用,打造世界一流的会展旅游目的地,会展旅游是会议、展览与旅游业相结合的新业态,具有团队规模大、消费水平高、活动内容丰富等特点。北京拥有丰富的旅游资源,又具备举办大型会议、大规模展览的条件,应促进会展业与旅游业的有机结合,打造国际一流的会展旅游目的地。但2014年全市接待会展旅游人次仅24.3万,存在市场不完善、会展旅游环境欠佳、创新力度不足等问题。未来应注重会展活动的旅游延伸,选择特色品牌展会打造成为特色旅游产品。利用高知名度景区对参展商和观展商的吸引作用,形成以旅游促会展的良性互动。

(四)强化旅游服务设施和服务能力建设

强化对旅游配套设施和公共服务设施项目的支持和引导。宏观调控旅游住宿设施的增速,引导现有住宿设施向主题化和特色化方向提升;适度发展旧城四合院主题旅馆,鼓励城郊区县发展会议度假型住宿设施。加强旅行社等旅游企业的规范化管理,加强旅游景区环境建设。根据有关标准和规范进行旅游设施与服务的配套,完善旅游集散中心、旅游咨询中心体系,建立服务范围覆盖全市域的多语种旅游标识系统,建设旅游实时预报与快速救援系统。在首都机场、火车站、长途客运站等游客集散地建设综合游客中心。

完善城市旅游基础设施与公共服务体系。增加和完善市区游客集散地与主要旅游景区的旅游公共交通线路和场站设施。依托先进的网络通信技术,提供统一高效的旅游租车调度服务。设立中心站、集散站和辐射网点三级体系构成的北京旅游集散体系。在城市机场、车站、中心广场、景区景点及旅游要素集聚区等游客集中地带设置旅游信息咨询中心。完善旅游问讯系统,包括人工问讯、电话问讯、互联网问讯等多种形式。设置与国际旅游城市标准接轨的完善、规范、易识别、多语种的标识系统。推进全市旅游系统的游览安全、医疗急救系统的建设,强化重点旅游区域和景区的旅游安全预警系统、旅游快速救援队伍建设。

建设国际交往中心视域中北京地铁系统复杂性研究

李 茂

摘要：本文以北京建设国际交往中心为研究背景，利用复杂网络理论为范式，以2016年1月北京地铁运营站点与线路为研究对象，构造了北京地铁的复杂网络模型，分析了北京地铁网络系统的复杂性，指出了这些复杂性特征的现实含义，针对建设国际交往中心进程中北京地铁网络运行效率改善提出了对策性建议，文章还提出了后续研究的方向。

关键词：北京地铁；复杂网络；复杂性；鲁棒性

一、引言

建设国际交往中心，是北京建设中国特色世界城市的必然道路，也是党中央和国务院赋予北京的重要城市功能。作为城市基础设施重要组成部分的城市地铁系统，对于提升国际交往能力，创造良好的国际交流环境、促进城市人口流动和提升城市基础设施水平有着举足轻重的作用。近年来，北京地铁建设速度不断加快，截至2016年1月15日，北京地铁共有18条运营线路（包括17条地铁线路和1条机场轨道），日均客运量达到1100万人次，是首都地区公共交通的重要组成部门。北京地铁已形成了一个覆盖

作者简介：李茂，北京社会科学院市情调研中心助理研究员，研究方向：复杂网络、网络经济学。

北京市11个市辖区,拥有333座运营车站,总长554km运营线路的轨道交通系统。❶在今后建设国际交往中心的进程中,北京地铁系统将会发挥越发重要的基础设施作用。

复杂网络理论(complex networks theory)是20世纪末兴起的一门交叉学科,它融合数学、物理学、系统科学等理论知识,对复杂系统的内在性质进行分析研究,为复杂系统的形成、联系与运行机制提供了有效的方法与工具。利用复杂网络理论,在北京建设国际交往中心的进程中,探索、分析北京地铁系统的网络复杂性具有重要的学术意义与现实指导意义。利用相关概念,建立北京地铁系统的复杂网络模型,有助于我们深入理解北京地铁网络的结构复杂性、节点复杂性、结构与节点之间的相互影响程度以及子系统的相互影响情况,有助于我们从更高层次掌握北京地铁系统的本质特点和运行机制,提升北京地铁对国际交往中心的建设贡献度,同时也为日益复杂的北京地铁的安全、可靠和有效运行提供智力支持。

本文首先对相关研究进行述评,在学习借鉴已有研究成果基础上,构建北京地铁系统的复杂网络模型,利用复杂网络分析专业软件对分析了北京地铁网络系统的复杂性,指出了这些复杂性的现实含义,针对建设国际交往中心进程中北京地铁网络运行效率改善提出了对策性建议最后,本文做出总结并指出后续研究应重点突破方向。

二、文献述评

Erdos 与 Renyi 建立的随机图理论(random graph theory)是现代复杂网络理论研究的滥觞。❷D.J. Watts 和 S.H. Strogatz❸提出的 WS 小世界模型,刻

---

❶换乘车站重复计算有334个,截止到2016年1月15日,7号线双井站还未开通,故有333个站点。不重复计算换乘车站则为278座车站。——http://www.bjsubway.com/station/xltcx/.

❷ERDOES P, RÉNYI A. On random graphs I[J]. Publ. Math. Debrecen, 1959(6): 290-297.

❸WATTS D J, STROGATZ S H. Collective dynamics of small-world networks[J]. Nature, 1998, 393(6684): 440-442.

画了现实社会中网络关系的部分规则部分随机特性。A.L. Barabási 和 R. Albert[1]提出的 BA 无标度模型，较好地描述了现实网络关系中的不均衡性、非平衡性和复杂性。这三项具有里程碑意义的研究推进了学术界对于复杂网络的研究进程，在这几个复杂网络模型的基础上，专家学者们又增加了不同的建模条件，陆续发展出各种不同的复杂网络模型，如赋权演化网络的 BBV 模型与可调集群系数的 HK 模型等。Albert 和 Barabási 系统研究了学术界在刻画复杂网络结构的统计特性的相关研究，归纳并提出了复杂网络的节点度、平均网络长度、聚类系数和度分布等网络拓扑特征的基本定义与计算方法。这些定义与方法为后来研究者所广泛认可。

  复杂网络理论成熟之后，学者们开始利用相关理论对交通系统的复杂性特征开展了分析研究。Latora 与 Marchiori 对波士顿地铁网络进行分析，研究表明一个普通的封闭运输系统具有明显的"小世界"特征，并通过网络销量分析了其有效性和鲁棒性。Sienkiewicz 和 Holyst 对 22 个波兰城市公共交通系统进行了分析，结论指出大部分交通网络的度分布遵循幂律分布 (power law distribution)，并对这些网路的路径分布、聚类系数和介数等拓扑特征进行了探究。Jiang 对美国 40 个城市的公路交通网络进行分析，指出这些交通网络具有明显的"小世界"和"无标度"特征，研究发现 20% 的街道流量占整个交通网络流量的 80% 左右。与此同时，国内交通网络的复杂性研究也在陆续展开。赵金山、狄增如、王大辉针对北京市公共汽车交通建立了公交线路、公交换乘和停靠站点复杂网络，利用实际数据计算的结果显示存在某些线路具有中转的作用，部分停靠站点具有中枢作用，研究结果还揭示了公交网络的点权分布具有不同于其他加权网络的点权分布的性质。汪涛、方志耕、吴卉、吴琳丽以北京、上海和广州地铁网络为例，分别构造了城市地铁网络的 Space L 和 Space P 模型，研究表明这三个地铁系统都属于小世界网络。研究还发现，地铁网络的 Space P 模型的度分布 $P(k)$ 近似于指数分布，表明了包括地铁在内的公共交通网络所特有的网络演化机制。张晋、梁青槐、贺晓彤继续利用 Space L 和 Space P 模型对 2012 年的

---

[1] BARABÁSI A L, ALBERT R. Emergence of scaling in random networks[J]. Science, 1999, 286(5439): 509-512.

北京地铁系统进行了网络拓扑性质分析,并对地铁系统的鲁棒性进行了研究。

以上研究为本文提供了坚实的基础,为本文的研究指明了方向。但也应注意到以上研究存在以下问题:首先,仅仅分析了地铁网络的某些复杂性,说明其所属的复杂网络性质,并没有揭示这些特征的内在含义与深层次联系,这是本研究将要尝试突破之处。其次,有些研究构造两个复杂网络模型,区分终点站、普通站与换乘站,分别对规划网络和运营分别进行分析,忽视了北京地铁系统的内在联系。本研究直接以实际投入运营的网络为研究对象,不区分站点类型,构建无向无权网络(undirected and unweighted network),简化了模型建构思路,扼要地刻画了北京地铁系统的复杂网络特征。最后,有些研究的对象需要更新,以往的研究都是基于2005年或2012年的北京地铁网络。而近年来北京地铁建设速度不断加快,北京的地铁系统已经从2012年的12条运行线路、190多个运营站,发展到2016年1月的18条运营线路(包括17条地铁线路和1条机场轨道)、333个运营站。现实研究需要以最新数据为基础,这样才能揭示出北京地铁系统的复杂网络特征。

三、模型原理

以2016年1月北京地铁图为例,可以直观发现北京地铁构成了一个以运营站为节点,运营线路为连接线的复杂网络。

在实际建模中,复杂网络模型的构建需要有节点(nodes)、边(edges)和连接规则(rules)。

(一)节点构造

我们将运营站点视为复杂网络中的节点(Nodes),并对其进行1,2,3,……自然数编号。对于换乘站我们也进行了异质化处理,例如1号线的公主坟站与10号线的公主坟站是两个不同的节点,这两个节点之间有着一个换乘路径联系。❶按照这一规则,排除尚没有开通的运营站,截至2016年1月15日北京地铁共有333个运营站。因此,在本模型中节点数为333个。

(二)边的构造

无向无权网络可以通过对有向网络的无向化处理和加权网络的阈值化处理而得到,无权无向网络是最简单的复杂网络,有助于简明扼要地描述系统的总体结构和内部节点之间的关系。由于北京地铁站点之间都有双向轨道连接,可以将模型中两个节点的连边视为无向无权边。这样,本模型就是一个无向无权边(undirected and unweighted edges)构成的复杂网络,节点之间通过无方向和无赋权的边连接。

(三)连接规则

模型中两个有连接的节点 i、j 通过一条无向无权边(E_{ij})连接,换乘节点之间也通过一条无向无权边连接。通过描述每个点所有的边的方式,构造出模型的邻接表 A_{ij}(adjacency list)。邻接表基本结构如下:

$$\begin{pmatrix} 1 & 2 \\ 2 & 3 \\ i & j=i+1 \\ i & k \\ \vdots & \vdots \\ 332 & 333 \\ i=1,2,3,\cdots,332 \\ i \neq k+1 \end{pmatrix}$$

需要注意的是,18个条地铁线路中只有2号线和10号线构成了完整的环路,其余的线路都是直线结构,所以端点在邻接表上要进行相应处理。至此,我们就搭建了一个有333个节点的北京地铁系统的复杂网络模型 $G(333,A_{ij})$。注意,这个模型中没有自环(self-edge)。

---

❶北京地铁中部分站点的换乘距离也非常可观,如2号线的西直门站和13号线的西直门站。

四、分析结果

本文采用复杂网络分析软件 Pajek(64bit版)对模型 $G(333,A_{ij})$ 进行分析，$G(333,A_{ij})$ 的总体连接如图1所示。

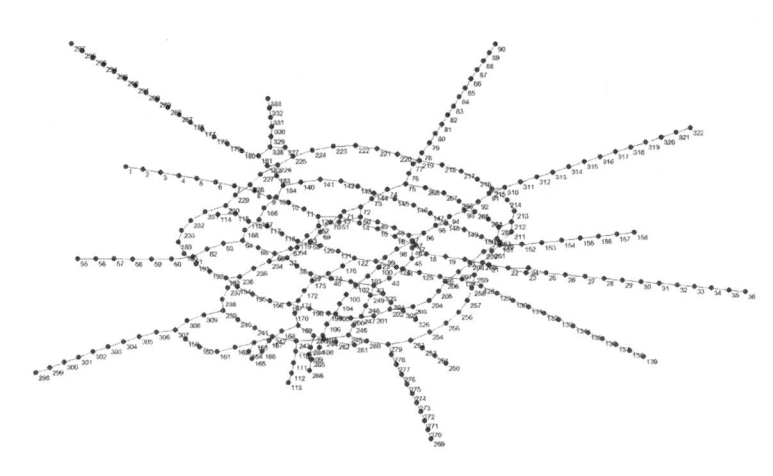

图1　总体网络连接图

通过软件计算，北京地铁系统的复杂网络模型 $G(333,A_{ij})$ 的复杂性情况如下。

(一)度、平均度与度分布

在复杂网络理论中，度(degree)被定义为与节点直接相连的边的数目。对于没有自环和重边的网络，节点度 i 的度 K_i 也是与节点 i 直接有边连接的其他节点的数目，有向网络中度还分为出度(output degree)和入度(input degree)。平均度(average degree)定义为所有节点的度的平均值。度分布(degree distribution)定义为节点度的概率密度分布。

(1)度和平均度。

通过软件分析北京地铁系统的复杂网络模型 $G(333,A_{ij})$ 的度如表1所示。

表1　模型节点度值分布表

编号	度值	节点
1	4	37、42、66、215节点
2	3	8、9等89个节点
3	2	2、3等223个节点
4	1	1、36等17个节点

从表1可以看出,模型中 $D_{max}=4$（37、42、66、215节点）, $D_{max}=1$（1、36等）,平均度为 $D_{average}$ 2.2402。利用度分布,还可以计算模型的网络密度,对于无向网络,密度 ρ 的定义为实际存在的边数 M 与最大可能边数之比:

$$\rho = \frac{M}{C_n^2}$$

经过计算,网络密度 $\rho=0.007122$,从整体上来看还属于一个稀疏网络。

（2）度分布。

由于总体样本分布未知,我们采用非参数估计的方法对度分布进行估计,利用SPSS16.0软件分别进行度分布的正态分布、泊松分布和指数分布的非参数KS检验,检验结果如表2所示。

表2　度分布的正态分布KS非参数检验

		Normal test	Poisson test	Exponential test
		Degree	Degree	Degree
N		333		
Normal Parameters	Mean	2.24	2.24	2.24
	Std. Deviation	1.039		

续表

		Normal test	Poisson test	Exponential test
		Degree	Degree	Degree
Most Extreme Differences	Absolute	.385	.231	.506
	Positive	.385	.142	.194
	Negative	-.233	-.231	.194
Kolmogorov-Smirnov Z		7.033	4.220	9.227
Asymp. Sig. (2-tailed)		.000	0.00	.000

从表2可以看出,Kolmogorov-Smirnov Z 值比较高,显著值α<<0.05,可以认为度分布与正态分布、泊松分布和指数分布存在着显著差异,可以推断模型属于一个无标度网络(scale-free networks)。

(二)路径长度

网络中两个节点 i 和 j 之间的最短距离成为路径长度(path length),网络中任意两个节点之间的距离最大值成为网络的直径(diameter),网络中任意两点的平均值为平均路径长度(average path length)。计算公式为:

$$L=\frac{\sum_{i\geq j}d_{ij}}{C_n^2}$$

通过软件计算得出,北京地铁系统的复杂网络模型 $G(333, A_{ij})$ 最大路径长度(直径)和平均路径长度为:

L_{max}=49(节点269和节点297之间)

$L_{average}$=16.05585

可以看出,此网络的平均长度与直径相比较小,具备了复杂网络中的"小世界"特性。

(三)聚类系数

一个网络的聚类系数(clustering coefficient)定义为网络中所有节点的

聚类系数的平均值,即:

$$C = \frac{1}{N}\sum_{i=1}^{n} C_i$$

其中 C_i 定义为:

$$C_i = \frac{2F_i}{K_i(K_i-1)}$$

F_i 表示节点 i 的 K_i 个邻接点之间实际存在的边数。

通过软件计算可以得出北京地铁系统的复杂网络模型 $G(333, A_{ij})$ 模型的聚类系数为:

$$C = 0.01751$$

(四)中心性

(1)度数中心性。

度数中心性(degree centrality, DC)表示一个节点 i 的度值的与最大可能值的比值,因为在一个包含 N 个节点的网络中,节点度的最大值为 $N-1$。即:

$$DC_i = \frac{k_I}{N-1}$$

因此,在北京地铁系统的复杂网络模型 $G(333, A_{ij})$ 中,度数中心性最大的节点为 37、42、66、215,则:

$$DC_{i\max} = 0.01204$$

(2)介数中心性。

介数中心性(betweenness centrality, BC)表示节点 i 对于网络中节点对之间沿着最短路径传输信息的控制能力,它是用经过某个节点的最短路径数目来刻画节点的重要性指标。按照 Freeman(1977)的定义,节点的介数定义为:

$$BC_i = \sum_{s \neq i \neq t} \frac{n_{st}^i}{g_{st}}$$

其中,g_{st} 为从节点 s 到节点 t 的最短路径数目,n_{st}^i 为节点 s 到节点 t 的 g_{st} 条最短路径中经过节点 i 的最短路径数目。

专栏六：服务设施

经过计算，北京地铁系统的复杂网络模型 $G(333, A_{ij})$ 的节点介数值最大的是37节点，其介数值为0.151826，介数值为0的节点有16个，表3列出了介数值最大的10个节点和介数值为0的节点。

表3　节点介数分布表

编号	节点	介数值最大的10个节点	介数为0的节点
1	37	0.158303	1　36　55 90　113　114 139　158　198 250　269　286 297　298　322 326　333
2	184	0.132909	
3	185	0.129459	
4	182	0.126086	
5	95	0.119928	
6	181	0.119287	
7	54	0.11861	
8	236	0.116784	
9	123	0.115026	
10	122	0.113436	

（3）接近中心性。

接近中心性（closeness centrality，CC）定义为网络中所有节点间距离的平均值的倒数，即：

$$CC_i = \frac{N}{\sum_{j=1}^{n} d_{ij}}$$

通过定义可知，介数最高的节点对于网络中信息流动具有最大的控制力，而接近数最大的节点则对于信息的流动具有最佳的视野。在本模型中，接近数具有较为深刻的控制论上的含义。经过计算，北京地铁系统的复杂网络模型 $G(333, A_{ij})$ 的节点的接近数最大最小的10个节点如表4所示。

表4 节点接近中心性最大与最小的10个节点

节点	接近中心性值最大的10个节点	节点	接近中心性值最小的10个节点
122	0.088841	89	0.038717
123	0.088794	298	0.038205
121	0.087947	322	0.037956
54	0.087831	36	0.0379
44	0.087784	293	0.037396
120	0.087668	90	0.037278
45	0.087002	294	0.036075
124	0.086934	295	0.034837
119	0.086888	296	0.033675
53	0.08682	297	0.032613

(五)k-核分解

k-核的定义为一个网络中所有度值不小于 k 的节点组成的连通片。在实际操作中,首先对于复杂网络中度值小于 k 的节点及其连边进行去除;如果剩余的节点中仍然有度值小于 k 的节点,那么就继续去除这些节点,直至网络中剩下的节点度数都不小于 k。依次取 $k=1,2,3,\cdots$,对于网络重复这种去除操作,就得到了该网络的k-核分解(k-core decopmposition)。

利用软件对北京地铁系统的复杂网络模型 $G(333, A_{ij})$ 模型进行K-核分解。由结果可以发现,北京地铁网络在去除度值为1的节点及其连线之后,形成了一个新的网络 $G_1(209, A_{ij}')$,如果将 G_1 中度数为2的点及其连线去除后,只剩下孤立的点。因此,北京地铁系统复杂网络只能进行2-核分解如图2所示。

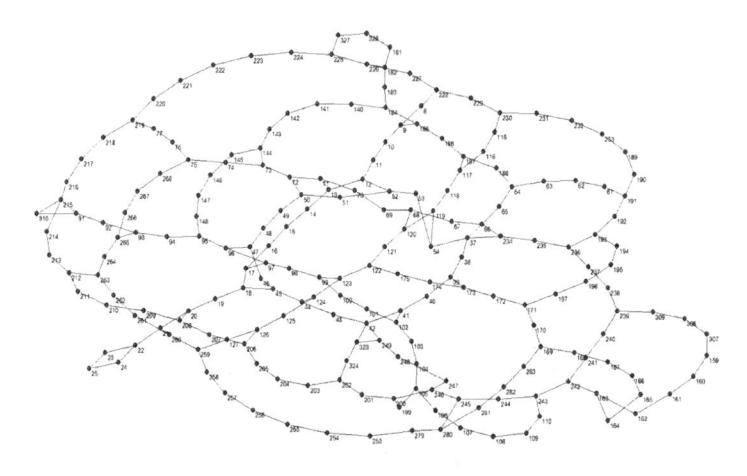

图2 模型的2-核分解

五、说明与解释

(一)对度、平均度与度分布的分析与解释

度、平均度和度分布是复杂网络的最基本网络特征。对于本文所设定的北京地铁系统复杂网络模型 $G(333,A_{ij})$ 而言,度就是刻画与一个站点与其他站点的联系程度,也反映该站点在北京地铁网络中的重要程度。从表1可以看出,模型中度最大的44个节点分别是37、42、66、215,对应的站点是地铁2号线的西直门站、东直门站,4号线的西直门站,10号线宋家庄站。这些站点中除了10号线的宋家庄站以外,基本上都是多个线路的端点与重要换乘点,该站点对于北京地铁系统来说是最为重要的5个枢纽节点。如果这些节点发生阻塞,将引起整个系统的运行迟滞。2016年1月,北京地铁系统的平均度为2.2402,与2012年的数据(2.16)相比只增长了3.71%。说明近三年来,北京地铁的建设还是处于站点与路线扩展阶段,已有站点之间的连接并没有得到提高。今后,北京在建设国际交往中心的进程中,地铁作用更加突出,应该加快地铁系统接驳设施建设,加大站点之间的连接度,全面提高运输能力。

模型中度分布不服从正态分布和泊松分布,表明北京地铁系统网络属于异质性网络(区别于同质性网络)。根据复杂网络理论,异质性网络表明节点中的度存在着极端值的情况,即存在着"长尾现象",存在着少量度值较大的点,也存在着大量的度值较小的点,具有幂律分布的特性(power-law distribution)。这表明北京地铁网络中存在着影响全局的关键性节点。如果这些节点保持稳定运行,将会很大程度上维护地铁系统的鲁棒性(robustness),提高"抗毁"能力。[1]北京建设国际交往中心进程中,公共运输系统特别是地铁系统面临着许多非传统威胁,一些非对称、分散式破坏活动将会大大影响公共运输系统及广大乘客的安全。因此,这些关键节点的运营与管理就成为了北京建设国际交往中心中的重要课题,提高以上枢纽节点的管理水平,提高它们应对突发事件的能力,全面改进服务效率是当前地铁管理中的重要任务。

(二)对路径长度的解释

通过软件计算得出,北京地铁系统的复杂网络模型 $G(333, A_{ij})$ 最大路径长度(直径) L_{max} =49(节点269和节点297之间),对应的站点是15号线的俸伯站与房山线的苏庄站,这两个站分别位于地铁网络的东北角和西南角,是整个地铁网络的最大直径。平均路径长度为 $L_{average}$ =16.05585,说明在各站点间出行量相等的情况下,地铁一次出行平均要经过16个区间。与2012年的数据(15.26)相比只增加了一个站,增长率为5.20%。复杂网络理论指出,在一个小世界网络中,平均路径的增长速度与网络节点规模的对数增长规模成正比。[2]这些年来北京地铁规模不断增大,但其增长的对数变化量却是有限的。因此,北京地铁规模不断扩大,但平均网络长度的增长却是非常有限的。

(1)对聚类系数的解释。

通过软件计算可以得出北京地铁系统的复杂网络模型 $G(333, A_{ij})$ 模

---

[1] 鲁棒性(robustness)是指控制系统在一定(结构、大小)的参数摄动下,维持其他某些性能的特性。在复杂网络领域鲁棒性的含义是指异常和危险情况下系统生存的能力。例如网络系统过载或有意攻击情况下,能否继续运行不崩溃的能力。

[2] 汪小帆.网络科学导论[M].北京:高等教育出版社,2012:204.

型的聚类系数0.01751,这意味着北京地铁网络中任意三个节点之间有边相连的概率较低。考虑到北京地铁大部分的拓扑特性都是直线型,节点之间构成三角形的数量较少,如果断点突破一定的阈值,那么将会带来整个系统的瘫痪,其系统结构所蕴含脆弱性(vulnerability)也不容忽视。❶

(2)对中心性的解释。

由于度数中心性是与节点度线性相关,因此度数中心性的解释如同度的解释与分析,即具有最大度数中心性的节点就是度数最大的节点。模型中度数中心性最大的4个节点分别是37、42、66、215,对应的是站点是地铁2号线的西直门站、东直门站,4号线的西直门站和10号线的宋家庄站,它们的重要意义在前文已经叙述。下面着重分析介数中心性和接近中心性。

经过计算得知,介数最大的5个节点是37、184、185、182、95,分别对应的站点是2号线的西直门站,9号线的北京西站、军事博物馆站、六里桥站,和5号线的磁器口站。从网络传输的角度来看,介数越高的节点其承载量越大,去除该节点后对网络传输的影响也最大。从实际情况来看,这5个站点不仅是地铁枢纽,而且还是公交汽车网络和地面路网的关键性节点,这5个站点承接了大量的换乘人流,是影响北京地铁网络运输能力的最大的5个节点。这些站点在日常管理中就要加强安全疏导,引导文明出行。在高峰时段,要增派人员加强站台、通道等区域的宣传、疏导和客运组织工作。

接近数最大的5个节点分别是122、123、121、54、44,对应的是6号线的东四站、朝阳门站、南锣鼓巷站,和2号线的车公庄站、朝阳门站。按照汪小帆(2012)的观点,接近数越大表明节点越居于网络的拓扑中心,其对于网络运输流程具有最佳的"观察视野"。综合介数中心性与度数中心性的特点,我们可以推断这几个站点可以作为观察北京地铁网络运输情况的代表性节点,具有很强的"信息预警"作用。重点以这5个站点为对象,建立符合现实情况的客流监测和预警平台。

---

❶这与上文所说的鲁棒性并不冲突。鲁棒性指的是在一定参数摄动下的稳定性,但如果突破了某个阈值,那么这种摄动将会给系统带来瘫痪性的影响。需要注意的是,临界阈值是变动的,不是一成不变的,受外界环境以及内部结构共同影响。

(3)对 k - 核分解的解释。

对模型进行 2 - 核分解后,形成了一个新的网络 $G_1(209, A_{ij}')$,这可以视为北京地铁网络的基本框架网络。在这个网络中,两点之间的平均路径长度为 11.08125,最大路径长度(直径)为 26❶,聚类系数为 0.02412869。与 $G(333, A_{ij})$ 相比直径减少了 50%,平均路径长度缩短了 44.89%,聚类系数提高了 41.01%。

利用细分技术(subdivisons),递归地删除 $G_1(209, A_{ij}')$ 中恰好有两个邻接节点(及其连线)的节点,并在再两个邻接节点之间增加一条直接的连线,这样就得到了 $G_1(209, A_{ij}')$ 中的核心组成部分 $G_2(77, A_{ij}')$。如图 3 所示。

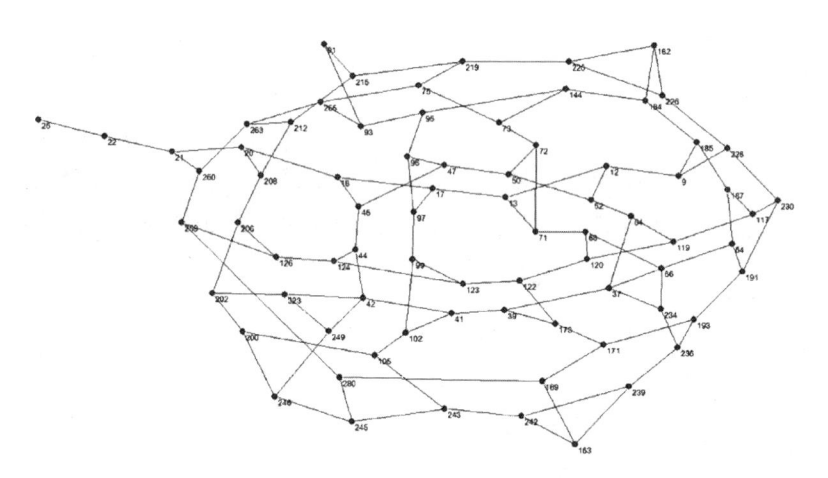

图 3 $G_2(77, A_{ij}')$ 网路基本连接图

在这个网络中,两点之间的平均路径长度为 4.90191,最大路径长度(直径)为 11❷,聚类系数为 0.05150215。与 $G_1(209, A_{ij}')$ 相比,直径缩小了 1.45 倍,平均路径长度缩短了 2.26 倍,聚类系数提高了 2.135 倍。$G_2(77, A_{ij}')$ 代表的网络可以视为 $G(333, A_{ij})$ 的核心网路,这 77 个节点及其连线对于网

---

❶对应的站点是 1 号线的立水桥南与 10 号线的首经贸站。
❷对应的站点是 5 号线的八通线四惠东站与 6 号线的白石桥南站。

络的连通性具有极大的影响。❶因此,在日常地铁运营与管理中,这77个站点及其之间的连接线将是日常运营"管控重点",也是北京保证国际交往中心运输能力的主要部分。这些站点的设备的稳定可靠运行要有制度性、常态化的保障,服务水平要有定量计量,运输能力要有实时监控,服务值班水平要有提高,保证地铁全路网运营秩序和乘客安全。

六、结论与展望

本文在学习借鉴已有研究的基础上,在北京建设国际交往中心的视域下,借助复杂网络理论以2016年1月北京地铁运营站点与线路为研究对象,构造了北京地铁的复杂网络模型,分析了北京地铁网络的度、度分布、路径长度、聚类系数等复杂性。通过模型分析指出北京地铁网络具有无标度、小世界等特性,并对介数和接近度较大的节点进行了解释。利用2-核分解,分析了北京地铁系统的框架网络,利用细分技术,分析了北京地铁系统的核心网络。主要结论如下:

(1)地铁2号线的西直门站、东直门站,4号线的西直门站、10号线的宋家庄站是北京地铁的重要枢纽。北京在建设国际交往中心的进程中,这些重要节点的基础作用将更加突出,应该加快接驳设施建设,加大站点之间的连接度,全面提高运输能力。

(2)地铁系统呈现出鲁和脆(robustness and vulnerability)共存的特性:从网络性质来看,北京地铁网络度分布呈现出幂律分布的特点,说明有部分节点具有较大的连接度,这些节点的安全运行可以保证北京地铁系统的鲁棒性(robustness);考虑到北京地铁系统的节点聚类系数较低,大部分节点连接的拓扑特性都是直线型,表明在断点(broke point)突破一定阈值后,系统将面临较大的脆弱性。

(3)综合介数中心性与度数中心性的特点,6号线的东四站、朝阳门站、南锣鼓巷站和2号线的车公庄站、朝阳门站,这几个站点可以作为观察北京

---

❶连线不一定是地铁线,也有可能是换乘路线,如节点12与52之间的连线,表示的是复兴门地铁站内的换乘线路,换乘线路的堵塞也将会对地铁运行造成影响。

地铁网络运输情况的代表性节点,具有很强的"信息预警"作用。重点以这5个站点为对象,建立符合现实情况的客流监测和预警平台。

(4)经过 k - 核分解得到的77个站点及其之间的连接线将是日常运营"管控重点",也是北京保证国际交往中心运输能力保障体系的重要环节。这些站点的设备的稳定可靠运行要有制度性、常态化的保障,服务水平要有定量计量,运输能力要有实时监控,服务值班水平要有提高,保证地铁全路网运营秩序和乘客安全。

需要指出的是,本文的研究只是初步的,在后续研究中将在以下几个方向实现重点突破:首先,进行历时态的拓扑性质对比,比较不同时间段的北京地铁系统的网络复杂性,探寻北京地铁网络的同配性(assortativity)与异配性(disassortativity);其次,考虑不同站点之间的权重关系,将高峰时段与平峰时段的关系纳入到模型设计中去,引入有权有向网络模型,对北京地铁系统的深层次联系进行进一步分析;最后,利用软件分析网络模型中的群落、派系和层次,对节点进行层次分析以及节点去除后的鲁棒性进行研究,为提出对策性建议提供理论支持。